L'ART D'ÉCRIRE

PARIS. — IMPRIMERIE Vᵉ P. LAROUSSE ET Cⁱᵉ,
19, RUE DU MONTPARNASSE, 19.

L'ART D'ÉCRIRE

PAR

ANTONIN RONDELET

DOCTEUR ÈS LETTRES, LAURÉAT DE L'INSTITUT,

PROFESSEUR DE PHILOSOPHIE A L'UNIVERSITÉ CATHOLIQUE DE PARIS.

DEUXIÈME ÉDITION

PARIS
LOUIS VIVÈS, LIBRAIRE-ÉDITEUR
13, RUE DELAMBRE, 13

1878

PRÉFACE

DE LA DEUXIÈME ÉDITION

Voici déjà la seconde édition de l'*Art d'écrire*. Elle est venue plus tôt que l'auteur ne pouvait s'y attendre, et il doit, avant tout, remercier de l'accueil qui lui a été fait. Il y a encore, paraît-il, beaucoup de personnes, hommes du monde et hommes de lettres, qui ont souci de se contenter elles-mêmes et d'achever leur style. Elles ont bien voulu essayer de nos conseils, et elles ont ainsi donné à ces pages une valeur et une portée dont l'auteur doit se montrer reconnaissant. Le plus beau et le plus efficace des livres n'est pas celui qu'exprime le texte, mais cet autre ensemble de pensées, bien autrement complètes, vivantes, originales, que chaque lecteur y ajoute, dès qu'il veut prendre la peine de réfléchir par lui-même. Ce public, beaucoup plus lettré et plus intelligent que l'écrivain, ressemble à ces auditeurs délicats que réunit parfois autour de lui quelque bon curé de campagne, en un jour de fête ou de deuil. Chacun de ceux qui l'écoutent refait intérieurement le discours, et ainsi il le trouve suffisant, même supérieur. C'est bien là ce qui est arrivé à l'*Art d'écrire*, et, comme chacun des lecteurs y a surtout vécu de son propre fonds, l'auteur peut en dire, sans se montrer aucunement personnel :

« C'est avoir profité que de savoir s'y plaire. »

Sous ces justes réserves, sous ces conditions nécessaires, l'auteur ose conseiller la même lecture à tous ceux qui ne se croient pas encore des écrivains parfaits.

Je dois remercier aussi messieurs les Critiques. Ils m'ont traité avec une indulgence toute chrétienne, en considérant par-dessus tout les bonnes intentions du livre. Ils n'ont point commis la méchanceté, ni surtout la maladresse, d'attribuer à l'auteur l'intention de donner l'exemple avec le précepte; ils se sont rappelé à propos, pour excuser une entreprise que le jugement du public a pris la peine de justifier, les vers si sages et si vrais du poète Horace :

Fungar vice cotis acutum...
Reddere quæ ferrum valet, exsors ipsa secandi.

« Je jouerai le rôle de la pierre à aiguiser ; elle
» sait affiler le fer, sans avoir elle-même la propriété
» de couper. »

On trouvera au courant des pages un grand nombre de corrections de détail. Plût à Dieu que ces corrections fussent plus nombreuses encore ! Ce seraient autant d'imperfections de moins. Le discernement de ses fautes et l'effort pour y substituer quelque chose de plus satisfaisant est la véritable vertu de l'écrivain, comme l'inspiration en est l'innocence.

On me permettra d'ajouter encore un mot : L'*Art de parler* est destiné à suivre et à compléter l'*Art d'écrire*. Je ne tarderai pas à le mettre à la disposition de mes bienveillants lecteurs. En attendant, je ne saurais dire avec quelle reconnaissance, quelle émotion, j'ai vu l'accueil fait d'avance à l'idée de ce second travail, l'intérêt qu'on lui prête et les résultats qu'on en veut bien attendre. Cette confiance si honorable et si flatteuse est la plus haute récompense que pouvaient m'obtenir trente-quatre années d'enseignement passées au service de la jeunesse. Mon seul but est de lui rendre par mes conseils cette expérience qui me vient d'elle, et à cette tâche j'apporte, sous cette forme nouvelle du volume, le même amour pour elle et le même désir de son succès.

Antonin RONDELET

AVERTISSEMENT

DE LA PREMIÈRE ÉDITION

Cet ouvrage est destiné aux hommes de vingt ans qui ont terminé leurs études. A ce moment-là, il leur reste à appliquer à l'usage de la vie ce qui leur a été enseigné dans leurs classes.

C'est pour les aider dans cette tâche et leur permettre d'utiliser leur instruction et leur esprit dans leur style, que ces pages ont été écrites.

Je me trouverai trop récompensé de mon labeur, si ces conseils peuvent abréger l'apprentissage de leur inexpérience, guider la méthode et éclairer l'expression de leur pensée, rendre, en un mot, plus efficace cette action de l'esprit, qui, de notre temps, est au premier rang de nos devoirs.

Antonin RONDELET.

Paris, place Saint-Sulpice, le 18 juillet 1877.

INTRODUCTION.

Nous vivons dans un temps où l'on parle, où l'on écrit beaucoup; seulement, on écrit mal et on ne parle guère d'une façon plus satisfaisante.

Il est permis, il est utile de se demander quelles sont les causes de cette impuissance et quels peuvent être les moyens d'y remédier. On arriverait ainsi à parler et à écrire, non plus seulement par un heureux emploi de ses facultés naturelles ou par une certaine puissance de routine, mais par des procédés vraiment philosophiques, fondés sur la connaissance même de l'esprit humain et aboutissant à une discipline logique de l'intelligence.

On peut dire que l'art d'écrire et de composer est pratiqué chez nous d'instinct. Nous avons l'expression heureuse, parce que notre esprit est vif, parce que nous sentons fortement et que nous mettons, même sans le vouloir et sans y prendre garde, une partie de ces qualités d'esprit dans notre style ou dans notre parole. Notre éloquence et notre plume vivent ainsi de rencontres; et pour beaucoup d'hommes ces bonheurs moitié imprévus, moitié cherchés, se multiplient assez pour leur tenir lieu de méthode.

La vérité est cependant qu'entre les hasards de l'improvisation et les assouplissements de la routine, entre les surexcitations que l'on recherche et les impulsions que l'on suit, se place l'emploi judicieux et raisonné des facultés que la Providence nous a départies. Nul enseignement ne peut sans doute changer le fond de l'être intellectuel : quels que soient l'habileté et l'effort du maître de danse ou d'escrime, il ne saurait absolument prétendre qu'il donnera à son élève d'autres jambes ou d'autres bras, ni qu'il parviendra à le reconstituer sur un modèle différent de sa nature. Mais s'il possède l'exacte connaissance et la vraie pratique de son art, ce n'est point s'avancer trop que d'entreprendre l'équilibre du corps, l'aisance des mouvements, la grâce des attitudes, dans la mesure que comporte la conformation organique du disciple.

Il est permis de se demander non sans quelque étonnement, comment cette idée si simple n'est encore venue, pour ainsi dire, à personne, pour les uns d'apprendre ce qu'ils ont besoin de savoir, et pour les autres d'enseigner ce qu'ils doivent connaitre. Lorsque le jeune homme sort du collége, ou, pour le prendre dans un état plus avancé, lorsqu'il sort des écoles spéciales, et qu'il revêt la toge de l'avocat par exemple, il se produit presque toujours dans sa carrière une période de découragement. Les nécessités les plus impérieuses de vie l'appellent à exprimer sa pensée par discours ou par le travail de la composition écrite. Il a déjà assez d'expérience et de réflexion pour ne point se faire d'illusion sur le néant des dissertations ou des harangues de collége; il comprend très-bien que des tirades pour la liberté ou contre le suicide, des amplifications oratoires sur un sujet de fantaisie n'ont absolument rien à démêler avec l'emploi de la parole réelle. Le seul rapport qu'il peut y avoir entre cet enseignement des classes et le discours vivant dont on a besoin, c'est que la plupart des procédés recommandés par la rhétorique ou imposés par la coutume, ont précisément pour effet de développer dans les âmes une incapacité dont les efforts de leur vie tout entière ne suffisent pas toujours à les relever.

Il ne faudrait point prendre cette assertion

pour un paradoxe ni l'attribuer à quelque vieille rancune scolaire. Il y a bien longtemps que les plus grands orateurs de l'antiquité, et Cicéron à leur tête, ont proclamé l'impuissance à peu près absolue de la rhétorique, lorsqu'elle se trouve réduite à ses seules forces. Il y a sans doute un point jusqu'où elle va, mais il y a aussi un point où elle s'arrête, et qu'elle ne saurait dépasser par aucun artifice de méthode ou de divination. C'est là qu'il faut absolument avoir recours à la philosophie : elle seule connaît les secrets ressorts de nos facultés, pour en avoir analysé les opérations, déterminé les rapports et pénétré la nature.

La présente étude est consacrée à ce travail.

On ne saurait prétendre, avec les procédés un peu abstraits que comporte une exposition destinée à être imprimée dans un livre, on ne saurait prétendre à ce degré de précision et en quelque sorte d'adaptation personnelle que permet l'enseignement oral pratiqué sur le vif. On sait bien que les lecteurs apportent toujours une certaine langueur et une certaine mollesse à se pénétrer de préceptes qui, une fois couchés sur le papier, s'endorment si facilement dans l'oubli. Ce n'est plus là cette insistance du professeur qui se dévoue à réveiller les âmes et qui, au risque de blesser l'amour-propre des élèves, leur rend visibles les ténèbres de leur esprit, ou insupportables les incertitudes de leur parole. Toutefois, on a osé compter sur l'extrême besoin que tant de gens peuvent avoir de ces leçons. On peut leur dire, pour relever leur courage et ranimer leur espoir, que, dans une longue pratique de l'enseignement appliqué à des jeunes gens de vingt à vingt-cinq années, on a eu cette satisfaction de réussir constamment par les procédés qui vont être exposés. Malgré l'extrême diversité des esprits, malgré la différence de leur nature ou de leur éducation, dans les provinces de la France les plus éloignées les unes des autres, cette méthode si simple et cependant si nouvelle a abouti à un plein succès. On ne dit que l'exacte vérité, en affirmant qu'aucun des disciples soumis à cet enseignement ne l'a quitté sans emporter par-devers lui deux avantages fort capables d'être appréciés par le temps qui court : le premier consiste, étant donné à faire un travail écrit, à l'aborder de front, sans hésiter, sans revenir sur soi-même, à le conduire jusqu'au bout, à le traiter dans la pleine et entière mesure de ses forces ; le second, plus capable encore d'être apprécié par tous ceux qui gémissent de n'être pas des orateurs, consiste, étant donné à traiter un sujet de vive voix, à prendre la parole avec la certitude complète et absolue d'aller jusqu'au bout, sans hésitation, sans défaillance, sans divagation, sans éprouver aucune crainte de s'arrêter ni de se perdre, sans cesser un seul instant d'avoir la conscience de ce qu'on peut dire, en même temps que la vue nette et claire de ce qu'on voulait exprimer. Sans doute, ces qualités ne suffisent point pour faire du premier venu ou un grand écrivain, ou un grand orateur; mais elles n'en constituent pas moins la première éducation de la pensée et de la parole, et, il faut bien le reconnaître, elles sont si rares qu'elles suffisent peut-être aujourd'hui pour caractériser un talent supérieur.

Nous parlerons dans deux ouvrages séparés de la méthode à suivre pour traiter un sujet par écrit et pour le développer de vive voix.

Le présent volume est consacré à l'*Art d'écrire*.

L'ART D'ÉCRIRE.

LIVRE PREMIER.

DES RÈGLES A SUIVRE POUR CRÉER ET POUR DÉCOUVRIR SES IDÉES.

CHAPITRE PREMIER.

QUE LA PLUPART DE CEUX QUI ÉCRIVENT IGNORENT L'ART DE COMPOSER.

Notre dessein est d'exposer la méthode à suivre pour traiter convenablement un sujet par écrit.

Il n'est pas question, bien entendu, de procéder à la création d'un auteur, ni de professer l'art de composer un livre. Il n'est pas impossible, sans doute, d'arriver jusque-là par une application un peu plus étendue des règles que nous allons donner ; mais, pour le moment, il s'agit seulement d'un résultat tout à la fois plus restreint et plus fréquent, de la nécessité où chacun de nous peut se trouver d'un instant à l'autre, de rédiger sur un sujet donné un certain nombre de pages, lesquelles seront tour-à-tour, suivant l'occurrence, ou un rapport devant une assemblée délibérante, ou une consultation sur un point litigieux, ou même une dissertation en règle pour un examen.

On comprend, jusqu'à un certain point, qu'un homme encore novice et inexpérimenté se trouve déconcerté et confus lorsqu'on le met à l'improviste en face d'une assemblée. Il y a là, de quelque sang-froid qu'on puisse être doué, quelques ressources d'esprit qu'on ait à sa disposition, un certain saisissement plus fort que toute énergie et qui demande, pour être vaincu, une rare possession de soi-même et une véritable éducation de la parole.

Il ne semble pas qu'il en soit ainsi lorsqu'il s'agit d'écrire sur un sujet donné. On n'a point alors d'autre interlocuteur que sa plume et d'autre témoin que son papier. On ne sent plus frémir dans l'auditoire l'attente du mot qui ne vient pas ou frissonner le murmure de la critique contre l'expression qui n'a pas réussi. Celui qui écrit a tout loisir et toute liberté. Il peut, sans inconvénient, chercher aussi longtemps qu'il le voudra un début qui se dérobe; il peut reprendre par la base et reconstruire pièce par pièce un projet qui ne lui semble pas heureux; il est toujours à temps d'élucider ce qui ne lui paraît pas suffisamment clair et de remettre en ordre ce qui lui semble donner dans la confusion.

D'où vient donc qu'il soit si rare de trouver, dans quelque circonstance que ce puisse être, un travail présentant quelque méthode et quelque conduite? Ce sont là des qualités si peu répandues, si inouïes pour ainsi dire, qu'on ne peut pas même les constater chez ceux qui font métier d'écrire et qui sont censés s'y être préparés par un travail spécial.

Les Facultés des lettres voient chaque année se présenter devant elles de cent cinquante à deux cents candidats concourant pour le grade de licencié. Je ne parle pas, bien entendu, des candidats au baccalauréat, pour lesquels la dissertation écrite n'est guère plus qu'une formalité d'orthographe et de grammaire. Au contraire, lorsqu'il s'agit de la licence, les juges sont en droit de demander à ceux qui se hasardent devant eux quelque chose qui ressemble à une dissertation véritable, c'est-à-dire l'exposition d'une doctrine, la discussion d'un point à débattre, la réfutation d'une erreur à détruire. Il est d'usage qu'à la façon des sermons qui roulent sur un texte, ces travaux prennent pour point de départ quelque pensée saillante empruntée généralement à un écrivain classique. Cette pensée est proposée au candidat dans sa teneur originale, et c'est à lui qu'il appartient ou de la prendre pour son compte, ou de s'inscrire en faux contre elle, ou, par un éclectisme intelligent, d'y apporter tour-à-tour des interprétations qui l'éclaircissent ou des rectifications qui la modifient.

Il faut avoir siégé, comme on a eu le devoir de le faire durant de longues années, dans ces jurys d'examen, pour se faire une idée de l'inexpérience, pour ne pas dire de l'impuissance de ces esprits déjà si cultivés, lorsqu'il s'agit de manier et de distribuer un ensemble d'idées. Le professeur qui surveillait, le jour précédent, la séance de composition, n'était pas, du reste, sans avoir deviné ce résultat ; la pantomime de la plupart des candidats était plus que suffisante pour le lui faire pressentir. Ne les voit-on pas, en effet, au moment où le texte vient de leur être donné, prendre, au bout de quelques minutes, des attitudes de découragement et de désespoir? Ils ensevelissent leur tête dans leurs mains, comme s'ils venaient de commettre un crime, et comme s'il leur fallait à tout prix se dérober à la vue de l'univers entier. Ils demeurent immobile dans cette attitude, durant des quarts d'heure entiers, ne s'interrompant que pour lever au ciel des regards vagues et égarés, ou pour passer entre leurs cheveux une main fiévreuse, comme s'ils voulaient se les arracher. Puis, tout d'un coup, au moment où l'on s'y attend le moins, on les voit ressaisir, par un mouvement convulsif, leur plume si longtemps abandonnée; ils se mettent à gratter le papier et à répandre leur prose comme un torrent. On dirait qu'ils veulent regagner le temps perdu ; et tandis qu'auparavant le premier mot paraissait ne devoir leur venir jamais, on se demande comment, avec cette rapidité vertigineuse de leur main, ils peuvent avoir encore quelque conscience de ce qu'ils pensent ou de ce qu'ils écrivent.

Le résultat d'une méthode aussi singulière ne se fait guère attendre.

Vous prenez cette dissertation pour la corriger, et dès les premiers mots qui tombent sous vos yeux, vous vous apercevez que l'auteur, au lieu de vous donner, comme il le devrait, le résultat de ses réflexions et le produit de ses recherches, vous traîne péniblement à travers tous les détours et toutes les incertitudes de sa pensée. Pendant ces premières pages qui dépassent quelquefois la moitié du travail, il en est encore à la période d'incubation, et il serait bien en peine de prévoir ce qui va sortir de son propre esprit. Peu à peu cependant, on voit se dégager de ce chaos des formes d'abord indécises, qui se dessinent et qui s'accusent insensiblement jusqu'à prendre corps et à présenter ainsi une certaine consistance et une certaine figure. Enfin on aperçoit les arêtes et les reliefs d'un plan déterminé. Voilà bien la question saisie; voilà, en effet, ce qu'il faudrait dire pour la traiter convenablement. Malheureusement le temps plus que suffisant que les règlements accordent pour la durée de cette épreuve, se trouve déjà à peu près écoulé : le moment de livrer la copie approche à grands pas, et c'est ainsi que les dissertations communément remises aux jurys se composent presque toujours de deux parties inégales : la première, qui remplit presque tout le travail et qui contient les considérations préliminaires ou accessoires, destinées à être écartées par une méthode rigoureuse, tandis que la deuxième partie, réduite malheureusement à quelques alinéas ou à quelques lignes, touche enfin au vif de la question et montre au lecteur stupéfait tout ce qui aurait dû être dit et qui ne l'a point été.

On pourrait résumer en un seul mot toutes ces observations. Il arrive presque toujours que les candidats vous donnent, sous prétexte de dissertation, non point le travail que l'on attend d'eux, mais les réflexions préliminaires qui devraient être la préparation éloignée et invisible de ce travail. C'est cette préparation qu'il s'agit d'activer et de discipliner dans les esprits, en même temps que de supprimer de façon à ce qu'il n'en reste pas trace dans le travail de la rédaction définitive.

Les candidats dont on parle et qui se présentent chaque année devant les Facultés pour y conquérir le grade de licencié ès-lettres, peuvent être regardés à bon droit comme une véritable élite intellectuelle. Ce sont pour la plupart de jeunes hommes qui se destinent à l'enseignement et qui sont déjà rompus par de longues études et par des exercices assidus au maniement de leur propre esprit. La plupart d'entre eux ont à leur disposition une langue riche et variée; ils n'éprouvent, pour rendre leur pensée, aucun embarras de détail : le mot leur arrive sans recherche et la phrase se construit sans effort. Cette facilité heureuse, ce maniement aisé de deux ou trois idiomes ne fait que mieux ressortir leur impuissance dans l'évocation et le gouvernement de leurs propres idées : elles leur viennent au-devant, ou bien se dérobent sans qu'eux-mêmes puissent trouver la raison de cette rébellion ou de cette complaisance; ils ne savent ni les appeler ni les retenir, et ils croient faire sagement de se laisser dominer par elles, dans la crainte de les voir s'enfuir, s'ils voulaient les soumettre à une discipline trop sévère.

Que si, à la place de futurs professeurs ou d'hommes voués par un long passé d'études à un emploi sérieux de leur propre esprit, nous voulions renouveler ces observations sur des gens du monde, sur des hommes appelés tout-à-fait accidentellement à écrire sur un sujet déterminé, nous constaterions en eux une bien autre impuissance et des divagations de plume tout autrement déplorables. Il y aurait ici une circonstance aggravante de plus. L'homme qui travaille pour apprendre à écrire a au moins, lorsqu'il ne réussit pas dans telle composition, cet incomparable avantage de conserver dans une certaine mesure le sentiment de ce qui lui manque et d'apercevoir par un côté l'idéal qu'il n'a pas atteint. Il garde vis-à-vis de lui-même ce sens critique qu'il a exercé tant de fois vis-à-vis des autres; et s'il n'apporte pas la même sévérité et la même exactitude à se reprendre et à se corriger en personne, il n'en atteste pas moins par ses propres efforts le désir qu'il a de passer outre et de s'élever plus haut dans l'échelle de son propre talent.

Il n'en va point ainsi malheureusement de l'homme du monde et de l'écrivain d'occasion, lorsqu'ils ont à traiter quelque sujet. Il est difficile, à moins de s'être donné la peine d'y prendre garde, de se représenter tout à la fois l'ignorance et l'aplomb avec lesquels de pareilles gens se jettent dans tous les chemins de traverse. Les circonstances les plus fortuites suffisent pour changer la direction de leur pensée et jusqu'à la conclusion de leurs raisonnements. On retrouve, dans leur façon hasardeuse et improvisée d'envisager les choses, les traces de la conversation engagée ou du livre parcouru la veille. Mais ce serait peu de chose encore que de subir d'une façon passive cette domination extérieure; le malheur est que leur pensée ne cesse pas de flotter dans les directions les plus contradictoires; ils se démentent sans s'en douter, passent de l'affirmative à la négative, sans prendre la peine de s'en apercevoir, et au lieu d'avoir écrit pour jeter quelque jour sur une question, le dernier résultat qu'ils obtiennent est d'en avoir augmenté l'obscurité et l'incertitude.

On se reprocherait à bon droit la vivacité et peut-être même l'ironie ou l'amertume des remarques qui précèdent, si l'impuissance et l'infirmité qu'on signale étaient en effet irremédiables. Il faudrait alors en prendre son parti ; il faudrait se résigner à subir les esprits pâteux et indigestes, de la même façon qu'on se fait aux borgnes et aux boiteux. Il y aurait de même dans le monde des esprits favorisés d'une logique naturelle et des intelligences condamnées à la divagation forcée à perpétuité.

C'est à cette extrémité douloureuse que l'enseignement et la méthode sont précisément destinés à remédier. A côté de la supériorité native se place partout le perfectionnement acquis, et tout de même que les plus beaux caractères ne sont pas ceux qui s'épanouissent dans l'innocence, mais qui se développent et se fortifient dans la vertu, peut-être les intelligences les plus hautes ne sont-elles pas celles qui s'inspirent de la spontanéité, mais qui s'éclairent de la méthode.

CHAPITRE II.

LA RAISON DES DIFFICULTÉS INHÉRENTES A L'ART DE COMPOSER ET LA MÉTHODE POUR LES VAINCRE.

La confusion et l'embarras dans lesquels tombe non pas seulement un esprit médiocre, mais souvent un esprit capable et distingué, lorsqu'il veut appliquer ses facultés à quelque question définie, s'explique aisément pourvu qu'on veuille prendre la peine d'y réfléchir.

Pénétrer le sens d'un problème, discerner les différents ordres de considérations dont il dépend comme aussi les diverses méthodes qui peuvent lui être appliquées, découvrir les arguments propres à chaque partie du sujet et distinguer ces parties elles-mêmes les unes des autres, donner à chaque pensée sa forme d'expression exacte sans méconnaître ce besoin d'agrément et d'élégance qui n'exclut pas le naturel, se posséder comme si l'on ne faisait que réfléchir, et s'abandonner comme si l'on se contentait d'improviser, ce sont là, il faut en convenir, des opérations bien diverses et cependant rendues plus délicates encore par l'empressement maladroit et indiscret avec lequel un esprit inexpérimenté les accumule et les confond. Notre intelligence est trop faible, trop étroite, trop complètement envahie par la moindre pensée, pour mener de front tant d'opérations contradictoires. Il en résulte, si l'on pouvait appliquer à ces études morales une expression de la chimie et de la mécanique, il en résulte que ces actions diverses se neutralisent les unes les autres et que l'effet produit est à peu près nul; l'esprit s'est dépensé dans une fougue stérile et dans une activité impuissante; tous ces élans ne sont que des soubresauts; ils ont été exécutés sur place, et pour avoir ainsi piaffé avec plus ou moins de grâce, l'auteur d'occasion n'est pas venu à bout de conduire deux pas plus loin la question sur laquelle il s'est ainsi exténué.

Il faudrait donc, pour bien faire, appliquer à l'usage de nos facultés intellectuelles le principe si efficace et si universel de la division du travail.

Il y a en effet, dans l'œuvre totale de la pensée, une série de moments qui répondent à des facultés de nature diverse; et sans vouloir faire rentrer le moral dans l'infériorité de l'ordre physique, on peut bien dire que, par rapport à l'indivisibilité de l'âme, chacune de nos facultés spéciales peut être considérée séparément comme un véritable outil sur lequel se porterait à son tour l'emploi de notre activité. De la même façon que nos regards ne sauraient se concentrer simultanément sur la droite et sur la gauche de la perspective, il n'est point possible de mener de front l'emploi de facultés diverses et condamnées dans une certaine mesure à s'exclure les unes les autres.

Tout le secret de la méthode, dans la composition écrite, consiste donc à distinguer, au moyen d'une analyse exacte, les différents moments que doit traverser, dans un ordre prévu, la pensée même de l'écrivain. Dès lors, au lieu d'avoir à soulever d'un seul effort tout ce fardeau qu'on ne sait par quel bout saisir, on subdivise ce poids excessif, on le distribue, on le répartit, et le style le porte avec aisance, comme un vêtement dont l'habitude de notre corps nous a fait une seconde nature, et ne nous permet plus de nous apercevoir.

Les quatre moments essentiels qui se succèdent dans le travail de la composition écrite, sont, pour employer les vieux mots d'un temps où la rhétorique était plus avancée que de nos jours :

1° *L'Invention,*
2° *La Disposition,*
3° *L'Expression,*
4° *La Critique.*

Il n'est personne qui n'ait entendu parler de tout cela, à l'époque de sa jeunesse, alors que son professeur s'efforçait de lui enseigner la mécanique du discours français ou latin. Le grand malheur de tous ces disciples si diligemment façonnés par des méthodes abstraites, est précisément que de cette rhétorique des rhéteurs il ne leur en reste absolument rien qui soit applicable à l'usage de la vie. Il faudrait tout un travail de réflexion et d'appropriation, pour tirer de ces préceptes purement scolaires des règles pratiques dont notre esprit fût en mesure de profiter. Ce serait vraiment demander trop à des hommes que l'impatience et la légèreté de nos mœurs modernes ne portent guère à réfléchir. D'ailleurs, les procédés mis en usage dans les classes pour former les élèves à la composition des discours, semblent prendre à tâche d'exclure l'exercice le plus fructueux de tous. Au lieu de laisser les jeunes gens exercer leur esprit d'invention dans la recherche des arguments à employer, on prend soin, dirait-on, d'éteindre en eux toute initiative et toute vigueur, en leur dictant ce qu'on appelle, d'un terme un peu scholastique et un peu barbare, *une matière*, tellement que tout le travail du malheureux écolier se trouve réduit, en dépit de sa bonne volonté, à une simple confection de phrases, à une tâche d'amplification et de dilution où l'art suprême est de ramener à propos les expressions mêmes du texte, comme un pianiste habile s'applique à faire surnager le chant au milieu du déluge des variations et des arpèges. Au reste, cette déplorable habitude d'éliminer la pensée en la prévenant et de réduire cet exercice à une pure affaire de mots, s'est glissée dans les sociétés savantes, dans les académies, et jusqu'à l'Institut de France. Au lieu de proposer aux candidats l'énoncé d'un sujet qu'ils traiteraient à leurs risques et périls et dans la plénitude de leur liberté, il est passé en coutume d'y annexer un programme contenant une page ou deux, dans lequel se trouve indiqué sous une forme discrète mais péremptoire, le sens dans lequel doit être résolue la question. Il ne s'agit donc plus, pour les jeunes esprits auxquels on s'adresse, d'exercer leur initiative et de déployer leur originalité. La première de toutes les conditions, comme le disent les membres émérites à tous ceux qu'ils veulent pousser au rang de lauréats, est *d'entrer dans le sens de l'Académie*, et par conséquent de lui dire ce qu'elle témoigne l'envie d'entendre, mais non point du tout ce qu'on a pu avoir le mérite de découvrir.

Il ne faut donc pas beaucoup s'étonner de la faiblesse de conception à laquelle se trouvent réduits la plupart des travaux littéraires de nos jours. Concevoir un plan avec force et abondance, le distribuer avec lucidité et avec méthode, le remplir d'un style à la fois riche et exact, suppléer enfin par une salutaire révision de la critique aux lacunes de la pensée et aux faiblesses de la diction, c'est là un art que personne ne possède plus guère et dont on semble, de notre temps, avoir non-seulement négligé la pratique, mais perdu jusqu'à la tradition. C'est précisément là ce qui peut donner quelque intérêt aux conseils qui vont suivre. Ils paraîtront nouveaux par l'oubli qui en a été fait, et leur utilité se démontrera d'elle-même aux personnes qui auront le courage d'en tirer profit.

CHAPITRE III.

LA MÉTHODE DE L'INVENTION IMPROVISÉE.

Lorsque le philosophe Descartes rendait grâces à Dieu, non point du tout de la supériorité de son propre esprit, mais bien, comme il le disait, de l'avoir placé dans certains chemins qui lui avaient permis de découvrir la vérité, il se montrait en plein dans le vrai ; la grandeur des résultats se mesure beaucoup moins, en effet, à la puissance des facultés qu'à la rectitude des méthodes. Faute de savoir dans quel sens doivent être dirigés ses efforts, l'esprit s'agite sans avancer, il se débat contre ses propres incertitudes, et dans l'impuissance de choisir entre tant de commencements également obscurs, il finit par éprouver une sorte d'angoisse qui lui ôte le courage de se décider, en même temps que la force de poursuivre. De là ces longues contemplations devant une feuille de papier blanc, dont le vide ne peut pas se remplir, cette méditation indéfinie d'un sujet, dont le texte, clair et saisissant au premier abord, finit, contrairement à toutes les lois de la réflexion, par devenir incertain et incompréhensible. Il y a là quelque chose de tellement anormal, de tellement contraire aux lois les plus élémentaires de l'esprit humain, de tellement funeste à un emploi un peu judicieux de l'intelligence, que le premier besoin de tout homme sensé est d'échapper à ce hasard et d'apprendre quelque discipline de son propre esprit.

La première chose qu'il y ait à faire, c'est de découvrir ce qu'on peut penser ou savoir déjà soi-même sur le sujet dont on va s'occuper. Il ne faudrait pas croire que ce soit là une besogne facile, et il n'est pas rare que nous soyions les derniers à nous apercevoir de nos propres sentiments. Il faut donc avant tout nous les rendre visibles, évoquer du fond de notre mémoire des souvenirs déjà lointains, préciser les réminiscences encore vagues, en un mot, mettre en mouvement notre pensée, de façon à nous rendre présent et à tenir à portée de notre main tout ce que nous pouvons avoir de disponible en fait d'arguments, d'hypothèses ou d'érudition.

Le moyen pratique d'y parvenir est on ne peut pas

plus simple. Il faut, les yeux fixés sur le sujet qui vous a été proposé, non point chercher à le raisonner ou à le pénétrer, non point se mettre en quête d'une solution dans un sens ou dans un autre, non plus que se laisser envahir par la préoccupation de démontrer telle ou telle thèse préconçue.

Le meilleur conseil qu'on puisse donner consiste précisément à se débarrasser de toute préoccupation relativement à un plan à suivre, et de toute inquiétude relativement à une opinion à défendre ou à réfuter. Au contraire, qui ne trouverait commode, en face d'un sujet, de s'abandonner, sans aucune réserve ni arrière-pensée, au torrent de ses propres idées et, pour aller plus loin, au dévergondage même de son imagination. A ce premier moment de fermentation intellectuelle, il ne faut absolument s'inquiéter de rien, ne point se demander à quel emploi pourront servir ces exagérations, ces paradoxes et je dirais volontiers ces hallucinations. L'important est de mettre son propre esprit en branle, de multiplier ses efforts dans toutes les directions, d'éveiller sa spontanéité, sans qu'aucune réflexion et qu'aucun retour l'arrête ou le ralentisse, sans qu'il ait à prendre conscience de ce qui peut le traverser, sans qu'il ait à faire de différence entre la déviation d'un égarement et la bonne fortune d'une inspiration.

Il est bien évident que la faiblesse et l'hésitation de la plupart des esprits viennent de ce qu'ils associent dans leur travail inexpérimenté deux opérations parfaitement incompatibles : d'un côté, l'invention et la création proprement dite; de l'autre, la réflexion et l'examen. L'esprit humain est ainsi fait qu'à moins d'un degré de culture et de force inaccessible à l'immense majorité des esprits, il ne faut point songer à mener de front l'épanouissement spontané de nos facultés et la méditation critique qui les juge et qui s'en rend compte. On ne peut pas communément s'abandonner à l'oubli de soi-même, et en même temps se posséder par un retour psychologique. Il y a là quelque chose de contradictoire en soi que ne sauraient démentir même les exemples les plus apparents. Pour peu qu'on veuille prendre la peine de soumettre ces exemples à une analyse profonde, on ne tardera pas à s'apercevoir que nul, au moment où il crée sa propre pensée, ne réussit à en devenir en même temps le spectateur impartial et le juge compétent. Il ne laisse pas, malgré l'aisance et la rapidité de son discours ou de sa plume, de frapper, pour ainsi dire, deux notes consécutives, et ces deux notes, bien qu'elles se fondent et se perdent dans un même accord, n'ont pas manqué, à l'origine, d'être l'objet de deux mouvements différents du doigté. Tout de même, le premier jet et la première réflexion ne demeurent point indiscernables, malgré leur apparence de simultanéité; la rapidité avec laquelle les virtuoses de la pensée et de la parole les associent n'empêche point la séparation de leur existence et la succession de leur emploi.

Il est sans doute permis à tout le monde d'aspirer à cette habitude, à cette force de la composition; en prenant la peine d'y travailler, on peut, je crois, se promettre la certitude d'y aboutir. Le plus prudent est toutefois de ne pas tant entreprendre et de se ménager à soi-même les facilités que comporte une méthode sagement entendue et convenablement pratiquée.

Laissons donc de côté pour un instant la question du choix, de l'ordre et de la critique, qui devra être l'objet d'un travail ultérieur. Il s'agit uniquement de détacher et d'isoler de tout le reste un premier effort et un premier emploi de l'esprit, lequel effort doit porter uniquement sur l'invention proprement dite.

Pour provoquer, pour entretenir, pour surexciter cette espèce de fermentation de l'esprit dont nous parlions plus haut, il faut se garder de s'enfermer dans aucune des habitudes ou même des convenances du style. Quelque pensée qui vous vienne à l'esprit, elle se présente d'abord, non pas sous la forme d'une phrase achevée ou seulement grammaticale, mais condensée, pour ainsi dire, en un mot saillant, dans une expression parfois bizarre, parfois grotesque, dans quelque allusion étrange, inattendue, invraisemblable.

Je donnerai des exemples de ce que je veux dire.

Il vous revient, pendant cette considération des différents points de vue du sujet, pendant cette recherche des arguments et des citations les plus propres à entrer dans votre travail, une pensée de Pascal, citée à l'improviste dans votre salon, au moment où l'on servait le thé.

Il se trouve que, par une de ces rencontres si fréquentes dans le phénomène de l'association des idées, la voie par laquelle cette citation vous est revenue est précisément le souvenir incident de cette circonstance toute matérielle, à savoir la tasse de thé offerte à ce moment précis.

Vous écrirez donc sur votre papier, non pas la citation elle-même, laquelle vous arrêterait par le temps de la transcrire et la difficulté de la rappeler, mais seulement ces deux mots absolument inintelligibles pour tout autre que pour vous-même, et vous-même pris à ce moment précis de votre vie : *Pascal-thé*.

Autre exemple :

Vous avez besoin, pour donner une idée de ce qu'on appelle les compositions de conscience, de vous livrer à quelqu'une de ces analyses psychologiques dont les philosophes écossais nous ont donné le modèle et paraissent avoir gardé le secret. Il s'agit de montrer dans une même âme toutes les habitudes et toutes les pratiques de la dissimulation avec la prétention naïve d'une sincérité absolue, les plus indomptables instincts de révolte avec la persuasion d'une docilité parfaite, enfin le mensonge d'intention perpétuellement associé à des aveux qu'on prétend sans mesure. Au lieu de mettre sur le papier ce commencement d'analyse, qui retiendrait l'esprit et qui l'empêcherait de poursuivre son vol, il suffit d'y consigner un seul mot, par exemple un nom de femme, *Antoinette* ou *Julie*, qui vous rappelle toute une série de souvenirs.

Il en va de même des citations. Vous voulez utiliser le célèbre passage du Dante rappelant combien il est dur, lorsqu'on se trouve à l'étranger, de monter l'escalier d'un homme que vous ne connaissez point. Inutile encore ici de mettre en note ou le texte italien, ou la traduction du vers du Dante; il suffit amplement d'écrire, par exemple, ces trois mots : *Escalier du Dante*.

Inutile d'insister et de multiplier les exemples : il s'agit simplement, comme on le voit, d'entrer dans le fond même des habitudes de l'esprit humain. Il est certain que, dans la pratique, nous nous remémorons une idée, non point sous sa forme amplifiée et explicite, mais au moyen d'une espèce d'abréviation et souvent d'accident de langage. Il ne s'agit donc pas, pour conserver cette idée disponible et pour la tenir en quelque sorte à la portée de notre esprit, de l'immobiliser dans une phrase de quelque étendue. Ce serait peut-être là le moyen le plus sûr de la faire sortir de notre esprit et de la localiser pour ainsi dire en dehors de nous. Il suffit d'en prendre note, et pourvu que le but principal soit atteint, c'est-à-dire pourvu que l'idée revienne aisément dans toute son intégrité et toute sa fraîcheur, il n'est pas même besoin qu'on ait pris la peine d'employer des mots français; tout idiome est suffisant, et plus le mot italien, grec ou allemand fait saillie, plus il contraste avec ce qui le précède et qui le suit, plus il se rattache fortement aux idées sous-entendues qui sont le véritable objectif de cette préparation.

J'oserai aller plus loin, étant toujours bien entendu qu'il ne s'agit point de se livrer par fantaisie à quelque excentricité, mais seulement de prendre les meilleurs moyens pour préparer un plan commode de dissertation. Aussi je ne reculerais point devant l'emploi, même d'une figure, et même d'une notation algébrique, mathématique, graphique, de quelque ordre, de quelque nature qu'on pourra la concevoir et l'improviser. Cette excentricité d'expression, le mot étrange, baroque même, dont on se sert sans hésiter, et au besoin avec une sorte de préférence, n'a pas seulement pour effet de dispenser l'esprit de tout effort, de lui permettre de pousser plus avant sans retardement ni distraction, il constitue par son excentricité et sa bizarrerie, un moyen sûr et commode de retrouver la pensée principale. Par exemple, lorsque vous écrivez ces mots un peu hiéroglyphiques : *Pascal-page tachée*, ou *sucre-pantoufle*, il n'est pas possible, à quelque évolution que se livre ultérieurement votre esprit, que vous perdiez de vue les deux faits que vous vous signalez à vous-mêmes par ces expressions en vedette. Vous vous remémorez telle pensée de Pascal, qui se trouve dans votre édition familière, à cette page néfaste et bien connue où un accident est venu déshonorer un exemplaire précieux. Les mots *sucre-pantoufle*, se relient pour vous d'une façon indélébile à telle petite scène d'intérieur, qui s'est passée chez vous, certain jour où, en préparant votre thé, vous avez laissé choir un morceau de sucre d'une façon malencontreuse et fourni ainsi un prétexte à telle explosion de vivacité ou à tel mouvement d'humeur dont l'analyse deviendra une confirmation de votre thèse.

Ce n'est point assez que ces lambeaux de pensées et de paroles se succèdent et s'accumulent sans qu'il y ait entre eux ni lien, ni rapport. Je vais jusqu'à dire qu'il est préférable de n'y mettre aucune suite ni aucun ordre. Cette disposition méthodique d'après des données d'ensemble doit devenir l'objet spécial d'une réflexion ultérieure. A ce premier moment, le travail de l'esprit doit être pleinement libre et indépendant; tout effort de coordination n'aboutirait qu'à gêner et à restreindre l'essor de la pensée. Il n'y a point d'inconvénient à ce que la disposition graphique des notes qu'on peut prendre, témoigne hautement de ce désordre consenti et prémédité. Rien n'empêche d'écrire sur une vaste feuille de papier, tantôt dans le haut et tantôt dans le bas, tantôt sur la marge et tantôt de travers. Cette localisation des notes que l'on peut prendre sur les différentes vues qui ont traversé notre pensée, bien loin d'augmenter une confusion que certains lecteurs trouveront peut-être excessive, tend au contraire de longue main à préparer une sorte de groupement. En l'absence de tout lien logique entre les différentes parties d'un sujet, lequel est encore à l'état d'incubation, il n'est ni pénible, ni malaisé de jeter dans le même coin de la page ou sur le revers du même feuillet les idées qui, à vue de pays, paraissent avoir entre elles quelque figure de parenté ou quelque lien de sympathie. C'est une sorte de préparation lointaine du classement auquel il faudra en venir. Il y a jusqu'ici, dans tous ces trésors de pensées qu'on a ramassés tout-à-fait au hasard, plus de pierres fausses que de diamants et plus de clinquant que de dorure. Il y a un moment où il conviendra de couper court à cette veine d'invention et de fécondité. L'esprit doit alors cesser de produire : il est appelé à méditer. Il s'agit maintenant d'introduire dans ses propres pensées cet ordre plein de lumière et de persuasion, sans lequel il n'y a ni composition ni discours.

Toutefois, ce que nous venons de dire ne concerne qu'une sorte de préparation, ce qu'on peut appeler la préparation improvisée. Cette préparation-là représente seulement ce qu'un esprit quelconque peut enfanter sans sortir de lui-même et de ses propres ressources. C'est là une méthode tout à la fois indispensable et générale. Elle s'applique au plus grand nombre des cas, et je pourrais dire aux cas les plus opposés. Un esprit novice, appelé à subir les épreuves d'un examen, n'a pas d'autre manière de s'en tirer, et il ne faut pas qu'il compte sur d'autres ressources que sur lui-même. Par contre, un professeur consommé ne saurait avoir la prétention d'apprendre jour par jour, pour son enseignement, la masse des connaissances dont il doit faire preuve. Il faut, pour s'en tirer, qu'il ait par-devers lui un acquit énorme, une immense provision d'érudition et de travail. Il est donc, malgré l'intervalle qui le sépare du débutant, appelé à user des mêmes méthodes. Il prépare ses savantes leçons par ce même procédé d'improvisation spontanée; seulement, au lieu d'avoir à faire un violent effort pour ramasser dans une stérilité un peu déserte les connaissances éparses et les idées inachevées auxquelles la jeunesse est encore réduite, il n'a qu'à se frapper le front pour en faire sortir des légions de pensées; et tout de même qu'elles apparaissent à sa voix, elles manœuvreront à son commandement.

Il y a une seconde façon d'entendre et de pratiquer ce premier travail : c'est ce que nous appellerons la *préparation réfléchie*, par opposition à la *préparation spontanée*.

CHAPITRE IV.

LA MÉTHODE DE L'INVENTION RÉFLÉCHIE.

Il n'est point absolument nécessaire, lorsqu'il s'agit de préparer la mise en œuvre d'un sujet, de s'en tenir, pour faire son plan, à ce qu'on peut savoir déjà, et de se borner ainsi à utiliser ses connaissances, sans se mettre en peine de les agrandir ou d'y suppléer.

Il n'est point défendu, lorsqu'on a du temps devant soi, de procéder à un travail de préparation de plus longue haleine, et, avant d'arrêter sa propre pensée, de prendre pour ainsi dire conseil des grands penseurs et des grands écrivains qui se sont exercés sur le même sujet.

Cette préparation éloignée n'est point sans difficultés ni sans inconvénients. Il vaudrait beaucoup mieux avoir de prime abord l'esprit assez pourvu et assez vigoureux pour dessiner avant tout son propre cadre, pour se tracer une marche, s'arrêter à une méthode, et n'avoir plus qu'à faire rentrer ce qu'on peut apprendre dans les prévisions de sa thèse personnelle. On imiterait ainsi, dans l'ordre littéraire, les habitudes si judicieuses des chimistes et des physiciens. Ceux-ci ne s'avisent plus d'observer au hasard et sans savoir où les mèneront l'expérimentation et l'analyse. De pareilles recherches ne sauraient aboutir; il faut avoir un plan préconçu, une théorie à vérifier, une affirmation ou une négation à établir. C'est à cette condition seulement que le travail du laboratoire aboutit au progrès de la science. Tout de même, il est infiniment plus facile de se guider dans la lecture d'un auteur, d'éviter les confusions et les méprises, de se défendre des digressions et des hors-d'œuvre, lorsqu'on ne pénètre dans un document et dans un ouvrage qu'armé de son plan et de sa méthode propres. On garde ainsi par-devers soi un parti pris qui vous sert de critérium, et toutes les connaissances qu'on peut se procurer n'ont d'autre effet que de fortifier et d'éclairer un jugement établi sur une science préalablement acquise.

Rien n'est plus fragile et plus factice, rien n'est plus incohérent et plus désordonné qu'une science de fraîche date; rien ne ressemble plus au bronze et au marbre d'imitation. L'admiration des naïfs se laisse prendre aux apparences; mais il suffit aux connaisseurs de soulever le vase ou la statuette, pour reconnaître du premier coup combien leur poids est léger et combien leur substance est mensongère.

Ce qui fait le vrai mérite d'un travail, ce n'est point l'étendue, la richesse, la multiplicité des connaissances que ce travail atteste, mais le degré de force et de persuasion avec lequel l'auteur a le pouvoir de faire pénétrer sa propre pensée dans les esprits. A quoi sert-il de lancer d'une main débile des projectiles énormes dont celui qui les manie est le premier écrasé? Au lieu de partir dans l'espace, ils retombent d'eux-mêmes sur ses pieds. Il suffit au contraire d'une balle relativement imperceptible, mais lancée avec force dans une direction exacte, pour franchir les distances les plus vastes, traverser les parois les plus résistantes, et porter au loin le ravage et la mort. Voilà une image palpable de l'avantage qu'on retire à n'user des auteurs qu'avec sobriété et à n'y prendre que l'essentiel et l'efficace.

Bien que le meilleur moyen d'arriver à ce résultat et de ne point franchir cette limite soit assurément d'avoir soi-même résolu la question en principe avant toute information, et de ne prendre ensuite dans les auteurs que ce qui peut se rapporter au sujet tel qu'on l'avait soi-même conçu, il ne laisse pas d'être possible de procéder autrement.

Rien de plus admissible, et peut-être, hélas! de plus fréquent, que de nous voir tout d'un coup appelés à traiter quelque question sur laquelle nous sommes loin d'être suffisamment renseignés. Ce que nous en savons suffit tout au plus pour nous marquer ce que nous avons encore à apprendre et pour nous indiquer où nous devons le chercher.

Ici la préparation de notre travail écrit ne consiste plus dans l'usage plus ou moins méthodique de nos connaissances personnelles. Nous avons plus à faire : avant de mettre en œuvre les données relatives à la question, nous sommes dans la nécessité de reprendre les choses de plus haut, c'est-à-dire, de commencer par les acquérir.

Cette préparation lointaine n'est pas sans difficultés ni sans erreurs, et à ce propos quelques conseils ne paraîtront pas inutiles.

Si, rendant justice à votre propre ignorance, vous jugez à bon droit indispensable de vous renseigner un peu plus à fond sur le sujet où vous êtes appelé à dogmatiser, il convient de ne plus procéder suivant la méthode qui a été indiquée plus haut. Celui qui possède des connaissances acquises en quantité suffisante et qui consulte les auteurs avec un parti arrêté, se trouve en droit d'apporter un certain esprit d'exclusion dans ses lectures ; il voit d'un coup d'œil ce qui rentre dans son cadre, et ce qui, bien loin de le servir, le détournerait de son dessein principal.

Tout au contraire, celui qui ne sait point encore, et qui se plie à la nécessité de s'instruire, ne saurait, sans faire œuvre de préjugé, procéder ainsi par des choix ou des éliminations *à priori*. Le meilleur conseil à lui donner, c'est la recommandation, bizarre en apparence, de faire une complète abstraction du sujet même qui est le motif de son étude, et de fortifier sa pensée d'une façon purement désintéressée, sans se demander aucunement s'il le traitera dans un sens ou dans un autre.

L'art de lire et de prendre des notes est tout à la fois bien mal connu et bien mal pratiqué. Je ne parle pas, bien entendu, des hommes et surtout des femmes du monde, pour lesquels la lecture devrait être un des premiers devoirs, le dernier aliment et le dernier soutien d'une intelligence que tout dissipe et que tout égare, mais, ce qu'on croirait difficilement, des hommes d'étude, qui, le plus souvent, reçoivent les idées à la façon du tonneau des Danaïdes, sans venir à bout d'en rien garder.

Cette impuissance du lecteur, même dans le cas où il se propose de retenir et de s'assimiler l'ouvrage qu'il a entre les mains, tient, comme on le pense bien, à l'emploi de méthodes insuffisantes, ou même tout-à-fait fausses.

Nous avons, pour la plupart, gardé de notre enfance et de notre jeunesse deux procédés dont nous attendons merveille et dont il est grand temps de nous désabuser : c'est ce qu'on appelle les analyses; puis, comme complément obligé de ces mêmes analyses, les extraits ou les citations.

Faire l'analyse d'un auteur, c'est, comme on l'entend de reste, reproduire dans un cadre raccourci ce que l'écrivain a développé dans son livre sur de plus vastes proportions. C'est le procédé de réduction des statues appliqué aux œuvres de l'esprit; le véritable mérite de ce genre de travail consiste à transporter dans la miniature les moindres détails, et, s'il était possible, les nuances mêmes de l'original.

Il est difficile d'imaginer rien de plus contraire aux habitudes et aux lois de l'esprit humain.

Le premier soin à prendre, lorsqu'il s'agit de garder dans son intelligence un ensemble d'idées présenté dans une exposition d'une certaine étendue, est de se faire à soi-même, non pas un dessein sur une échelle de moindre dimension, mais une synthèse véritable, une synthèse appropriée aux besoins comme aux facultés de notre propre esprit. Il est bien certain que, suivant le degré de notre attention ou la tournure de notre intelligence, nous laissons tomber en route une partie de la moisson que nous avions d'abord recueillie. Bien des considérations nous échappent faute de nous avoir frappés à première vue, ou faute d'avoir trouvé où se localiser dans notre souvenir. Il ne faut pas s'en émouvoir. S'il est excellent pour un écolier d'aiguiser sa mémoire au point de retenir sans broncher l'ordre et la marche de tout un volume, lorsqu'il s'agit non plus du succès d'un examen mais du profit et de l'avancement de notre esprit, nous ne nous assimilons véritablement dans un auteur que ce qui nous a tout d'abord frappés, que ce qui s'est, pour ainsi dire, accroché à nos propres idées. C'est ainsi qu'une synthèse large et hardie sert beaucoup mieux les intérêts de l'esprit que l'analyse la plus scrupuleuse et la plus complète.

Il y a cependant quelque chose d'inférieur encore à cette analyse dont nous ne voulons pas, c'est ce système d'extraits et de citations, pour lequel les femmes et les jeunes filles paraissent avoir un attrait si particulier. Il n'est pas rare d'en trouver qui ont ainsi rempli de leurs copies manuscrites de volumineux cahiers. Elles ont commencé le plus souvent par quelques phrases bien choisies, qui enveloppaient une pensée sous la forme d'une sentence : elles n'ont pas hésité ensuite à transcrire quelques raisonnements dont elles comprenaient la vigueur, ou quelques tirades dont elles admiraient l'éclat. Les paragraphes se sont ajoutés ensuite d'eux-mêmes les uns à la suite des autres; et après s'être borné à quelques alinéas, on a fini par reproduire, sous prétexte d'extraits, des pages entières et de vastes morceaux de chapitres.

Il faudrait louer sans réserve un pareil travail, si nous en étions encore à l'époque où les livres et les manuscrits étaient partout aussi rares que difficilement accessibles. Lorsqu'une bonne fortune vous mettait un auteur entre les mains, on n'était rien moins que sûr de l'avoir de nouveau à sa disposition. Le plus prudent était donc encore d'en tirer du premier coup tout ce que l'on pouvait, non-seulement en vue de la question du moment, mais même dans la prévision lointaine des éventualités où les idées de l'auteur pourraient devenir de quelque usage.

Il n'est plus question de précautions semblables aujourd'hui, et nous ne sommes plus assez dépourvus pour qu'à toute occasion et à toute heure, il ne soit pas constamment possible et commode de se remettre un volume entre les mains. On se demande dès lors à quoi peut bien servir ce travail de Romain, qui consiste à reproduire des pages entières.

Une pareille dépense de temps et d'activité est d'autant plus regrettable que, bien loin de contribuer à fortifier et à enrichir notre esprit, elle le désintéresse et l'éloigne du livre qu'il a si minutieusement transcrit. Je demandais un jour à une petite fille quel avait été le sujet de sa dernière instruction? « Ah! » Monsieur, » me dit-elle, « je n'en sais rien. On nous » force à prendre des notes, et je ne puis pas en même » temps écrire et écouter. » C'est précisément là ce qui arrive à tous ces faiseurs de résumés et d'extraits. Pendant qu'ils polissent si soigneusement leurs abrégés ou qu'ils prolongent sans mesure leurs copies, leur esprit se détend peu à peu et finit par tomber dans une sorte de langueur : le fond des choses leur échappe, et c'est leur papier qui finit par garder seul les lambeaux oubliés de tout ce que leur intelligence aurait pu apprendre.

Il ne faut donc pas regarder comme un travail réel de préparation cette lecture mal faite et mal conseillée dont nous avons pris pour la plupart la détestable habitude. Il est trop facile de voir que, bien loin de se fortifier et de s'étendre, les facultés de ceux qui lisent beaucoup vont presque toujours en s'affaiblissant. Leur esprit devient une surface que le courant des idées extérieures ne cesse de polir, et sur laquelle ces mêmes idées glissent et s'enfuient d'autant plus vite.

Lorsqu'on veut tirer un véritable avantage des œuvres d'autrui, il convient d'appliquer à leur lecture une tout autre méthode.

Les livres auxquels nous pouvons demander une certaine érudition et une certaine provision de connaissances relativement à des sujets qui ne nous sont point assez familiers, peuvent être distingués en deux catégories : ceux que la supériorité de leurs auteurs et l'éclat de leur renommée nous met pour ainsi dire en demeure de lire en entier sans en passer une seule ligne, et ceux qui doivent être consultés seulement par parties, en raison de la moindre valeur de l'écrivain ou de la spécialité de certains chapitres.

Il y a ici, de part et d'autre, un écueil analogue à éviter.

En ce qui concerne les œuvres de premier ordre, lesquelles sont ordinairement d'une lecture difficile et prolongée, rien de plus fréquent et de plus naturel que d'éprouver par moments un peu de langueur ou de défaillance. Cette lassitude de la paresse nous invite à abréger notre besogne, et nous sommes portés à trouver des raisons plausibles pour nous contenter du titre d'un chapitre et franchir ainsi un certain nombre de pages. Rien ne peut excuser cette erreur ni combler cette lacune. De tels ouvrages ressemblent, si l'on peut le dire ainsi, à des textes consacrés par la raison et par le goût : il n'est pas une seule ligne qui n'envoie et qui ne reçoive à son tour la lumière. Lorsque nous laissons quelque chose de côté, nous ressemblons à un barbare qui briserait un angle saillant de la statue antique, pour la faire tenir plus aisément dans l'espace qu'il lui a destiné.

Tandis que nous sommes si aisément induits à jeter à la mer une partie souvent considérable des lectures les plus célèbres, il nous arrive, au contraire, lorsqu'il s'agit de quelque auteur de seconde main, et partant de médiocre valeur, de nous y attarder sans discrétion et sans mesure. Nous avons bien reconnu, dès les premiers paragraphes et souvent dès les premières lignes d'un chapitre, que nous sommes arrivés à des feuilles de remplissage ; que la banalité des aperçus ressort de la vulgarité des connaissances ; que la prétention de la forme ne couvre point le néant du fond ; bref, qu'il n'y a rien là dont nous puissions faire notre profit ou même notre agrément. N'importe, en dépit de ces résistances de notre raison et souvent de ces répugnances de notre goût, nous ne laissons pas de nous attarder à perte de vue sur ces pages traînantes et vides. Nous y goûtons volontiers le charme d'un certain repos, sans avoir le courage de nous dire que ce charme n'est, après tout, que la saveur de notre propre paresse.

Il faut donc appliquer à la conduite de ces lectures

préparatoires un énergique parti pris ; là, il faut se défendre d'abréger, et ici, s'interdire de s'étendre.

La méthode qui doit remplacer les analyses et 'es extraits est la suivante.

Il faut lire avec le plus grand soin l'ouvrage dont on s'occupe, sans se fixer à soi-même aucun intervalle pour s'arrêter et pour se reconnaître. Seulement, pour employer un moyen tout-à-fait pratique, nous n'avons qu'à nous placer par la pensée dans la situation d'un homme auquel on pourrait demander d'un instant à l'autre ses réflexions et sa manière de voir sur ce qu'il a devant les yeux. Il est bien probable qu'à la première fois cette question le prendrait à l'improviste. On a tellement l'habitude, lorsqu'on parcourt du regard un texte écrit, de s'abandonner au mouvement qu'il nous imprime et de flotter, pour ainsi dire, à la surface des lignes, que le plus souvent nous ne gardons par-devers nous aucune pensée qui nous soit propre et nous sommes tout entiers au sens de l'auteur. Avertis par ce premier défaut où nous avons été surpris, nous ne manquerions pas de nous recueillir avec plus de force pour la lecture des paragraphes qui suivent. Nous garderions notre sens propre, au besoin nous ressusciterions en nous la faculté critique ; et si l'on venait nous demander comme auparavant ce que nous pouvons bien penser de tel ou tel passage, l'estime dans laquelle nous pouvons tenir tel ou tel jugement, nous serions bien sûrs de ne point rester court et d'avoir quelque chose à dire. Nous exprimerions ainsi, suivant l'occurrence, une approbation ou une désapprobation, notre sympathie ou notre répugnance, mais dans aucun cas une lecture conduite avec la préoccupation incessante d'avoir à répondre et d'être interrogés, ne se poursuivrait sans que nous sentissions se multiplier en nous les remarques, les émotions, les assentiments, sans que notre sentiment y apportât des réserves, ou notre raisonnement des conséquences.

Si telle est la puissance que donne à notre esprit la perspective d'avoir à rendre compte d'une lecture entreprise, il devient facile de transformer l'hypothèse en une méthode.

Est-il donc absolument besoin d'avoir à côté de soi une personne en chair et en os, qui vous adresse des questions exprimées au dehors par la parole humaine, et ne suffit-il pas qu'un esprit un peu ferme et un peu habitué aux abstractions s'adresse à soi-même la demande de cette espèce de compte-rendu? L'important n'est pas, en effet, de transmettre à un interlocuteur les réflexions qui ont pu vous venir durant votre lecture, mais bien de faire ces réflexions, puisque, sans ce retour, tout glisse et tout s'enfuit sans qu'il en reste rien. Il est triste et humiliant d'avoir à reconnaître ici la prédominance de notre paresse sur notre raison. Tant que l'amour-propre est surexcité, tant que nous avons à craindre de paraître inférieurs et de garder vis-à-vis d'autrui un silence désavantageux, il ne nous en coûte vraiment pas trop de redoubler de travail et de faire nos petites provisions, pour nous en tirer à notre gloire. Mais si nous sommes bien certains de n'être point questionnés et de demeurer absolument seuls devant nous-mêmes, il est bien rare qu'on ait assez de force d'âme pour se vaincre et pour s'imposer à soi-même le spectacle de ses propres pensées.

Au reste, il y a un moyen bien simple de s'assurer ce résultat. Ce moyen consiste à remplacer l'interlocuteur absent par quelques notes qui nous rendent visible notre propre pensée. Nous consignons ainsi sur le papier, non pas même ce que nous pourrions communiquer à une autre personne, mais quelque chose de plus, cette impression première, pleine de franchise, d'abandon, et même, au besoin, de brutalité. C'est pour ainsi dire un miroir dans lequel nous nous regardons au plus secret de nos appartements, lorsqu'il n'est personne pour nous voir sourire ou pleurer. Nous n'avons donc pas besoin d'apporter dans cette effusion intime, le tempérament nécessaire que comportent les convenances. Nous ne sommes pas tenus aux discrétions du langage, et les violences de jugements les plus inouïs, les formules les plus inconvenantes par leur excès n'ont absolument pas d'inconvénients vis-à-vis de nous-mêmes. Tout au contraire, elles marquent d'un trait plus vif et plus sûr l'impression du moment. Il ne nous reste plus, si nous avons à la mettre en œuvre, qu'à en rabattre et non pas à y ajouter; et c'est ainsi que la violence elle-même se transforme en une hardiesse permise et une audace heureuse.

Si tous les hommes recevaient durant les heures fécondes de leur jeunesse, l'éducation et la direction dont toute intelligence humaine a besoin, il n'y aurait pas lieu, au moment de la seconde formation de leur esprit, de leur adresser de semblables recommandations; mais il faut bien avouer que l'idée de se livrer au travail dont on parle ne paraît venir à personne. Je m'étais permis un jour d'indiquer cette méthode à une jeune femme plus jalouse de devenir instruite que renseignée sur les moyens d'y parvenir. Elle partit pour la campagne toute pénétrée du désir d'appliquer à ses lectures ce procédé de la réflexion écrite. Au bout de peu de jours, elle m'apprenait qu'arrivée à la fin du chapitre ou même au bas de la page, il lui était absolument impossible de se remémorer rien de ce qu'elle avait vu. Elle était obligée, me disait-elle, de reprendre jusqu'à deux et même trois fois le texte de l'auteur, avant d'en avoir pu préciser le sens d'une façon assez exacte pour le dominer par la réflexion.

Ceux qui débutent dans la méthode qu'on recommande ne manquent point d'élever ici une objection, laquelle leur paraît péremptoire.

Ils allèguent d'ordinaire, non sans fondement, qu'ils ont beau chercher dans leur esprit, après avoir lu deux ou trois pages; ils n'y trouvent rien et n'ont ainsi aucune réflexion à consigner sur le papier. Il ne faut pas, lorsqu'on entend de pareils aveux, paraître les avoir compris, ni les prendre avec trop de rigueur pour la preuve d'une incurable médiocrité. La plupart des hommes ne sont point les victimes de la faiblesse de leur esprit, mais de l'impuissance de leur attention, et il leur suffit presque toujours de se faire quelque violence pour tirer de leurs facultés un parti dont ils sont les premiers stupéfaits.

Vous prétendez n'avoir rien à lire, après avoir parcouru telle page étincelante de verve et de bon sens, après vous être mesuré avec la puissance de ce raisonnement, après avoir reçu l'attaque de ce paradoxe ou le contre-coup de cette émotion. Vous l'affirmez ainsi : je le crois donc ; mais, au lieu de me contenter de vous plaindre, j'aime mieux vous offrir le moyen de vous compléter. Il ne me paraît pas bien certain, malgré la condamnation tacite que vous portez avec tant de désinvolture contre votre intelligence, que vous soyez aussi incapable et aussi dépourvu. Il y a peut-être dans votre affaire plus d'inexpérience, et même de mauvaise volonté, que d'incapacité réelle. Ne ressemblez-vous pas un peu, si vous me permettez de vous le dire, à ce petit enfant auquel on apprenait les lettres de l'alphabet et qui refusait de reconnaître et de dire A. « Dès que j'aurai dit A, on me fera dire B. » Il vous répugne de même d'avoir à transformer vos lectures, dès que vous aurez reconnu la possibilité et pris l'habitude d'en tirer parti.

Rien de plus simple que de vous sortir d'embarras. Vous me dites qu'au bout de la page et du chapitre, il ne vous est absolument venu aucune pensée, que, par une infirmité bien déplorable, votre esprit, malgré l'effort que l'écrivain a fait en sa faveur, se retrouve exactement au même point où il était lorsque le livre venait d'être ouvert. Il y a un remède à votre infirmité. Mettez simplement par écrit la vérité, et que ce soit là votre réflexion. Inscrivez, quoi qu'il vous en coûte, sur le papier des aveux semblables à ceux-ci : « Je n'éprouve absolument rien en face de cette » éloquence... Ce raisonnement me laisse complète-

» ment indifférent, et je ne crois pas le comprendre
» assez pour qu'il me touche... Je ne me sens pas un
» mouvement de blâme contre ces atrocités, pas le
» moindre attrait de sympathie ou d'admiration pour
» cet héroïsme. » Il n'est pas vraisemblable qu'on puisse persévérer longtemps dans le spectacle de sa propre indigence intellectuelle. Il viendra plus vite qu'on ne le pense, un moment où je ne sais quel mouvement d'indignation, pareil à celui qui faisait les vers du poète, vous mettra sur la voie de réflexions plus sérieuses ; et au bout de peu de temps, vous vous trouverez si loin de votre propre stérilité, que vous aurez à compter au nombre de vos préoccupations celle de ne point vous étendre démesurément dans vos méditations et vos commentaires.

C'est là, en effet, un second écueil à éviter. Il faut prendre garde de ne point écrire un traité nouveau, sous le prétexte de se recueillir. La lecture se trouverait ainsi indéfiniment attardée, et notre besogne d'érudition ne marcherait pas. Il faut donc se défendre avec un soin extrême de l'amplification, de la phrase, et de tout ce qui peut y ressembler. Il faut se garder surtout des redites; car, le plus souvent, nous adoptons, à propos d'un auteur, une thèse bien arrêtée ; nous avons pris le parti de nous en remettre à lui ou de le contredire, et, suivant l'un ou l'autre cas, nous nous contentons d'ordinaire, ou de nous rendre à ses arguments, ou de répéter nos objections.

Les notes que l'on prend doivent être non pas un ouvrage à propos d'un ouvrage, mais un moyen de provoquer et de consigner en même temps le travail de notre esprit, une sorte de mémorandum, dont le premier mérite est la brièveté, et qui, avant tout, ne doit pas nous ralentir outre mesure.

Il ne faut pas, toutefois, que le désir bien légitime de passer outre et d'aller en avant, nous fasse méconnaître les vraies conditions de ce travail. Nous disions plus haut qu'il est convenable de s'arrêter après un certain nombre de lignes, de façon à mettre quelque régularité d'intervalle entre chacune de ces coupures. Il va sans dire que de pareilles recommandations ne sauraient être prises au pied de la lettre. Pourvu que la paresse et l'oubli ne s'en mêlent pas, il est tout simple, il est inévitable que, suivant la fortune des lectures, on ait tantôt beaucoup et tantôt peu à dire. Il peut très-bien arriver qu'on s'interrompe trois fois dans la même page pour faire connaître les réflexions dont on est débordé, et aussi qu'on franchisse tout un chapitre sans avoir à se faire à soi-même aucune observation.

Il est un détail matériel dont l'importance est plus grande qu'on ne le supposerait.

On ne saurait s'imaginer l'influence qu'exerce sur la pensée, même la plus forte et la plus indépendante, l'outillage que l'on peut avoir à sa disposition pour écrire et pour travailler. On compterait par milliers les lettres qui n'ont point été écrites, parce qu'au dernier moment, on s'est trouvé n'avoir pas à sa disposition une plume commode, une encre suffisante, une feuille propre, une table préparée. Il y a eu des trésors de sentiments refoulés dans le cœur de celui qui voulait les traduire, par le dérangement d'une interruption, ou moins encore, par la vulgaire difficulté de peindre les caractères avec des instruments défectueux.

Cette espèce de susceptibilité, pour ne pas dire d'irritation nerveuse, va si loin, nous sommes si prompts à nous décourager du mouvement lorsqu'il nous demande l'ombre même d'un effort, qu'assis devant un bureau dont les tiroirs contiennent du papier, de l'encre, des plumes, nous reculons souvent devant la tâche de soulever un pupitre, de presser un bouton, d'ouvrir un cahier. Nous en venons à ce point étrange de lâcheté, que ces petits détails deviennent un prétexte suffisant pour retarder et peut-être pour ajourner indéfiniment le moment où nous nous mettrons au travail.

Ce n'est donc point faire une recommandation vaine ni puérile que de signaler à tout lecteur studieux l'importance de tenir avant tout sur son bureau un cahier ouvert, une plume préparée, et j'oserai dire essayée et trempée dans l'encre, afin de supprimer par avance tout intermédiaire fâcheux entre la conception de la pensée et sa traduction par l'écriture.

Le même système d'assimilation doit être employé avec les auteurs dont nous nous proposons seulement d'utiliser une partie. Dans ce dernier cas, nous avons à prendre une précaution de plus, et il est trop fréquent de voir ici passer toute mesure et toute discrétion.

Tandis que nous nous montrons volontiers rebelles à la nécessité de lire d'un bout à l'autre un chef-d'œuvre dont il n'est vraiment pas possible de rien ignorer, nous éprouvons souvent un attrait en apparence inexplicable pour un auteur médiocre, dont quelques pages tout au plus peuvent nous être utiles à titre de renseignement. En vain nous sommes-nous promis de ne point dépasser tel chapitre dont le titre nous marquait d'avance le sujet ; au lieu de nous arrêter à temps et de fermer le volume au moment précis où il devient étranger à nos propres recherches, nous éprouvons une sorte de jouissance maligne à faire vis-à-vis de nous-mêmes l'école buissonnière : nous sautons à pieds joints par-dessus les limites que nous nous étions imposées dans notre sagesse pour ne point nous détourner de notre travail essentiel.

Il ne faut point trop s'étonner de voir l'homme échapper aux calculs de sa raison et aux résolutions de sa prudence. Il est trop facile de voir que, lorsque nous avons un sujet à traiter, ce sujet nous préoccupe et nous pèse ; pour peu que nous le conservions quelque temps dans notre pensée, il passe aisément à l'état de cauchemar : il nous poursuit, il nous obsède, et nous aimerions à déposer ce fardeau dont nous sommes accablés.

C'est là précisément ce qui arrive, lorsque nous enfilons quelque échappée dans la lecture d'un auteur. La question qui nous est présente, ressemble à la grande route poudreuse sur laquelle il n'est permis ni de revenir en arrière, ni de s'arrêter ; au contraire, ces épisodes de lecture accidentée qui nous détournent de notre objet principal nous font l'effet de ces bocages séduisants entre lesquels passe le chemin, et nous n'avons pas trop à nous faire prier pour y égarer nos pas et pour y abriter notre repos.

Ce ne sont pas là, il faut le dire, les motifs que nous nous donnons à nous-mêmes. Il y a quelque chose de plus rare que d'être franc et sincère vis-à-vis des autres, c'est de l'être vis-à-vis de soi. Aussi nous ne nous faisons pas faute, non-seulement de répéter aux autres, mais encore de nous soutenir audacieusement à nous-mêmes que nous ne saurions trop nous instruire sur une question, qu'on n'en peut jamais savoir assez, et qu'il n'y a rien d'inutile en fait de connaissances. Ce beau raisonnement, s'il était poussé jusqu'au bout, nous mènerait loin, et nous savons mieux que personne qu'il n'est absolument pas applicable à la plupart des cas où nous mettons tant d'empressement, pour ne pas dire tant de lâcheté, à perdre notre temps.

S'il ne s'agissait encore que de quelques heures consumées en vain, l'inconvénient serait grand, sans doute, mais il ne serait pas irréparable ; ce serait tout simplement une diminution volontaire de notre vie, et comme un temps d'arrêt dont nous pourrions en définitive prendre notre parti ; mais l'inconvénient de cet abandon et de cet oubli est bien plus grand qu'il ne le paraît au premier abord. A nous laisser ainsi entraîner en dehors de notre sujet, nous perdons tout-à-fait de vue le dessein qui nous avait d'abord occupés ; nous nous en éloignons par une sorte de déclinaison lente de notre pensée ; au lieu de recueillir nos esprits pour arriver à une forte concentration sur un point principal, nous nous laissons dissiper à plaisir. Nous ressemblons à un général qui, au lieu de faire manœuvrer ses soldats pour les réunir sur l'emplacement et à l'heure de la bataille, se donnerait du loisir pour visiter la galerie du château ou chercher quelque pièce de faïence curieuse dans le bahut du paysan.

Il est donc absolument essentiel, sous peine d'exténuer ses forces et de se jeter de son plein gré dans un dédale de divagations, de procéder avec beaucoup de prudence et de fermeté à ce que nous pourrions appeler la lecture des auteurs accessoires. La curiosité et l'intérêt, malgré ce qu'ils peuvent avoir de noble, d'élevé et de profitable, n'ont rien à voir dans ce travail d'informations et de réflexions spéciales qui prépare les éléments d'un plan. Le meilleur et le plus sûr est de consulter d'abord la table des chapitres, la préface ou l'introduction, et de se fixer à l'avance le nombre et le choix des pages qu'on se permettra de parcourir.

Cette règle générale doit être pratiquée longtemps dans toute sa rigueur par les esprits inexpérimentés et par les intelligences novices. Il y a dans les âmes un tel fond d'impuissance et de faiblesse, qu'on ne saurait prendre trop de précautions pour ne point se laisser surprendre et détourner. Plus tard, lorsque les facultés seront aguerries, lorsqu'on sera vraiment rompu avec la pratique de cette méthode, il deviendra permis de se donner sans inconvénient un peu plus d'aisance et de liberté. On peut sans danger parcourir un volume tout entier d'un œil curieux et rapide, lorsqu'on est assez sûr et assez maître de soi pour s'arrêter précisément sur les points qui intéressent le travail entrepris et pour passer impitoyablement sur tout le reste.

Nous voici donc maintenant pourvus, suivant l'occurrence, d'une double méthode de préparation : l'une improvisée et accomplie par les seules forces de notre esprit, l'autre réfléchie et éclairée au besoin par toutes les ressources de l'érudition. Il reste maintenant à mettre en œuvre ces matériaux assemblés de tous les côtés, et souvent un peu au hasard. C'est là ce qu'on appelle proprement faire le plan d'un travail écrit.

LIVRE II.

DES RÈGLES A SUIVRE POUR ORDONNER SES IDÉES.

CHAPITRE PREMIER.

DE LA NÉCESSITÉ DE PRENDRE D'ABORD UN PARTI POUR FAIRE UN PLAN.

On s'efforcera de conserver aux règles qui vont suivre une certaine largeur. Il n'est pas impossible, en effet, de généraliser les conseils qui s'appliquent à deux espèces de travaux écrits, lesquels nous paraissent résumer tous les autres.

On peut, en effet, comme il arrive dans un examen et dans une épreuve littéraire, avoir à traiter un sujet déterminé; ou bien, dans le monde de la vie réelle, se trouver en présence d'un rapport à faire, et par conséquent d'une opinion à combattre ou à soutenir. Les règles qu'on propose s'appliquent également à ces deux sortes de travaux. S'il nous arrive, pour la clarté du développement, d'emprunter plus particulièrement quelque exemple à l'un ou à l'autre de ces deux emplois analogues de notre esprit, il conviendra de ne pas perdre de vue que nos remarques s'appliquent à toute espèce de plan, quel qu'il puisse être, aussi bien à celui d'une note qu'à celui d'un ouvrage en plusieurs volumes. On n'oublie pas, à ce propos, que Paul-Louis Courier n'envoyait jamais un billet d'une page, sans en avoir écrit d'avance le plan.

Quelle œuvre difficile et inconnue qu'un plan bien fait, conçu tout à la fois avec rapidité et décision, distribué d'une façon en même temps naturelle et savante, équilibré et enchaîné dans toutes ses parties ! On a dit bien des fois : « Tant vaut l'homme, tant vaut la méthode ; » on peut ajouter, par une conséquence évidente : « Tant vaut le plan, tant vaut le travail. » Non pas qu'un esprit tout-à-fait supérieur, ou rompu depuis de longues années aux habitudes de la composition ne puisse, par un vigoureux effort, se passer de cette préparation fondamentale ; mais, pour le plus grand nombre, pour la presque totalité des esprits, arriver à faire un plan satisfaisant, c'est avoir une certitude absolue que le travail de la rédaction sera préservé de toute faute essentielle et ne descendra pas à un certain degré d'infériorité.

On se souvient de la recommandation qui a été faite, au moment où commençait le travail de la préparation générale. Le meilleur est encore de ne prendre aucun parti par rapport à la question à traiter. Grâce à cette précaution, on peut laisser flotter son esprit d'une extrémité à l'autre du sujet, passer de l'affirmative à la négative, et pratiquer alternativement avec une entière bonne foi les arguments les plus contradictoires. La fécondité de l'esprit a tout à gagner à cette souplesse, et cette neutralité provisoire ne fait que donner plus de portée, d'intelligence et de variété aux arguments.

Mais quand il s'agit de faire un plan, l'heure est arrivée de se résoudre, et il convient de prendre un parti. C'est à quoi les hommes manquent, plus encore par défaut de caractère que par faiblesse d'intelligence. Si notre volonté était plus résolue, notre esprit ne demeurerait point aussi incertain.

Les candidats qui se présentent à l'épreuve d'une composition se font souvent ici une conscience trop étroite. Jeunes encore et inexpérimentés, parfois même modestes, plus souvent indécis par manque de vigueur, ils allèguent, non sans quelque vraisemblance, leur défaut d'expérience et d'instruction. Comment prendraient-ils parti sur des problèmes si ardus, lorsque leurs professeurs eux-mêmes ne craignent point d'avouer leurs doutes et de faire leurs réserves?

Les candidats ne se font pas ici une idée bien exacte de ce qui leur est demandé à un examen. Il ne s'agit point du tout de savoir si, dans leurs dissertations, ils ont oui ou non rencontré la vérité absolue, ou même s'ils ont soutenu l'opinion la plus probable. Sans doute, on ne saurait tolérer qu'ils se lancent au hasard dans les paradoxes ou se perdent dans les hypothèses : avant tout, il faut que le sens commun ne leur fasse pas défaut; il faut qu'ils témoignent de la justesse de leur jugement et de l'exactitude de leurs informations. Mais, en dehors de ce que j'appellerai ces nécessités logiques, ils ne doivent point perdre de vue qu'au regard d'un examen, il règne dans ces matières éternellement controversées, une ample liberté dont personne ne leur refuse le profit. Il suffit donc qu'ils se meuvent dans ce que j'appellerais la région du vraisemblable; mais, ce qui importe avant tout, c'est que la pensée ait pris une attitude et l'esprit une décision. C'est à cette condition seulement que les jugements exprimés peuvent avoir quelque solidité et quelque consistance, qu'ils se font suite et s'enchaînent dans un ordre logique.

Or, si l'on ne fait pas au candidat l'impraticable et surhumaine condition de ne point se tromper, on lui demande, en revanche, avec une rigueur tout-à-fait légitime, un certain degré de formation de son intelligence, un esprit de suite et de méthode, une habitude de savoir, un usage de l'exposition et de la controverse qui établissent et justifient sa valeur intellectuelle. Pour faire cette preuve de soi-même, il faut, avant tout, apporter dans les choses de l'esprit cette décision et cette conséquence dont on trouve plutôt l'idéal dans son esprit que la pratique dans la réalité.

Ces observations ne perdent rien de leur justesse, si, au lieu d'une dissertation destinée à un jury littéraire, il s'agit d'un rapport écrit pour quelque réunion financière ou politique. Nul ne peut, pas plus dans la vie réelle que dans l'ordre politique des idées, se flatter d'être toujours dans le vrai absolu; et cependant, pour les nécessités de la pratique, pour la marche indispensable des choses, il faut inévitablement qu'il soit pris un parti, et que ce parti soit présenté avec la même décision, soutenu avec la même énergie, que si rien autre de raisonnable ne pouvait être admis ou défendu. Il se passe là, chaque jour, dans l'ordre de nos relations, quelque chose d'analogue à ce qui se réalise dans la sphère de la justice. Lorsqu'un magistrat siégeant sur son tribunal a ouï les parties dans leurs dires et affirmations, lorsque, suivant l'expression consacrée au palais, la cause a été *entendue*, la société n'admet point que le juge s'abstienne de prononcer ; et cependant, n'est-il pas vraisemblable, n'est-il pas même absolument certain qu'en plus d'une occurrence le jurisconsulte le plus expert peut demeurer incertain sur la question de fait ou indécis sur la question de droit? N'importe, il faut absolument qu'il se prononce, et il n'est admis nulle part, dès que la justice se rend, que la personne chargée de cette fonction auguste et redoutable s'abstienne d'accomplir son devoir.

Cette loi fondamentale des affaires humaines trouve à chaque heure son application. Lorsqu'il s'agit d'un projet à décider, d'un tracé de route ou de canal à conduire à travers le pays, d'une résolution à prendre sur une question de vente ou d'achat, d'une indemnité d'un franc à accorder à un garde champêtre, ou d'une rançon de cinq milliards à demander à un pays, il faut toujours, quelles que soient les idées que l'on traverse, en venir à l'accomplissement d'un fait, et ce fait pratique que l'on propose à résoudre et à exécuter, n'est pas autre chose que l'exclusion inexorable des milliers et des milliers d'éventualités qu'on peut proposer et concevoir en dehors de lui. Le parti, une fois résolu et exécuté, deviendra ce que l'on appelle, avec tant de justesse logique, *une vérité de fait*.

On le voit, ce n'est donc pas seulement dans un examen purement scolaire qu'il faut en venir à se décider et à soutenir l'opinion qu'on aura arrêtée, mais, contrairement à ce qui apparaît au premier abord, il est très-certain que l'existence elle-même impose d'une façon plus impérieuse encore ce choix de la pensée et cet exclusivisme de l'action. Il ne faut pas se révolter contre cette condition de notre nature, mais plutôt se rappeler l'exemple si sage de Descartes, qui, sans y mettre d'obstination, estime plus opportun de continuer avec persévérance un parti médiocre, que de le changer même pour une résolution préférable, et de recommencer ainsi sur nouveaux frais. Il est certain, comme on l'a répété bien des fois, que, s'il y a un temps pour délibérer, il y a aussi un temps pour agir, et les hommes ne sauraient épuiser en controverses la force qui doit se traduire en mérite. Il est bon de ne pas perdre de vue cette harmonie supérieure qui existe entre les facultés contemplatives de l'intelligence et les énergies pratiques de la volonté : la pensée fondamentale d'un plan n'est pas autre chose que le devoir même de l'action, imposé à l'esprit.

CHAPITRE II.

DE LA MÉTHODE A SUIVRE POUR PRENDRE UN PARTI EN VUE D'UN PLAN.

Tout esprit que l'on met en présence d'une pensée ou d'une affirmation quelconque n'a que trois partis à prendre, et il n'est pas possible d'en imaginer raisonnablement un quatrième.

On peut adopter de tous points la proposition qui vous est soumise, se porter fort pour elle, la reprendre pour son propre compte, se faire son champion pour la défendre et son apôtre pour la propager.

En second lieu, on peut, au contraire, la nier de toutes ses forces, la regarder comme une erreur, comme un péril, comme un attentat, et s'armer contre elle de tout l'appareil de son savoir et de toutes les ressources de son argumentation.

En dehors de ces deux partis, il s'en présente un troisième, qui paraît volontiers plus conforme aux habitudes du monde et aux traditions de l'école. On ne manquait guère, dans les vieilles discussions de la scholastique, de faire entendre le célèbre *distinguo*, et on est encore assez porté à croire aujourd'hui que, suivant la théorie accréditée d'Aristote, la vérité comme la vertu se trouve entre les extrêmes. En pareil cas, il devient tout naturel de ne plus prendre le parti violent de l'affirmation ou de la négation à outrance. Il ne reste plus qu'à procéder par une série de nuances et de réserves.

Il n'est pas douteux, avec nos habitudes de ménagements, pour ne pas dire de composition de conscience que ce troisième parti semble, au premier abord, devoir être le plus fréquemment adopté; mais, à mesure que les esprits se formeront par l'expérience, comme le caractère par la pratique, on reconnaîtra bien vite que le provisoire des idées et des résolutions est la marque indélébile des natures inachevées. Il ne faut pas confondre la nécessité où l'on est souvent d'interpréter un texte pour lui donner un sens précis, et le choix qu'on doit faire entre le oui et le non, lorsque le sens est une fois fixé et posé en principe par le commentaire. Il est de toute évidence, comme le disait déjà Aristote dans sa *Métaphysique*, que la même chose ne peut pas tout à la fois être et n'être pas sous le même aspect et dans le même moment. Il est donc permis de se recueillir aussi longtemps qu'on le voudra, avant de se décider pour ou contre une pensée, comme aussi de réfléchir avant de prendre ou de repousser une résolution ; mais, dans l'un comme dans l'autre cas, une fois que le dé est jeté, il est trop tard pour revenir en arrière, et il ne reste plus au penseur comme à l'homme d'action qu'à poursuivre son dessein et qu'à fortifier ses arguments.

Cet esprit de décision, et je dirai presque d'audace, ne se rapporte pas seulement au choix qu'on doit faire entre l'affirmative et la négative d'un jugement. Il faut en user avec la même liberté et la même énergie pour l'interprétation d'un texte qui vous est donné. Malgré tout le soin que peuvent apporter les juges dans le choix et la rédaction des sujets, il arrive bien rarement qu'avec la diversité des esprits il ne se révèle pas tout d'un coup quelque ambiguïté d'expression dont leur vieille expérience elle-même ne s'était pas doutée. Les auteurs les plus fameux, les modèles de notre langue et en général les classiques de tous les temps ont toujours eu pour privilége spécial d'être en proie aux notes des commentateurs. Les commentateurs sont précisément des lettrés, qui prétendent entrer dans la profondeur du sens par-delà ce qui est accessible au vulgaire et qui, au besoin, ne reculeraient pas devant l'outrecuidance d'expliquer à l'auteur lui-même son véritable sens.

> Mais, quand vous avez fait ce charmant; *quoi qu'on die*,
> Avez-vous compris, vous, toute son énergie?
> Songiez-vous bien vous-même à tout ce qu'il nous dit?
> Et pensiez-vous alors y mettre tant d'esprit?
> (*Femmes Savantes*, acte III, scène II.)

Il devient donc tout simple et tout naturel que le candidat fasse un choix entre un certain nombre de sens qui, s'ils ne sont pas tous également vraisemblables, n'en demeurent pas moins également possibles. C'est à cette condition seulement que son discours aura quelque suite et sa pensée quelque consistance.

Il ne faut pas se dissimuler la difficulté et par conséquent la longueur de ce premier travail. Il est plus d'une occasion où les membres du jury, interrogés séparément, donneraient à ce même texte qu'on propose en leur nom un sens bien opposé. Si donc, pour le bon ordre, ils jugent à propos de s'accorder dans une interprétation commune, le candidat qui aurait donné dans un sens un peu excentrique ne laisse pas de pouvoir compter à son profit sur quelque assentiment particulier.

Dans tous les cas, ce que l'on ne saurait trop recommander à tous ceux qui prennent la plume, dans quelque situation qu'ils puissent se trouver, c'est d'épargner à ceux qui doivent les lire les longs retardements de ce travail préliminaire. Puisqu'ils ont fini par arrêter leur pensée et par sortir de l'indécision, nous n'avons pas besoin de connaître, par le détail, les faiblesses et les impuissances de leur esprit. Ce qui nous importe, c'est le résultat de leur labeur ; ce que nous demandons, c'est la clarté qu'ils ont conquise, et nous ne nous soucions pas plus des tâtonnements par lesquels ils ont passé, que des fautes d'orthographe dont ils ont pu avoir à faire la correction sur leur manuscrit.

C'est là, il faut bien le dire, au risque de passer pour un critique de méchante humeur, ce qu'entendent bien mal la plupart de ceux qui débutent dans l'art d'écrire. Ils tombent volontiers dans cet excès, si insupportable et cependant si commun chez nos érudits, de nous mettre sous les yeux, sous prétexte de nous intéresser, le spectacle fastidieux des efforts que leur a coûté la plus mince, et souvent la plus insignifiante des découvertes. Il n'est pas douteux que tous ces préliminaires d'explications retardent l'avènement et affaiblissent l'intérêt du sujet principal : ce sont autant de distractions intempestives dans lesquelles vous jetez vos lecteurs, et le plus clair résultat de ce travail inutile est, en plus d'une occasion, d'avoir donné à ceux qui vous écoutent la tentation d'entendre le sujet autrement que vous ne l'avez décidé.

Dans tous les cas, ce qui doit dominer ici, c'est une clarté suprême, et cette clarté n'est pas autre chose que le signe extérieur de la décision interne de votre esprit. Il faut toujours avoir devant les yeux ce passage de La Bruyère, qui, sous les feintes apparences de la naïveté, dissimule une condamnation si terrible des esprits embrouillés et insuffisants.

« Que dites-vous ? Comment ? Je n'y suis pas : vous

» plairait-il de recommencer? J'y suis encore moins :
» je devine enfin. Vous voulez, Acis, me dire qu'il
» fait froid : que ne disiez-vous : il fait froid ; vous
» voulez m'apprendre qu'il pleut ou qu'il neige : dites :
» il pleut, il neige; vous me trouvez bon visage et
» vous désirez de m'en féliciter : dites : je vous trouve
» bon visage..... Est-ce un si grand mal d'être en-
» tendu quand on parle, et de parler comme tout le
» monde? » (La Bruyère, *de la Société et de la Conversation*.)

Au reste, les compositions écrites, tout comme les discours, ne manquent guère de renfermer un aveu implicite de l'insuffisance que l'auteur est le premier à se reconnaître. On ne devrait jamais prononcer ni écrire, sans un retour sérieux de notre réflexion, cette expression pourtant si prodiguée : *c'est-à-dire*. Qu'on y prenne garde : la locution *c'est-à-dire* joue dans l'expression de notre pensée un rôle à part, dont nous-mêmes nous ne nous doutons pas. Nous nous en servons à notre insu, pour confesser l'insuffisance du terme dont nous nous sommes servi, de l'explication que nous avons donnée : c'est une sorte de signe convenu, par lequel nous marquons la nécessité de reprendre ce qui précède et de lui donner une forme moins inaccessible. Nous avons senti notre obscurité et notre confusion, et nous voulons y porter remède avant de passer outre. Seulement, ce qu'il y a de risible et de bien capable d'humilier la pauvre nature humaine, c'est l'étrange inadvertance avec laquelle nous démentons souvent ce que nous venons de dire, sous le prétexte de l'expliquer. Tandis que la formule *c'est-à-dire* devrait correspondre dans la langue au signe = dont on se sert dans les mathématiques, pour marquer la suite et le rapport des différents membres d'une équation, nous usons à chaque instant du mot *c'est-à-dire* pour accuser les variations de notre propre pensée, pour y apporter des réserves et souvent des contradictions.

Le dernier mot de toutes ces remarques est donc qu'un auteur ne doit pas mettre sous les yeux de ceux auxquels il s'adresse les tentatives par lesquelles il a inutilement passé, pas plus que le sculpteur n'est appelé à exposer, à côté de la statue qui a réussi, les différentes ébauches par lesquelles il a essayé la réalisation de son idéal. Il écartera ainsi des autres esprits, comme il a écarté de sa propre pensée, la préoccupation de tout ce qui n'est pas le sujet principal, de la même façon qu'on écarte les constructions provisoires, pour dégager le monument qu'on veut isoler. On ne saurait croire jusqu'à quel point la pratique de cette méthode allége la marche de l'esprit. Toutes les forces disponibles se concentrent sur le point essentiel. Tandis que le regard errait sur une surface indécise, sans prendre la peine de rien discerner, le procédé de l'écrivain fait l'office d'une de ces lentilles puissantes qui ramassent les rayons lumineux au foyer prévu et les transforment en une image photographique.

CHAPITRE III.

DES DEUX MÉTHODES ENTRE LESQUELLES ON DOIT NÉCESSAIREMENT CHOISIR POUR FAIRE UN PLAN.

Lorsque l'écrivain a définitivement arrêté sa pensée sur le sens des mots et le parti pris de son jugement, il se fait à la fois un grand apaisement et une grande clarté dans son esprit.

Nos facultés ne prennent point la même allure et ne suivent point les mêmes procédés, suivant qu'on les emploie à rechercher la vérité dans l'ignorance ou à la démontrer dans la possession.

Tant que nous n'avons pas assis notre opinion, nous demeurons dans une sorte de flottement et d'incertitude qui ôtent à nos facultés toute l'efficacité de leur ressort.

Nos affirmations nous apparaissent comme provisoires; nous n'osons pas nous en remettre à nos propres idées; nous avons peur de les conduire trop avant. Qui sait si nous ne travaillons pas à faire éclore des préjugés ou à fortifier des erreurs, puisque, d'un moment à l'autre, nous pouvons revenir sur nos pas et embrasser à son tour la thèse contraire?

Il en va tout autrement, lorsque notre intelligence satisfaite se sent ou se croit en possession de la vérité, lorsque, cessant le travail incertain de l'investigation, elle s'établit avec quiétude dans les principes et leur donne toute l'ampleur de conséquences qu'ils comportent. Notre véritable destinée et notre véritable supériorité dans l'ordre moral ne sont pas de poursuivre la découverte de lois inconnues, comme le savant doit le faire dans le monde matériel, mais de s'assimiler les vérités éternelles que l'homme reçoit avant toute découverte. La plus haute tâche de la philosophie est ici d'égaler, dans la mesure où cela est possible, la réflexion à la spontanéité et à l'histoire.

Une fois la pensée-mère trouvée, deux procédés d'exposition se présentent au choix de l'écrivain, et ces deux procédés répondent aux méthodes que la philosophie connaît sous les noms d'analyse et de synthèse.

Laissons là toutefois les données que pourrait nous fournir la science de la logique, et montrons seulement l'usage littéraire de ses procédés au point de vue de la composition écrite.

On présente une thèse de deux façons différentes.

On la prouve par des faits ; on l'établit par des raisonnements.

On procède par des faits de la même façon que la grammaire établit ses règles sur l'autorité d'exemples.

Soit donnée, je suppose, pour sujet de dissertation, la fameuse maxime de La Rochefoucauld : « L'hypocrisie est un hommage que le vice rend à la vertu. » Il est bien évident que le développement de cette vérité comporte l'étude sur le vif de l'hypocrisie et des principaux phénomènes qui l'accompagnent. On peut emprunter tour-à-tour quelques traits à La Bruyère, quelques souvenirs au Tartufe de Molière et même à la Macette de Régnier. Par contre, on ne sera point embarrassé pour peindre la vertu et pour en trouver les traits essentiels dans ses souvenirs, dans ses lectures, dans ses combats.

Les vérités morales, et souvent aussi les vérités littéraires, ne sont pas autre chose au fond que le résumé d'un ensemble d'observations, accomplies soit sur notre cœur soit dans les œuvres des écrivains. Il y a donc là, avant toute affirmation à produire et toute thèse à poser, un travail d'études préliminaires, qui doit faire le fond et la richesse de la composition.

Il est nécessaire ici de procéder avec beaucoup d'art et de mesure, pour ne point fatiguer son lecteur. Il faut mettre tous ses soins à éviter un double écueil.

Si l'on s'attarde dans des analyses trop longues et trop détaillées, si l'on multiplie les unes après les autres les dissections de caractères et d'ouvrages, il peut très-bien arriver que les lecteurs ne saisissent point parfaitement le rapport profond qui existe entre cette introduction si consciencieuse et la thèse encore un peu lointaine que l'auteur se propose de soutenir. Il se produit alors dans l'esprit de celui auquel on s'adresse une sorte de découragement et de langueur. Comme il ne saisit pas bien le rapport de toutes les remarques avec la conclusion ultérieure, il est entraîné à en laisser échapper la plus grande partie. Il en résulte que son attention se soutient à peine; et lorsqu'arrivera le moment où l'auteur, confiant dans ses analyses précédentes, croira pouvoir généraliser avec quelque vraisemblance et quelque autorité, il se trouvera que, la plupart du temps, l'auteur aura été seul à suivre sa route; il aura été abandonné sur le chemin, et il paraîtra se livrer à une hypothèse là où il croyait aboutir à un résumé.

Il est donc tout-à-fait opportun, pour ne pas dire tout-à-fait essentiel, de laisser entrevoir, dès les premières phrases, le dessein principal que l'on a formé. Le lecteur est ainsi averti du point où l'on veut le conduire, et il trouvera tout naturel qu'on lui en fasse prendre la direction. Il se donnera le plaisir fructueux de saisir et de dégager lui-même, dans les analyses qui lui seront offertes, les traits saillants qui vont entrer comme éléments constitutifs dans la théorie générale.

Il ne faut pas non plus, cependant, que l'écrivain se donne mal à propos un air d'autorité et d'outrecuidance en posant avec trop d'aplomb comme un résultat acquis les propositions mêmes qu'il entreprend d'établir. La suprême habileté consiste précisément à les faire entrevoir et pour ainsi dire désirer. C'est le moyen de communiquer au lecteur une véritable initiative. C'est lui-même qui se met en mouvement; les arguments que l'écrivain lui suggère lui apparaissent comme sa propre découverte, et non pas du tout comme une information venue du dehors.

Le maniement et la distribution des analyses, l'ordre et la proportion qu'on doit leur donner, demandent une grande habileté de main. Il est bien évident, lorsqu'il s'agit des défauts et des qualités de l'homme, des traits essentiels de son caractère, de tout ce qui se reproduit et se renouvelle incessamment, qu'on ne saurait concevoir absolument aucune limite à la multiplicité des exemples. La description d'une seule âme serait déjà inépuisable, si l'on voulait la suivre dans tous ses méandres et accuser en particulier chacun de ses mouvements. C'est donc, en pareil cas, qu'il convient d'appliquer le vers du poète :

La question de choix et de mesure devient une question de premier ordre. Il faut redouter avec une égale frayeur les exemples trop vulgaires qui lassent sans éclairer, et les exemples trop extraordinaires qui surprennent sans convaincre. Il faut éviter tout à la fois de descendre dans des détails trop intimes que leur notoriété rendrait fastidieux, comme aussi de s'élever trop vite à des généralités que leur concision rendrait obscures.

Avant tout, il convient, dans l'ordonnance générale de l'ensemble, de tenir compte de la disposition où nous sommes tous d'accélérer quand arrive la fin. Nous sommes disposés, en commençant, à supporter des détails copieux et des retards inévitables; mais à mesure que la pensée se poursuit, elle s'accélère : l'impatience nous gagne, et nous exigeons d'une façon absolue que l'écrivain lui-même suive ce mouvement. Il faut donc, dans toute étude analytique, que l'observation aille en se resserrant, en se condensant, qu'elle marche ainsi d'un pas inégal et toujours plus rapide vers la conclusion. Une fois que l'esprit sera en possession d'une idée générale, il ne lui restera plus qu'à en faire l'usage par le raisonnement, et c'est alors qu'à la méthode d'analyse succède la méthode de synthèse.

Étudions ce second point de vue de l'esprit dans la mise en œuvre des matériaux qui doivent faire partie du plan.

Au lieu d'établir une vérité sur une série d'observations expérimentales que cette vérité résume, on peut, si l'on veut, la considérer comme une application particulière d'une maxime générale qu'on prendra alors pour incontestablement établie, et dont on se fera un principe pour arriver à la conséquence qu'on veut confirmer.

Soit, par exemple, cette maxime : « La leçon des exemples vaut mieux que celle des préceptes. »

Rien ne se présente plus naturellement à l'esprit que des considérations générales sur l'inanité de la parole, sur l'insensibilité et l'endurcissement dans lequel elle laisse trop souvent les cœurs auxquels elle s'adresse. C'est au contraire une vérité banale que l'homme ne résiste point d'ordinaire à l'entraînement de l'exemple, qu'il y a là une sorte de contagion, et comme une ivresse qui se communique. On voit d'ici quel thème de développements fournissent au style ces hautes considérations, et comment on peut, pour ainsi dire, partir du sommet des cieux, pour en venir à quelque application particulière relative à notre propre conduite.

Malgré la différence que comporte la diversité des sujets, il faut bien reconnaître que ce procédé de déduction est celui-là même qui fait la grandeur et la force des sciences mathématiques. Toute vérité générale présente cette supériorité qu'elle renferme en elle, lorsqu'on sait la développer, un nombre de conséquences réellement incalculable. Il n'est pas nécessaire, pour être original, de faire des découvertes dans l'ordre des principes, et tout homme de bon sens n'ignore point qu'il doit renoncer à cette prétention dans l'ordre moral.

De la même façon qu'il ne faut point s'attarder trop

longuement dans les analyses et qu'il convient de laisser voir dans une perspective prochaine la vérité générale à laquelle on se propose d'aboutir, tout de même, lorsqu'on procède par l'ordre inverse, il convient de ne point s'appesantir outre mesure sur les considérations théoriques qui servent de point de départ aux conséquences dont on se préoccupe. C'est un défaut plus commun qu'on ne le croit que celui de disserter à vide. On se complaît aisément dans des généralités un peu banales qui n'ont rien de propre au sujet, et si l'on profite ainsi de la difficulté d'être contredit, on a contre soi la presque certitude de n'avoir point éclairé. Celui qui vient chercher des lumières auprès de vous n'est point disposé à se contenter de ces considérations vagues dont tous les esprits ont déjà une sorte d'idée préconçue : ce qu'il lui faut, c'est une réponse appropriée à des difficultés en quelque sorte individuelles et qui procure à l'intelligence la quiétude et la satisfaction d'une idée acquise.

Il convient donc, toutes les fois que l'on appelle une idée générale à son secours, de la présenter avec un certain art de mise en scène. Il faut sans doute prendre garde à ne point lui ôter ce caractère d'impartialité et de désintéressement qu'elle tient de son universalité. Il est très-bon qu'elle ne cesse pas de planer au-dessus des esprits et de flotter pour ainsi dire comme une étoile au-dessus des régions inférieures; mais il n'est pas défendu non plus à un auteur qui connaît la direction de sa route, en même temps que son point de débarquement, d'imprimer d'avance à la pensée comme à l'expression de ces espèces d'axiomes une déviation lente et habile, qui les incline imperceptiblement dans le sens de la dissertation. Il en résultera qu'au moment où l'écrivain en fera l'application, la pensée du lecteur l'aura devancé dans cette voie, et au lieu d'avoir à solliciter ce même lecteur, il ne lui restera plus qu'à le suivre.

CHAPITRE IV.

ÉTUDE DE LA MÉTHODE D'ANALYSE ET DE LA MÉTHODE DE SYNTHÈSE, APPLIQUÉES A L'ORDONNANCE D'UN PLAN.

Les deux méthodes dont il vient d'être parlé plus haut peuvent être considérées comme fondamentales pour l'esprit humain. Lorsqu'il fait usage des forces qui lui appartiennent, lorsqu'il a recours à l'emploi de ses facultés propres, il n'a guère d'autre parti à prendre que l'alternative entre une série d'analyses conduisant par degrés à une vérité générale, ou un raisonnement parti de principes reconnus et aboutissant à des conséquences de plus en plus lointaines.

Le malheur de la plupart des écrivains, c'est que, dans leur ignorance des véritables procédés de l'esprit, il leur arrive de passer, sans s'en apercevoir, d'une méthode à l'autre. Ils appellent indifféremment à leur secours tantôt des exemples particuliers et tantôt des maximes générales, passant ainsi sans transition du procédé ascendant de l'expérimentation au procédé inverse du raisonnement. Ils se perdent dans leur propre pensée, et il n'est pas étonnant qu'ils plongent avec eux le lecteur dans la même confusion.

Cette confusion s'augmente par la diversité des autres points de vue auxquels on peut avoir recours pour exposer et pour concevoir un sujet. Il y a, en effet, plusieurs façons de pratiquer la méthode d'analyse, comme aussi la méthode de raisonnement.

Parlons d'abord de la méthode d'analyse.

Soit une affirmation générale à établir, et soit encore qu'on ait entrepris de la justifier par une série d'exemples fondés sur la connaissance et sur la description des faits.

Ces analyses peuvent être nôtres, et nous pouvons les tirer de nos observations ou de nos souvenirs personnels. Nous avons été mêlés nous-mêmes aux évènements où s'est marquée la saillie de ce caractère ; nous avons souffert de ces ridicules, de ces défauts, de ces vices. Si nous n'avons pas eu à en pâtir directement, nous avons été en situation d'en étudier les effets sur autrui. Rien n'est plus charmant, rien n'est plus volontiers accepté par le lecteur que cette intervention discrète, cette mise en scène de la propre personne de l'écrivain. Il y a là un caractère de sincérité et de bonne foi qui accrédite les paroles, et qui communique au travail écrit la puissance du charme et l'attrait de l'abandon.

Bien que la nature humaine soit toujours à notre disposition et demeure sans cesse à la portée de notre regard, nous ne nous sentons pas toujours de force ou d'humeur à entreprendre des études originales. Il arrive en mainte occasion que ce travail a été fait, et j'ajoute fort bien fait, par des écrivains dont nous avons sous la main les ouvrages. Il n'est pas très-facile de recommencer le portrait du Distrait après La Bruyère, ou après Molière celui du Tartufe.

Il est donc parfaitement permis, au lieu de procéder en personne à une étude privée du cœur humain, d'emprunter aux classiques ou le résumé de leurs pensées, ou même au besoin le concours de leurs propres expressions. C'est une analyse toute prête dont on s'empare et dont on se fait un appui en même temps qu'une parure.

Rien n'est plus délicat et plus difficile à manier que cet art exquis des citations, lorsqu'on compose soi-même une œuvre originale. Il faut absolument ne point perdre de vue qu'il ne s'agit en aucune manière de céder la parole à un autre, ni de lui repasser la tâche de traiter le sujet à votre place. Quelque disproportion qu'il puisse y avoir entre ce haut génie et votre incontestable humilité, c'est à vous que le lecteur a entendu s'adresser; c'est votre travail qu'il attend, et il ne vient point vous demander des indications pour opérer lui-même et pour se mettre en quête. Si donc vous pouvez faire usage de ce que les livres déjà écrits tiennent à votre disposition, il ne faut pas que vous disparaissiez vous-même. Vous ne devez donner la parole à ces grands esprits dont vous faites vos auxiliaires que dans la mesure où ils expriment votre propre pensée et se plient à votre propre méthode. Il ne faut donc point, comme on le fait trop souvent, se laisser entraîner par le charme du style, ni céder à la faiblesse de compléter une citation, pour lui laisser tout son effet littéraire. C'est là le sûr moyen de la rendre inutile, peut-être même oiseuse. Au lieu d'en tirer le développement et la confirmation de votre propre pensée, vous tombez dans cette faute d'en faire une distraction et un détournement pour les esprits qui se disposaient à vous suivre. Il leur faut un véritable effort pour se détacher de l'épisode et pour rentrer dans votre dessein. C'est vous-même qui les avez invités à se détourner, et quand vous reprenez votre ligne principale, vous leur faites l'effet d'un pédant qui les rappellerait à leur leçon.

Les exemples qu'on peut apporter à l'appui d'une thèse ne se bornent pas aux observations personnelles de l'auteur ni aux analyses que lui suggère son érudition. De même qu'il y a une expérience personnelle, il y a aussi une expérience sociale. Tous les faits qui peuvent être observés dans la conscience d'un individu se retrouvent ainsi agrandis et multipliés dans la vie des peuples. Les souvenirs de l'histoire peuvent être considérés à bon droit comme l'expérience de la civilisation.

Il y a donc lieu, lorsqu'on veut établir une vérité d'une certaine portée et d'une certaine étendue, d'appeler à son secours, non pas seulement la leçon qui se tire de la connaissance des individus, mais l'enseignement bien autrement grave et bien autrement solennel que l'histoire nous tient en réserve. On peut ainsi emprunter aux annales du genre humain soit des anecdotes tirées de la vie des personnages célèbres, soit des faits tirés de l'histoire, auxquels leurs conséquences politiques donnent encore plus de relief et d'autorité. Seulement il faut bien prendre garde de ne point déplacer l'intérêt de la composition à laquelle on travaille.

Ces exemples historiques doivent être employés avec une extrême discrétion. Ils sont sujets, en effet, à un double écueil.

Si l'on appelle à son secours des traits généralement connus, on risque fort de tomber dans la banalité; il n'est pas facile de leur prêter un nouvel intérêt et une seconde jeunesse. Au contraire, si l'on a recours à quelque anecdote moins répandue et, dans une certaine mesure, inédite, à quelque circonstance tirée de la vie d'un personnage subalterne, il devient absolument nécessaire de donner des explications et de fournir en quelque sorte des documents préliminaires. On finit ainsi, malgré qu'on en ait, par tomber dans un certain luxe d'érudition qui sent son pédantisme.

Si, au lieu de chercher la vérité par une investigation personnelle et de procéder par une étude directe des faits, nous entreprenons de l'établir par un simple raisonnement, ce ne sont plus des exemples que nous avons à décrire, mais des principes que nous devons invoquer. Nous partirons de maximes généralement reconnues, dont il nous suffira d'invoquer l'autorité et de raviver le souvenir, et une simple déduction logique nous conduira par une série de syllogismes jusqu'aux conséquences où nous avons le dessein d'arriver.

L'emploi de la méthode de raisonnement présente cet avantage, qu'elle ne demande point, de la part de celui qui s'en sert, un talent d'analyste et d'observateur. Il n'est pas donné au premier venu de savoir saisir et pénétrer, même les faits qu'il a le plus directement et le plus commodément dans la main. On peut répéter de beaucoup d'hommes la parole fameuse des

Écritures : *Oculos habent et non videbunt*, parole si élégamment traduite par le poète Racine :

> Auras-tu donc toujours des yeux pour ne point voir,
> Peuple ingrat !

Au contraire, bien ou mal, tout le monde est capable de raisonner ; l'imagination elle-même s'en mêle. Lorsqu'on n'a pas à sa disposition les principes généraux d'une science, on prend le facile parti de les inventer, et l'on argumente sur des hypothèses comme sur des réalités.

Il y a lieu de présenter différentes remarques sur la façon de concevoir et d'exécuter un plan par la méthode du raisonnement déductif.

Lorsque, au lieu de chercher la vérité par des analyses successives, on la tient pour déjà découverte et pour exprimée dans des maximes générales ; lorsqu'on prétend faire sortir la proposition qu'on avance de principes déjà acceptés et consentis, la première question qui s'agite est de savoir jusqu'où il convient de remonter dans cette région des principes, c'est-à-dire quelle est l'affirmation initiale à laquelle on rattachera, comme à un point de départ solide, toute la chaîne du raisonnement.

Il faut une bien grande expérience et un tact d'une délicatesse rare, pour discerner à coup sûr ce qui doit être pris pour accordé, et ce qui, au contraire, demande à être démontré par le raisonnement. Le premier entraînement d'une intelligence juvénile l'emporte tout d'abord aux excès, et vous reconnaîtrez du premier coup un esprit novice, et partant présomptueux, à la plaisante prétention de tout discuter et de tout établir, comme si la démonstration, contrairement à l'aphorisme d'Aristote, pouvait remonter à l'infini.

Il résulte de ce manque de mesure un double inconvénient.

En premier lieu, l'auteur s'en va chercher des vérités si lointaines, si détournées, si étrangères au sujet, que les lecteurs ne soupçonnent pas même par quel lien ces vérités peuvent se rattacher à la question débattue. L'écrivain est donc obligé de demander qu'on lui fasse crédit de l'attention qu'il sollicite. Le deuxième inconvénient n'est pas moins grave que le premier, et le malheur est qu'il se produit plus fréquemment encore. Avez-vous connu quelqu'un dans le monde dont la parole ou le style fussent affligés de la maladie de la parenthèse? Ce n'est point assez qu'une pareille façon de procéder répande ses ténèbres sur tout ce qu'on veut dire, il faut avouer qu'il y a là, pour ceux qui lisent et qui écoutent, une espèce de supplice de nerfs, auquel la patience la plus robuste ne saurait longtemps résister. Cette infirmité qui consiste à tomber à chaque instant dans des incidents comme dans une fondrière, au grand risque d'y demeurer, n'a pas d'autre origine et d'autre raison d'être que l'espèce de besoin maladif de tout discuter et de tout prouver à mesure qu'on passe d'une proposition à une autre proposition.

Il est bien certain que tout lecteur n'est pas disposé à faire à un écrivain les mêmes concessions et à partir, en vertu d'une sorte d'harmonie préétablie, des mêmes principes pris pour autant d'axiomes; et cependant il n'est pas possible, lorsqu'on veut traiter une question de détail, de remonter éternellement au problème métaphysique de l'origine des connaissances humaines et du critérium de la certitude. Il faut donc savoir discerner dans quelle mesure les assertions qu'on prend pour point de départ seront acceptées, et en même temps les présenter sous une forme qui les fasse admettre. A ce dernier point de vue, il est un élément tout-à-fait personnel dont il faut tenir compte, soit que l'on considère celui qui écrit, soit au contraire qu'on regarde ceux qui sont destinés à lire.

On comprend de reste qu'un auteur déjà accrédité et jouissant dans le monde des lettres d'une réputation légitime, sente lui-même l'autorité de sa parole, et qu'il en use dans la juste mesure du crédit avec lequel il se voit accepté. Il peut donc, comme on le dit, prendre les choses de haut; la confiance tranquille, la fermeté paisible avec lesquelles il professe ses propres idées lui sert déjà, vis-à-vis du public, de démonstration et de garantie.

Sans avoir cette expérience et cette autorité littéraires, beaucoup d'hommes ne laissent pas, en mainte circonstance, de jouir par-devers eux du bénéfice exorbitant d'une sorte d'infaillibilité. Toutes les fois qu'on met sur le tapis une question qui demande des connaissances spéciales, un auteur même médiocre se trouve tout d'un coup appelé au premier rang, par le privilége incontesté de ses connaissances techniques : on l'écoute comme ces oracles anciens, dont son inexpérience de style lui fait souvent imiter malgré lui l'obscurité. En pareil cas, il est tout simple et tout naturel que l'écrivain prenne pour accordées les lois générales et les vérités établies par la science qu'il professe. Il serait tout à la fois contraire à la logique en même temps que malhabile, d'entreprendre une discussion qui remettrait en question les fondements mêmes de la science.

A part ces situations privilégiées et ces occasions assez peu fréquentes, ceux qui écrivent doivent accepter de bonne grâce une situation inférieure vis-à-vis de ceux qui doivent les lire. Alors même que ce rapport ne serait point parfaitement exact, ils doivent se comporter un peu comme les jeunes candidats dans une épreuve littéraire. Quand bien même on aurait, en pareil cas, les principes les plus incontestables à invoquer, on ne laisse pas d'en faire usage avec une prudente réserve et une sage modestie. Sans paraître douter de leur exactitude et de leur autorité, on les affirme avec ménagement; on prend soin de les présenter avec art. Souvent même, sans les réduire tout-à-fait au rang d'hypothèses, on va jusqu'à donner à entendre que la suite du discours y apportera une nouvelle confirmation. Il est vrai de dire qu'en matière de raisonnement, la suite et l'enchaînement des conséquences peuvent être regardés comme une véritable preuve *à posteriori*.

De la même façon que l'écrivain doit éviter d'aller placer en quelque sorte dans l'infini et hors de toute portée le premier anneau de ses raisonnements, il ne faut pas non plus, sous prétexte d'éviter les retards et les longueurs, qu'il tranche le nœud gordien, ni qu'il remplace par une affirmation violente et prématurée les explications et les développements qu'on attend de lui. Il serait véritablement trop facile de venir à bout d'une discussion ou d'un établissement, s'il suffisait de présenter d'abord sous une forme générale et abstraite la vérité qu'on se propose de faire accepter peu après. Il n'y aurait pas grand mérite à venir à bout d'une tâche si singulièrement facilitée. C'est pourtant là une erreur de méthode dans laquelle tombent facilement deux sortes d'esprits, ceux qu'emporte la violence de leur caractère, et ceux que domine la passion de leurs idées. On a dit un jour de M. Guizot cette parole profonde, qu'il avait l'habitude de *maximer* ses pratiques. C'est là une tentation à laquelle résistent difficilement les esprits emportés et impuissants à se contenir. Dès qu'on élève contre eux la moindre objection, ou seulement lorsqu'ils prévoient quelque résistance, ils transforment majestueusement en une vérité incontestable leurs assertions les plus hasardées, et, pour établir la conséquence qu'ils poursuivent, ils ne reculent pas devant l'invention des axiomes les plus imprévus.

Ce que les esprits dominateurs osent si volontiers pour fermer plus complètement la porte aux objections, les intelligences systématiques le font instinctivement, sous l'empire de leur préoccupation et de leur parti pris. Lorsqu'on s'est laissé envahir et dominer par des idées préconçues, on ne sait plus faire la différence entre ce qui va de soi et ce qui, au contraire, a besoin de démonstration. Comme une intelligence troublée s'attache avec plus d'amour et de force aux idées les plus suspectes et les moins démontrées, il lui semble, au bout de très-peu de temps, que ces idées-là gagnent en certitude tout ce qu'elle lui accorde de sympathie, et elle finit par leur octroyer, sans se demander si les autres en font autant, la valeur et le rang de véritables axiomes.

Il est difficile, quelque talent qu'il déploie et quelque connaissance des faits dont il témoigne par après, qu'un auteur se relève jamais, dans le courant de son travail, du discrédit que lui ont valu ses hypothèses proposées pour des principes.

Il ne suffit pas de savoir manier ces prémices du raisonnement ; un écrivain doit se demander encore à quel ordre d'idées il empruntera les considérations sur lesquelles il va s'appuyer.

Par ce côté, les livres imposent, dans une certaine mesure, à celui qui les écrit, les mêmes lois et les mêmes exigences que l'auditoire à celui qui parle. On a beau répéter que le livre, jeté au hasard à un public anonyme, est exposé à passer par toutes les mains, et que l'auteur ne peut absolument pas deviner à qui il s'adresse : ce sont là de ces affirmations théoriques, vraies dans l'ordre abstrait, mais qui ne cadrent point du tout avec la réalité. On sait toujours, lorsqu'on écrit un ouvrage, et à plus forte raison lorsqu'on compose une dissertation, à qui on la destine, sinon par qui elle sera lue. C'est une erreur de s'imaginer qu'on arrivera jusqu'à ceux qui habitent à l'antipode de nos propres idées. On ne saurait demander aux hommes ce miracle d'impartialité, non plus que cet effort d'intelligence. Le plus grand nombre des esprits est incapable de ce déplacement de vision et de ce renversement de son sens propre. Nous consentons bien à lire et même à écouter ceux qui ne sont pas de notre avis, mais à une condition, c'est que, nonobstant nos dissidences, il y aura entre nous un fond commun, et si nous devons nous combattre, un terrain où nous serons de niveau, où nous pourrons, de part et d'autre, prendre pied.

Celui qui tient la plume doit donc avoir ce tact supérieur qui lui permettra de discerner, dans l'incertitude où il est sur la destinée future de son écrit, le genre de personnes auxquelles il est dans l'intention de l'adresser et en vue desquelles il établit sa perspective.

Il y a des professeurs publics qui, en présence de la foule bigarrée et mobile de leur auditoire, ont contracté l'habitude de choisir du regard deux ou trois physionomies intelligentes et expressives, sur les impressions desquelles ils règlent leurs discours. Tout de même, quand on écrit, il faut savoir à qui l'on parle et évoquer du néant cet interlocuteur idéal qui représente votre lecteur-type. Cette remarque est si vraie, cette vérité si généralement reconnue, qu'on redit tous les jours : tel ou tel livre ne regarde pas telle sorte de personnes; ou bien : voilà un ouvrage tout-à-fait convenable pour les ouvriers, les femmes, les gens de goût, les ignorants, etc.

Lorsqu'un auteur a une vue nette de cette destination de son œuvre et lorsqu'en même temps il y apporte assez de fermeté d'exécution pour ne point s'écarter de la ligne principale, il lui appartient, grâce à cette représentation rationnelle de son lecteur, de déterminer dans quel ordre d'idées, seront puisés les principes qu'il invoquera.

On voit d'ici, sans qu'il soit besoin d'y insister en détail, qu'un même sujet peut emprunter ses lumières et un même problème sa solution à des sources bien différentes.

C'est ainsi que la foi du chrétien, la réflexion du philosophe, la science de l'érudit, le sens commun du peuple, les maximes de l'homme du monde, peuvent être tour-à-tour invoqués et donner naissance à des ordres de raisonnement bien divers.

De la même façon que l'orateur doit se plier d'abord aux impressions de son auditoire, quitte à réagir ensuite contre elles et à les dominer, une composition écrite doit aussi, même lorsqu'elle se propose de les contredire, emprunter à ceux qui la lisent leurs propres idées, pour en faire son point de départ. Seulement, il faut prendre garde qu'un livre se meut dans une sphère beaucoup plus large. Il devient donc prudent, dans l'impossibilité où l'on se trouve d'expérimenter par soi-même la résistance de son public, de n'exiger de lui que l'indispensable, et de ne pas multiplier au-delà de la nécessité les vérités pour lesquelles on suppose ou l'on sollicite son consentement.

Il convient de suivre ici les traditions de tout enseignement pratique. Appliquons nous-mêmes à la confection d'un plan la méthode d'analyse et la méthode de raisonnement qui viennent d'être décrites. Il y a, dans le maniement expérimental des faits, une puissance d'instruction que ne saurait égaler aucune théorie.

CHAPITRE V.

EXEMPLE DE LA MÉTHODE D'ANALYSE APPLIQUÉE A L'ORDONNANCE D'UN PLAN.

Nous reprenons le texte de La Rochefoucauld que nous avons eu déjà l'occasion de citer : *La leçon des exemples vaut mieux que celle des préceptes.*

Visiblement cette proposition peut se démontrer aisément par la méthode de l'analyse. Si le fait général est vrai, il est évident qu'il doit se reproduire dans les occasions particulières qui se présentent à notre observation.

Il ne reste donc plus, pour ôter à la dissertation toute velléité d'indécision, qu'à choisir l'ordre de faits auquel sera demandée la confirmation de cette pensée.

Je discerne tout d'abord cinq ordres de faits principaux d'où l'on peut tirer un plan distinct et entier.

Ces faits sont de l'ordre :

1° Domestique,
2° Historique,
3° Littéraire,
4° Philosophique,
5° Populaire,

sans préjudice des aspects nouveaux qu'il ne serait peut-être pas bien malaisé de découvrir, car plus on creuse un sujet, plus on voit s'élargir ses profondeurs et se muliplier les points de vue.

On peut démontrer la supériorité des exemples sur les préceptes sans sortir du cercle restreint de la famille, et en considérant seulement des faits que leur extrême notoriété ne rend ni moins décisifs ni moins intéressants. L'enfant est moins attentif à la parole qu'à la conduite de son père ; toutes les maximes qui peuvent tomber des lèvres de ce père ont peu d'effet, si on les compare à un acte de vertu ou à cette pratique constante du devoir, dont la famille est si bien placée pour être le témoin. Les démonstrations de l'existence de Dieu et toutes les recommandations de la piété chrétienne n'approchent pas de l'ascendant qu'exercent, même sur un âge moins enfantin, le spectacle d'un père et d'une mère à genoux et la vue saisissante d'un signe de croix fait au moment du péril. D'ailleurs, une fois qu'on est sur cette voie, rien n'est plus facile que de nuancer les exemples et de se ménager ainsi sans efforts les développements les plus heureux. L'ascendant du chef de la famille ne se borne pas à l'influence qu'il exerce sur ses enfants : elle se répand sur ses serviteurs et sur tous ceux qui, à un titre quelconque, relèvent de sa direction. C'est là le phénomène qu'un illustre publiciste de notre temps, M. Le Play, a signalé avec tant de force aux méditations des hommes de bien : le rôle éminemment conservateur et traditionnel de ce qu'il appelle les *autorités sociales*. Les hommes de bien qui méritent d'une façon plus particulière cette haute qualification, ont pour trait distinctif d'agir et non point de disserter. Ils ne revendiquent point, comme les philosophes de profession, le privilége d'instituer des démonstrations : ils se contentent de pratiquer la coutume, et ne la recommandent pas autrement que par le scrupule et le courage avec lequel ils y conforment leurs actions publiques et privées. Ce rôle des autorités sociales n'est pas autre chose qu'une extension naturelle donnée à l'autorité du père de famille.

D'ailleurs cette puissance de l'exemple s'exerce dans des conditions plus gracieuses et peut-être plus irrésistibles encore. Qui ne se souvient de sainte Clotilde amenant le baptême de Clovis? Quelle que soit, en fait de discours, la ressource des précautions oratoires, rien ne vaut la douceur, et, si l'on peut le dire ainsi, l'humilité toute-puissante de l'exemple, surtout de la part des faibles et des petits. Il n'y a pas là de sentence orgueilleuse contre laquelle on aime se révolter, ni de théorie qu'on puisse combattre en s'armant des ressources de la discussion. L'exemple vous gagne parce qu'il ne vous est point adressé comme un argument à bout portant; il a, au contraire, un air de désintéressement qui séduit. La femme qui devient chaque jour meilleure, sans exiger qu'on la suive sur ce chemin de la perfection, sans nous faire sentir avec aigreur une supériorité onéreuse, fait plus pour l'avancement de nos âmes que si elle nous accablait de prédications.

Il y a, de par le monde, un certain nombre de groupes tout-à-fait caractérisés et qui, en raison d'une fonction définie à remplir, se gouvernent d'après les lois constitutionnelles et primordiales de la famille. Je ne sais même pas si les nécessités qui président à ces relations étroites n'ont pas maintenu plus d'autorité et plus de force au pouvoir dirigeant qu'il n'en resta peut-être au père dans le milieu dégénéré du foyer domestique. Le chef de la caravane qui traverse le désert ou le capitaine du navire aventuré sur les abîmes de l'Océan, ont aussi un pouvoir à exercer et toute une série d'actions pénibles à exiger de leurs inférieurs. Il leur siérait mal de gloser, à la façon des moralistes, sur le rôle et les attributions de chacun de ceux qui doivent leur obéir ; il ne leur suffirait même pas de jeter les ordres à la tête des hommes, pour en obtenir de l'obéissance et du dévouement. Mais lorsque les matelots voient le capitaine du navire passer sur le pont des nuits sans sommeil, se refuser impitoyablement non pas même le plaisir mais le repos, en un mot se traiter lui-même avec plus de dureté qu'il ne se croirait le droit de le faire de personne, il devient tout simple et tout naturel que la contagion de l'exemple gagne l'équipage de proche en proche, et que, sans aucune réflexion comme sans aucun avertissement, on obtienne de véritables miracles de dévouement au devoir.

Il y a, comme on le voit, une source féconde et variée de développements divers dans ce seul ordre de considérations, et celui qui tient la plume devra choisir, dans cette multiplicité d'exemples, ceux qui se prêtent le mieux à ses connaissances et à ses aptitudes. Il peut, à son gré, montrer le commandant d'armée qui couche sur la dure, partage le pain du soldat et marche à pied à la tête des bataillons, ou bien, s'il a par-devers lui quelques connaissances économiques, mettre en évidence le rôle du chef d'industrie qui remplit toute une usine de sa vie propre, et, par le seul contact de son imitation, fait passer jusque dans le dernier des subalternes le zèle qui l'anime et l'ardeur qui le dévore.

Il n'est pas besoin de dire que le développement emprunté à ce premier ordre d'idées comporte, et l'on pourrait dire appelle, quelques anecdotes discrètement choisies, au besoin quelques portraits ou quelques souvenirs de famille. Il est bien peu d'entre nous qui n'aient pas eu le bonheur de connaître quelqu'une de ces natures d'élite, qui, sans s'en douter peut-être, répandaient autour d'elles le règne invisible de la vertu. Il ne faut pas trop redouter, même dans les écrits purement scientifiques, l'heureux abandon des souvenirs personnels. Autre chose est, en effet, de s'y complaire pour en tirer sa propre exaltation, et autre chose de les rapporter simplement, à titre de témoins, dans le seul but de communiquer aux autres l'instruction qu'on en a soi-même tirée.

Cette démonstration, par ce qu'on peut appeler l'observation domestique, demande une certaine force d'analyse, une certaine puissance de recueillement, une certaine habitude de la réflexion originale. Il est certain qu'un plan conçu d'après ces données offrirait au lecteur un intérêt plein de charme et de délicatesse. Toutefois, il faut le reconnaître, une étude ainsi conduite et achevée dans la limite de ces conditions suppose une grande maturité de jugement et une grande expérience de la vie. Lorsqu'on prétend fonder une analyse sur des faits aussi connus, et, s'il faut trancher le mot, aussi vulgaires, il est de toute évidence qu'on ne peut plus se contenter de les apercevoir par le dehors et de les saisir par la superficie ; il faut en quelque sorte en avoir une connaissance plus intime. Il ne suffit pas de rappeler au lecteur une notion qui habite déjà son propre esprit et qui y flotte sous des formes indécises ou vagues, il faut encore porter la lumière dans cette région des ombres, et transformer en une possession définitive la réminiscence dont s'était contentée l'attention.

Peut-être, malgré les apparences contraires, est-il plus facile de faire un plan d'après la méthode d'analyse historique que d'après l'observation directe de ces faits domestiques. En effet, ceux qui ont reçu quelque culture sans être parvenus encore jusqu'au rare mérite d'observer par eux-mêmes, ne manquent pas, à défaut d'expérience personnelle, d'avoir recours à une expérience extérieure, fondée sur l'ordre et la marche des faits politiques. C'est assurément un fait acquis à l'histoire qu'à l'époque des grandes actions et des grands coups d'épée, on parlait peu et souvent on parlait mal. Au contraire, lorsque les vertus pratiques vont en déclinant, il ne manque point alors de beaux diseurs qui exagèrent à plaisir, ou la sévérité de leurs condamnations ou l'emportement de leurs conseils. Les annales de l'humanité présentent alors ce spectacle lamentable et frappant qu'avec l'épanouissement prestigieux d'une civilisation factice, la structure intime de la société se trouve compromise, ébranlée, vermoulue : les grandes paroles passent au bruit des applaudissements ; mais comme les pratiques du mal sont ouvertement commises même par ceux qui ont mission de le réprimer, on sent que tout cet appareil de grandeur est sans soutien et qu'il suffit du premier souffle pour renverser le colosse de Nabuchodonosor.

On comprend, sans qu'il soit besoin d'y insister, quelle ressource et en même temps quel intérêt présente ce genre de preuves tirées de l'histoire. La pensée se trouve immédiatement soulagée; la mémoire accourt à son aide, et la plus grande partie du travail se trouve remplie par les réminiscences que nous suggèrent à l'envi notre éducation et nos études. Le lecteur, à son tour, n'est pas fâché d'avoir à traverser avec ces exemples des régions qui lui sont un peu plus familières; quelque charme que puisse lui présenter la perspective d'horizons sans cesse renouvelés, il ne lui est pas désagréable de rencontrer aussi sur son passage des idées qui sont pour lui de vieilles connaissances. L'aspect nouveau sous lequel l'écrivain les a considérées et mises en œuvre leur communique une seconde jeunesse, et parce que les faits qui servent de point de départ à ce raisonnement nous sont déjà familiers, il nous semble volontiers que le raisonnement lui-même est de notre création. Nous nous trouvons en quelque sorte persuadés d'avance, sans même avoir pris la peine d'examiner.

Cette méthode historique de démonstration n'est pas tout-à-fait la même chose que la méthode littéraire, quoique, le plus souvent, l'une et l'autre se prêtent un mutuel appui.

J'appelle méthode littéraire, dans la démonstration par l'analyse directe des faits, l'usage des grands auteurs classiques pour peindre une vérité. Ces mêmes faits que l'histoire raconte avec les scrupules et l'impartialité de la science, ont apparu au poëte sous un autre jour et dans des conditions bien différentes. Il en a fait le point de départ de ses conceptions les plus hautes. En même temps qu'il empruntait à la réalité le cadre un peu vague des évènements, il complétait ces indications sommaires par ces développements tirés du cœur humain que les documents ne sauraient connaître ni rapporter. Il y a donc là, dans la littérature de création comme dans la littérature de réflexion, une sorte de description et d'histoire de l'âme humaine plus réelle et plus vraie que l'histoire proprement dite. Il faut, dans la réalité, faire une part au hasard des accidents et à la banalité de la vie courante, tandis que, dans le domaine de l'art, tout porte, parce que tout est choisi, tout est présenté sous une forme exquise, aussi capable d'émouvoir le cœur que d'intéresser la raison.

Lors donc qu'on juge à propos d'appeler à son secours la puissante et lumineuse légion des penseurs, des orateurs et des poëtes, il ne reste plus qu'un petit nombre de précautions très-simples à prendre comme d'excès à éviter.

Remarquons d'abord que la littérature elle-même nous offre deux formes bien différentes d'enseignements ou d'exemples.

Une vérité morale peut être représentée par un personnage qui agit sous les yeux du spectateur, ou au contraire disséquée en quelque sorte par une analyse psychologique. Il me sera permis de compter ici, dans une certaine mesure, sur la propre collaboration de mes lecteurs. Ce n'est point faire une hypothèse que de leur supposer assez de lecture pour trouver dans leurs propres souvenirs le moyen d'appliquer eux-mêmes la méthode historique et littéraire à la maxime dont nous nous entretenons. La supériorité de l'exemple sur la parole est attestée par des faits grandioses et qui ont exercé parfois une influence décisive sur la marche de l'humanité. On a pu voir, en plus d'une occasion, jusqu'à quel point les splendeurs de la parole étaient trahies par les défaillances de la conduite. Combien de fois n'arrive-t-il pas que, là même où les plus beaux arguments sont venus misérablement échouer, il suffit d'une larme furtive pour entraîner la contagion des pleurs, d'un sourire pour faire éclater une explosion de gaieté, d'un geste menaçant contre la victime pour la faire périr sous les coups de la multitude? Cet entraînement qui naît de la vue sensible et matérielle des actions explique bien l'intérêt que nous prenons aux représentations dramatiques. A moins d'avoir une intelligence hors ligne et sur laquelle il ne faut pas compter parmi les hommes, le spectacle de l'action nous saisit tout autrement que la contemplation de la pensée.

Toutefois si la démonstration historique et littéraire est tout à la fois plus facile pour celui qui l'entreprend et plus saisissable pour celui qui l'écoute, si le premier trouve sa besogne à moitié faite et le second son attention soutenue par la seule perfection de la forme, il ne faut pas perdre de vue que, de toutes les façons d'établir un fait, la plus forte et la plus péremptoire est encore l'analyse philosophique. Aucune information ni aucune lumière ne sauraient égaler jamais cette clarté interne qu'il dépend de nous de répandre sur un sujet, lorsque, dans le silence de notre âme, nous y concentrons les forces de notre esprit. C'est dans ce monde invisible de la conscience que tout problème trouve sa solution, parce que toute idée y trouve sa certitude.

Avons-nous besoin, par exemple, d'un témoignage extérieur, d'une preuve tirée de la littérature ou de l'histoire, empruntée à nos souvenirs historiques ou bien aux ouvrages des auteurs, pour distinguer au fond de nous-même l'intervalle psychologique qui sépare l'intelligence de la volonté? C'est en vain que Socrate, et après lui tous les philosophes qui se sont réclamés de son école, ont prétendu que la science et la vertu étaient choses adéquates, qu'il suffisait, en définitive, de connaître le bien pour le pratiquer, et que, par suite, le méchant n'était pas moins ignorant que coupable. Ce sont là de belles thèses, dans lesquelles on exalte à plaisir notre intelligence de la vérité jusqu'à la transformer complaisamment en amour et en force active. Nous ne sommes pas aussi bons que cela, et nous savons très-bien, par une expérience de tous les jours, la distance, infranchissable pour beaucoup d'hommes, qui sépare la conception de l'action la plus héroïque et la plus souhaitable, de sa réalisation dans l'ordre des faits.

Voilà pourquoi, lorsque nous entendons les voix les plus autorisées nous entretenir de morale, de dévouement, de sacrifice, nous ne nous sentons qu'à demi persuadés; il nous reste toujours au fond de l'âme je ne sais quelle arrière-pensée. Nous sentons se réveiller en nous des soupçons fâcheux. Plus la morale qu'on nous prêche est irréprochable et sublime, plus notre faiblesse se sent portée malgré elle au dénigrement. Nous murmurons tout bas le vieil adage si souvent et si sottement répété : « Faites ce que je dis, et non pas ce que je fais. » Nous ne sommes pas bien sûrs que l'écrivain ait égalé ses vertus à ses discours, et nous-mêmes, nous nous sentons plus portés à lui accorder notre admiration que notre obéissance.

Au contraire, rien n'est plus curieux à étudier que l'action interne exercée sur notre esprit par le fait accompli. Autant la théorie du fait accompli est misérable et odieuse lorsqu'on prétend s'en emparer en vue de prescrire contre la justice, autant elle est péremptoire et salutaire lorsqu'elle représente dans l'ordre de la vie réelle le saint achèvement du devoir. Un exemple bien et dûment acquis est un argument qui ne laisse aucun prétexte et aucun échappatoire à notre lâcheté et à notre mauvaise foi. C'est ici le cas ou jamais d'appliquer le vieil axiome logique du moyen-âge : *Ab actu ad possibile valet consequentia* : « Tout » ce qui se trouve réalisé en fait, est par là même dé- » montré possible. » Voilà pourquoi, lorsque l'exemple est tiré de nos proches ou seulement de personnes dont la condition n'est pas sans analogie avec la nôtre, nous ne tardons point, par une dérivation insensible, à passer de l'ordre des faits intellectuels dans celui des faits moraux. Nous perdons toute envie de discuter le précepte qui nous est offert ; il s'élève dans notre cœur un mouvement d'émulation généreuse ; nous sommes portés à rougir de notre faiblesse et de notre inertie.

Pourquoi ne ferions-nous pas ce que d'autres moins intelligents, moins doués, moins supérieurs, ont fait sous nos yeux et à notre honte? C'est ainsi que la volonté se trouve engagée à son tour, et l'énergie avec laquelle elle se porte aux actions n'est point proportionnelle à la plénitude des idées dont elle s'éclaire, mais à l'influence des motifs moraux qu'elle subit. C'est ainsi qu'on peut expliquer cette rapide conquête des âmes, ce mouvement qui se propage, cet entraînement qui s'exerce en dehors de toute discussion et par la seule contagion des faits. Il n'y a plus place ici pour les résistances qui s'exercent sur le terrain mouvant de la discussion : on peut répondre à un argument : on peut lui refuser son assentiment ou son obéissance, mais on ne peut pas empêcher une belle action d'exister et de produire dans les âmes la sympathie de l'émotion.

On voit d'ici, malgré la brièveté de cet aperçu, quel parti on peut tirer de l'analyse philosophique. C'est là, et là seulement à vrai dire, que les questions morales peuvent trouver leur véritable solution. Chacun de nous porte dans sa réflexion et dans sa conscience un moyen triomphant de dissiper les erreurs, d'éclaircir les malentendus, de démêler la vérité et de lui rendre son prestige. Il suffit pour cela de retourner son âme du dehors au dedans, et de prendre résolûment possession de sa propre pensée. Ce haut emploi de l'esprit n'est pas aussi facile qu'on pourrait le croire. Il arrive plus d'une fois que, dans leur inexpérience trop confiante, les débutants prennent assez volontiers pour des spéculations philosophiques les tentatives toujours un peu chimériques de leur imagination ou les ivresses de leur propre raisonnement. Il est malheureusement facile, dans ces analyses que l'âme opère intérieurement sur elle-même, de n'être pas toujours d'une entière bonne foi, de prendre les faits les uns pour les autres, sans qu'on puisse vous avertir et vous redresser. Le signe caractéristique des analyses philosophiques à la fois insuffisantes et prétentieuses, c'est, en général, leur profonde obscurité ; l'orgueil des écrivains incomplets les conduit à substituer ce que je pourrais appeler une clarté de désir à la clarté véritable, et s'ils veulent prendre la peine de soumettre leurs idées à un ordre un peu motivé et un peu sévère, ils ne tarderont guère à s'apercevoir de leur incertitude et de leur embarras.

La méthode philosophique ne peut donc être maniée avec avantage que par des esprits déjà mûrs et expérimentés; et cependant, chose étrange, la plupart des arguments qu'elle est appelée à mettre en œuvre peuvent être produits sous une forme qui est à la portée de tout le monde, ce qu'on pourrait appeler la forme populaire ou de sens commun. Il ne faudrait point, sous prétexte qu'on veut se maintenir dans les régions élevées et ne point descendre au-dessous d'un certain niveau, dédaigner cette méthode populaire qui, malgré sa simplicité, se prête à tant de charmes et à tant de grandeur. Quelque profonde que soit une question, quelque difficile qu'elle puisse paraître à élucider et à conduire en quelque sorte à sa fin, il y a toujours un côté par lequel elle est justiciable du sens commun. Quelle que soit la diversité possible des commentaires, la finesse et la recherche des interprétations, il y a toujours un premier aspect incontestable, et en face de ce sens déterminé, quelque absurdité bien manifeste dont la seule pensée soulève l'esprit. C'est un don, et, pour tout dire, c'est un don non médiocre que l'art de savoir manier le sens commun, l'exploiter et le mettre par écrit. Il affecte le plus souvent dans la vie des allures un peu rudes et un peu rustiques, qui le rendent médiocrement gracieux et souvent même peu acceptable; il flotte d'ordinaire entre la mauvaise humeur et la trivialité. Il semble qu'on affecte de le laisser à la merci du peuple, comme si, dans sa détresse d'autres arguments, le peuple était réduit à s'en contenter et à en faire sa seule science, comme si les lettrés, tout confits dans leur érudition, avaient honte de ce procédé vulgaire et par conséquent indigne de figurer dans leur style. C'est là une grande erreur, et contre laquelle on ne saurait s'élever avec trop de force. Le sens commun ne mérite ni ce dédain ni cet oubli, et il n'est pas si incapable de figurer avec honneur, même dans les régions les plus élevées de la pensée. De grands génies, Socrate et Platon par exemple, n'ont point cru déroger, lorsqu'ils en ont fait la forme principale de leurs discours ou de leurs écrits, et chacun sait, malgré l'abus auquel il s'est livré, le parti que Voltaire en a tiré en plus d'une occasion.

Le sens commun présente souvent les questions par leur côté ironique; il est d'une efficacité incomparable pour écarter les hypothèses aventureuses et faire justice des conceptions téméraires. Il conduit ainsi à la solution véritable par une voie, détournée sans doute, mais qui ne laisse pas d'amener au but. Il réussit de cette façon à déloger l'erreur en tournant ses positions et en les lui rendant intenables : à force de poursuivre d'hypothèse en hypothèse une résistance qui finit par tourner au ridicule, il l'oblige à se réfugier dans un consentement inévitable à la vérité.

Les logiciens reconnaîtront aisément dans cette méthode ce que l'on appelle communément la démonstration par l'absurde. Elle consiste proprement à supposer le contraire de ce qu'on veut prouver, et à montrer qu'en tenant cette supposition pour vraie, on aboutit à des conséquences insensées.

Rien ne serait plus facile que d'appliquer ainsi les données du sens commun à la maxime que nous avons prise pour exemple. Il n'est pas besoin d'être un analyste ni de remonter à des causes générales pour constater l'indifférence avec laquelle sont accueillis les plus beaux discours lorsqu'ils ne se recommandent point par l'autorité personnelle de celui qui les prononce, tandis qu'un langage plus simple et moins orné va droit à l'âme, lorsque celle-ci reconnaît la présence et subit l'ascendant de la vertu. Il ne manque pas, dans les souvenirs de la littérature française, de traits malins qui expriment là-dessus les sentiments et aussi les préjugés populaires. On connaît les vieux brocards de nos fabliaux un peu sceptiques, et ces représentations burlesques de moines bien repus prêchant l'abstinence, ou de riches paresseux recommandant le travail. Ce contraste entre la sévérité des discours et le relâchement de la conduite a toujours frappé l'imagination populaire, et, suivant la tournure qu'il lui a plu de donner aux choses, elle y a trouvé tour-à-tour les bons mots de l'ironie ou les accents de l'indignation.

Après avoir montré successivement comment la même pensée pouvait être envisagée au point de vue domestique, historique, littéraire, philosophique et populaire, je voudrais indiquer encore une autre source de développements sans quitter cette même méthode de l'analyse, je veux parler du point de vue chrétien et religieux.

Pour établir d'une façon invincible que la leçon des exemples vaut mieux que celle des préceptes, je ne vois pas où l'on pourrait chercher des preuves plus nombreuses et plus invincibles que dans les vies des saints. Sans doute, pour beaucoup d'entre eux, et notamment pour les grands docteurs, la parole et l'enseignement ont été un de leurs principaux mérites devant Dieu ; mais lorsque l'Eglise les a élevés au rang où nous les voyons, elle leur a demandé, avant tout, la sainteté, c'est-à-dire les œuvres pratiques de l'âme dans l'ordre de la volonté. Bien plus, les annales de l'Eglise sont remplies de saintes existences dans lesquelles le ministère de la parole publique ou l'apostolat par les écrits n'ont tenu absolument aucune place.

C'étaient, au point de vue de nos préjugés de gloire et de réputation, des existences obscures, perdues, destinées à l'oubli et incapables d'exercer autour d'elles aucune influence ni aucune impulsion. C'est à peine si quelque biographe sans talent, quelque humble collecteur de traditions nous a transmis le récit naïf de telle ou telle vie insignifiante et commune en apparence :

elle n'avait d'autre mérite que l'invincible persistance de l'esprit et de la volonté à reconnaître et à accomplir les intentions de la Providence divine. Il en est résulté cet effet imprévu, mais cependant bien rationnel et bien logique, que la vulgarité même de ces actions quotidiennes nous saisit, nous persuade, nous entraîne : chacune de ces démarches banales, chacun de ces obscurs sacrifices, chacun de ces efforts aussi pénibles qu'insignifiants rentre dans le cadre habituel de notre vie; tout ce qu'on pourrait nous dire pour nous persuader, à l'aide d'arguments lointains et sublimes, n'équivaudrait pas à la pression qu'exerce sur les âmes cette sainteté silencieuse et si visiblement accessible.

Cette méthode, par l'analyse des faits chrétiens et par la connaissance des âmes pieuses, a plus de portée qu'on ne le croit communément et mérite plus de place qu'on ne lui en accorde. Nous subissons malgré nous les fâcheuses traditions du dix-huitième siècle, et ces traditions, en dépit de tout ce qu'elles ont d'exclusif et d'antiphilosophique, ne sont point encore abandonnées ni reniées dans l'enseignement officiel. Tandis que les auteurs du siècle de Louis XIV ne craignaient point de citer à l'appui de leurs dires les exemples des saints et ces délicatesses intérieures qui donnent une si haute idée de la nature humaine, MM. les Encyclopédistes, et Voltaire à leur tête, ont réussi à organiser contre les idées et les vertus chrétiennes, d'abord la guerre de l'outrage, et ensuite la conspiration du silence. Ils ont ainsi réussi à supprimer d'un trait de plume, par une sorte de coup d'Etat littéraire, toutes les instructions qui se peuvent emprunter à la partie la plus glorieuse et la plus pure de l'humanité. En laissant absolument de côté le point de vue ascétique et religieux, comme aussi les conséquences qui peuvent s'en tirer par rapport à la vérité de la foi, il est très-certain que, sans sortir de l'ordre exclusivement profane, les saints représentent la véritable élite dans l'histoire de la civilisation, et lorsqu'on prétend traiter les sujets de morale sans tenir compte en première ligne des enseignements qu'ils nous fournissent, on se réduit par là même à abaisser et à décapiter en quelque sorte l'humanité : on ressemble à un homme qui, avec la prétention de se mêler de poésie, commencerait par supprimer l'idéal.

Tels sont les différents points de vue qu'on peut appliquer tour-à-tour à la maxime de La Rochefoucauld. On ne prétend point du tout avoir épuisé la liste des aspects sous lesquels il est possible de l'envisager. Suivant la nature des sujets qu'on peut avoir à traiter, ces aspects se multiplient et deviennent aussi nombreux que les différents ordres de faits auxquels on empruntera ses exemples.

Il est à remarquer, et nous avons essayé de le faire ressortir, que chacune de ces applications de l'analyse philosophique, littéraire, historique, etc., suffit amplement à elle seule pour édifier un plan tout entier et pour constituer le canevas de tout un développement.

Ici se pose une question délicate.

Laquelle des deux méthodes est préférable : ou de traiter à part chaque ordre d'arguments de façon à leur laisser leur physionomie originale et de les maintenir chacun dans le courant qui leur est propre, ou, au contraire, de les associer les uns aux autres, par une diversité habile et harmonieuse?

La question est à peu près la même, soit qu'on ait entrepris un ouvrage de longue haleine, soit qu'il s'agisse d'une simple dissertation.

Dans ce dernier cas, on comprend que rien n'est plus aisé que de remplir quelques pages sans sortir du même ordre de preuves, comme aussi, avec un livre d'une certaine étendue, rien n'empêche d'isoler dans des chapitres différents les considérations empruntées à des études spéciales.

Il y a ici plusieurs choses à considérer.

Cette méthode de séparation et d'abstraction présente, lorsqu'on l'applique à la composition littéraire, le même avantage qu'ailleurs : elle soulage tout à la fois le lecteur et l'écrivain et facilite leur tâche réciproque. L'auteur ne risque pas de se perdre et de tomber dans la confusion ; le lecteur n'est pas exposé au danger de se méprendre et de demeurer dans l'obscurité. Cette forme successive demande donc un moindre effort de composition et, par suite, un moindre effort de lecture. Voilà pourquoi il est bon, comme je le pense, de recommander tout d'abord ce procédé à ceux qui ne sont point encore consommés dans le maniement de la pensée et dans l'usage du style. Au risque de donner à leurs dissertations un certain air de pauvreté et à leurs premiers ouvrages un certain aspect de pédantisme, il vaut encore mieux subir ces inconvénients provisoires et conquérir par une méthode lente et progressive l'habitude puissante du gouvernement de ses propres idées.

Toutefois, si je rends justice à ce que cette façon de procéder peut avoir de correct et de facile, de nécessaire même en commençant, ce n'est point là, tant s'en faut, le dernier mot de l'art de composer.

Supposez, par-delà les intelligences auxquelles nous venons de conseiller ces règles prudentes, un esprit assez élevé pour embrasser d'un même coup d'œil ces aspects divers d'une même question, assez vaste pour les renfermer dans l'horizon de sa pensée, assez puissant et assez agile pour ne pas risquer d'être jamais dominé ou retenu. On le voit d'ici soumettre à ses facultés toutes-puissantes les idées qui se dérobent si aisément aux esprits médiocres. Il opère alors, dans le mystérieux sanctuaire de son génie, ce travail supérieur de la fusion qui, au dire de l'antiquité, donnait un prix inestimable au métal de Corinthe. Il relie solidement les uns aux autres, par des rapports profonds et inattendus, les différents ordres d'arguments qui fortifient la même vérité. Ce n'est pas le fait de passer d'une idée à une autre ou d'une sphère de considérations à un monde différent et nouveau qui constitue un désordre ou qui entraîne une obscurité. On peut dire, d'une façon générale, que toutes les évolutions de la pensée se justifient et deviennent logiques dès qu'elles ont été préméditées. Lorsque l'intelligence trouve une considération d'un ordre supérieur à laquelle viennent se rattacher d'une façon naturelle des analyses empruntées tour-à-tour au monde physique et au monde moral, le lecteur suit aisément cet heureux parallélisme, dès que l'écrivain a pris le soin de le calculer et de le maintenir. Il arrive alors, par un de ces heureux effets dont un art consommé est seul capable, que cette variété ordonnée avec tant de force se synthétise avec plus d'unité et plus de simplicité que jamais : le lecteur est à la fois saisi par l'ensemble et satisfait par les détails.

Après avoir expliqué par un exemple comment la méthode d'analyse peut conduire à des plans divers, faisons la même étude pour la méthode de raisonnement.

CHAPITRE VI

EXEMPLE DE LA MÉTHODE DE SYNTHÈSE OU DE RAISONNEMENT, APPLIQUÉE A L'ORDONNANCE D'UN PLAN.

L'ordonnance générale d'un plan peut être obtenue par la méthode d'analyse ou par la méthode de raisonnement. La première demande à la réalité elle-même des observations de fait que l'abstraction transforme en vérités générales. La seconde emprunte l'autorité de principes déjà admis et reconnus, dont elle use pour en tirer les vérités qu'on discutait et qui deviennent ainsi des conséquences démontrées.

Nous nous proposons d'appliquer sur un exemple déterminé cette seconde méthode, c'est-à-dire la méthode de raisonnement ou de synthèse.

Soit donc cette pensée d'un auteur moderne :

« Les dieux anciens, si jaloux d'encens et de sacrifices, n'avaient point imaginé de demander à l'homme son cœur. »

Il n'est pas hors de propos de faire observer, avant

d'en venir à un plan fondé sur la méthode de raisonnement, que ce sujet se prêterait admirablement à la méthode analytique dont il vient d'être question dans le précédent chapitre.

Avant toute explication, toute théorie, tout raisonnement, il n'est pas douteux que la question, à un certain point de vue, est avant tout une question de fait. Il suffit d'avoir une connaissance un peu exacte des livres et des peuples anciens, pour y constater bien vite jusqu'à quel point l'âme était laissée en dehors du paganisme. On va jusqu'à célébrer le bonheur du riche, parce qu'il lui est plus facile, en raison de ses ressources, d'apaiser la colère ou de se ménager la protection des divinités, au moyen de plantureuses hécatombes; mais, dans toute l'antiquité, il ne vient pas à la pensée d'un païen de la vieille roche que le don d'un cœur pur soit agréable aux divinités égoïstes de l'Olympe. On craint les dieux assurément, et Lucrèce a parlé pour tous, lorsqu'il s'est écrié :

Primus in orbe deos fecit timor.....

Quant à aimer ces puissances farouches, jalouses de l'homme, envieuses de son bonheur, ennemies de son progrès, c'est à quoi le bon sens lui-même se refuse. Lorsqu'on représentait sur le théâtre d'Athènes le vieux mythe du *Prométhée enchaîné*, il n'est pas un des spectateurs qui ne partageât ses sentiments de courroux et de révolte et qui ne souhaitât d'avoir, pour s'en armer contre le ciel, la même férocité de courage et la même ténacité de résolution.

On voit aisément combien le cadre de ce sujet historique est prompt à s'élargir, comme il se prête commodément à toutes les preuves que l'érudition se plairait à demander à une étude de plus en plus exacte de l'antiquité. Les historiens et les poètes peuvent y prendre place tour-à-tour : les plus vives peintures d'Homère, les souvenirs les plus cruels de la fatalité tragique n'attestent que trop cet état d'hostilité permanente entre le ciel et la terre. Si l'homme apporte aux pieds de ces maîtres inflexibles le tribut auquel leurs menaces le contraignent, ce n'est assurément pas de ce côté-là que se tourne son amour, et cette partie exquise de son âme ne trouve rien qui soit fait pour elle dans toute la mythologie.

On voit ici, une fois de plus, combien la preuve de fait est intéressante : elle a cet avantage incomparable d'augmenter le champ de nos connaissances. Elle est pour le lecteur un véritable enseignement. Elle le prend dans son ignorance et sa bonne volonté, et met à sa disposition des connaissances positives et profitables.

Toutefois, il faut bien le reconnaître, et l'exemple présent va nous aider à le démontrer, la preuve par l'analyse, si utile à la connaissance des faits, ne suffit point pour en donner l'explication. Il faut un nouveau travail pour en découvrir la cause, et cette explication ressort d'ordinaire de la méthode de raisonnement.

Reprenons la pensée principale.

« Les dieux anciens, si jaloux d'encens et de sacrifices, n'avaient point imaginé de demander à l'homme son cœur. »

Admettons qu'il en soit ainsi, et que, dans une

introduction rapide, nous ayons pris tout d'abord le fait pour accordé.

N'est-il pas tout simple et tout naturel, au point de vue du progrès de l'esprit humain et de la marche des idées, de se demander pourquoi il en était ainsi, pourquoi l'humanité s'est vue soumise au régime désespérant de cette froide mythologie ?

C'est à ce moment que commence l'application de la méthode de raisonnement. Il suffit d'emprunter à la philosophie chrétienne et, dans une certaine mesure, à la philosophie profane, leurs principes fondamentaux, pour instituer une démonstration en règle et se mettre en mesure de satisfaire sur ce point la légitime curiosité du lecteur.

L'idée de création est absente de toute l'antiquité. Le plus souvent ce problème redoutable demeure enseveli dans une obscurité mystérieuse et dans un silence impuissant; mais, dans le vague complaisant des hypothèses, on ne voit nulle part, si ce n'est peut-être dans une ligne ou deux de Platon, rien apparaître de semblable à la parole touchante de l'Apôtre : « Dieu nous a aimés le premier, » ou de semblable à cette autre parole plus touchante encore : « Dieu a aimé le monde au point de donner pour lui son Fils unique. »

Tandis que la métaphysique ancienne, dans ses plus hautes aspirations, nous montre l'humanité abandonnée au gouvernement d'obscurs Démiurges, tandis qu'elle nous étale des divinités indifférentes dans leur égoïsme ou hostiles dans leur jalousie, le chrétien sait que le sacrifice du Dieu fait homme se renouvelle pour lui chaque jour, que le mystère de l'Incarnation se reproduit dans le sacrement de l'Eucharistie, et le mystère de la Rédemption dans la participation au corps et au sang de Notre-Seigneur Jésus-Christ. Voilà pourquoi il a été dit par le divin Maître : « Aimez Dieu par-dessus toute chose, et votre prochain comme vous-même pour l'amour de Dieu. Toute la loi et les prophètes sont renfermés dans ces deux commandements. » Voilà comment sainte Thérèse a pu résumer d'un seul mot la règle de la vie chrétienne : *Ama, et fac quod vis.*

On fera ici une parenthèse.

Bien que la méthode d'analyse comporte, dans une certaine mesure, de montrer les conséquences d'une vérité après que cette vérité a été établie par voie d'observation et, pour ainsi dire, d'expérimentation directe, il n'en est pas moins vrai que la méthode de raisonnement se prête plus volontiers encore à cette démonstration complémentaire. Il y a là une analogie qui porte à cette suite. Comme on est parti, à l'origine, de certains principes reconnus, pour en tirer, par la voie syllogistique, la thèse qu'on se propose d'établir, il devient tout simple qu'une fois passée, par la démonstration, à l'état de théorème acquis, cette vérité serve à son tour à établir des propositions subséquentes. Il suffit pour cela que l'esprit n'interrompe point son mouvement et qu'il continue, suivant sa pente naturelle, le raisonnement qu'il a commencé.

Ne va-t-il pas de soi, une fois qu'on a expliqué ce contraste entre le rite matérialiste des sacrifices antiques et la religion divine de l'amour chrétien, d'instituer, sous le bénéfice de cette démonstration, un parallèle entre ces deux civilisations si diverses, de montrer dans l'antiquité les âmes menacées par le courroux ou opprimées par la tyrannie des faux dieux, l'humanité flottant de la tristesse au désespoir et se réfugiant dans les voluptés sensuelles du plaisir, pour échapper par des jouissances inférieures à cette désolation et à cette contrainte morale? Comme on s'explique bien, au contraire, la joie si vivement recommandée par saint Paul aux fidèles de tous les temps : *Estote hilares!* Il faut se réjouir dans le Christ, aussi bien dans la persécution que dans le succès. Le chrétien, appuyé sur la foi des promesses, attend la récompense qui, suivant la parole de Jésus, lui a été préparée depuis le commencement du monde, et dont il jouira éternellement dans la maison de son Père : *Lætatus sum in his quæ dicta sunt mihi : in domum Domini ibimus.*

Tous ces développements, avec les conséquences qui s'y rattachent, rentrent dans le même ordre d'idées et relèvent, comme il est facile de le voir, de principes bien caractérisés. La majeure de ces raisonnements, c'est, pour le dire en un mot, le christianisme tout entier avec les enseignements qu'il professe et les mystères qu'il impose. Je ne conseillerais à personne d'offrir le résultat de cette méthode au jugement d'un libre-penseur, je veux dire de cette méthode ainsi employée, c'est-à-dire prenant pour point de départ les principes théologiques.

On peut, sans sortir du raisonnement, l'appliquer d'une façon différente et tirer ses conséquences de maximes moins ascétiques. Au lieu d'aller jusqu'au fond des choses et d'entrer dans la profondeur lumineuse des dogmes chrétiens, on peut s'en tenir, si l'on veut, à quelques grandes vérités sociales et politiques, établies par la philosophie et par l'histoire.

C'est une loi du développement rationnel de l'humanité, que le régime de la contrainte précède celui de la liberté. Il faut, à des populations grossières et brutales, l'oppression de la tyrannie pour les gouverner et le joug de la force pour les contraindre. Il ne s'agit pas de rien obtenir d'elles par la persuasion, ni de compter sur leur reconnaissance ou leur justice. C'est alors le règne de la force inexorable, et tout se réduit entre le maître et les serviteurs à des rapports inflexibles, qui se traduisent par des actes purement matériels. Dans ces temps de tyrannie et d'esclavage, les dieux eux-mêmes ne sont point conçus autrement que les hommes, et tout de même que les sujets voient un despote inflexible sur le trône de la terre, ils en imaginent un semblable dans le ciel. Ils se sentent suspendus au bout de cette chaîne d'or dont parle le vieil Homère, et de la même façon qu'il leur faut payer tribut non pas seulement aux besoins légitimes mais aux caprices les plus odieux de leurs souverains, ils trouvent tout simple et tout naturel de multiplier leurs dons à ces dieux dont ils ont fait les premiers de leurs oppresseurs. De là ce perpétuel accomplissement de sacrifices, ces obligations coûteuses qui ressemblent tant, chez les divinités païennes à des actes d'avidité ou d'avarice, enfin la crainte et l'épouvante considérées comme le principe et le terme de toute piété.

Avec le temps et le progrès de l'humanité, ces

rapports se détendent entre le ciel et la terre. L'homme qui était resté à genoux devant la royauté, finit par s'apercevoir qu'il a, lui aussi, une intelligence pour connaître et une initiative pour vouloir. Il consent bien sans doute encore à rendre ce qui lui est dû au vaillant chef dont la bannière le guide dans la mêlée des batailles, mais il n'en est plus à trembler devant lui et à se rouler, comme les Orientaux, dans la poussière de ses pieds. Il veut bien accorder, dans la limite de ce qui est juste, l'obéissance et la soumission ; mais le véritable lien qui le rattachera à son suzerain, la raison de l'hommage qu'il lui rend, ce sera l'estime qu'il a pour sa personne, l'admiration qu'il ressent pour ses hauts faits, la confiance avec laquelle il attend son secours et sa protection.

Cette supériorité dans la conception et dans la pratique des rapports sociaux devait entraîner d'autres idées dans l'ordre religieux. Le moins que l'homme puisse accorder à la divinité, c'est assurément de ne point la mettre au-dessous de ce qui peut mériter en ce monde son respect et son amour. Dès que l'état politique brise les formes impitoyables du despotisme et appelle à son secours la justice pour fonder une civilisation plus avancée, dès que l'homme passe à bon droit pour avoir d'autres mérites que la capacité de son ventre et que la force de son bras, dès que l'obéissance passive est regardée comme un vain simulacre de soumission, il ne suffit plus d'amener au pied des autels ces victimes de chair et d'os :

> Quel fruit me revient-il de tous vos sacrifices ?
> Qu'ai-je besoin du sang des boucs et des génisses ?

Alors s'applique à Dieu lui-même la maxime populaire : « Quand on a le cœur, on a tout le reste, » et à mesure que l'âme devient en quelque sorte plus civilisée, elle apporte dans son commerce avec la divinité ces sentiments supérieurs et délicats qu'elle pratique vis-à-vis des autres hommes.

Il est facile de reconnaître, dans le développement qu'on vient d'indiquer, non plus comme auparavant les principes de la philosophie chrétienne, mais bien plutôt cette doctrine du progrès qu'on tâche avec plus ou moins de succès de concilier avec la révélation, pour sauver au moins les apparences.

On pourrait encore emprunter à la philosophie spiritualiste un autre principe, qui deviendrait le point de départ et l'idée génératrice d'un troisième plan.

N'est-il pas vrai que, dans ce monde, l'homme ne possède rien en propre : il reçoit tout de la puissance et de la libéralité de l'Etre suprême. Encore que cette indigence soit absolue et que l'homme tienne tout de Dieu, puisqu'il tient de lui l'être lui-même, il n'en est pas moins vrai qu'en un certain sens, son être moral lui appartient; et, dans cet être moral, la faculté qui relève le plus directement de lui-même, dans laquelle il se résume, dont il a le vrai mérite, c'est-à-dire incontestablement le cœur. Il peut se faire que, par suite d'une défaillance de l'esprit, l'intelligence languisse; la volonté elle-même peut subir une éclipse et tomber en faiblesse; la vertu coûte et l'homme n'a pas toujours autant de courage qu'il le faudrait pour la pratiquer sans fléchir. A défaut de lumières pour sonder les profondeurs de la science ou d'élan pour pratiquer les sacrifices de l'héroïsme, il reste toujours à l'homme pour dernière ressource d'aimer encore cette vérité qu'il connaît si mal, et ce devoir qu'il pratique si peu. Tant que ce domaine du sentiment lui reste et qu'il n'a pas été dépossédé de son cœur, l'homme s'appartient encore à lui-même, et il peut disposer du meilleur de son être. Voilà bien l'holocauste qu'il convient d'offrir au Ciel; voilà le don suprême sur lequel le regard de Dieu peut se reposer avec complaisance. Lorsque l'homme apporte son cœur au pied des autels et qu'il en fait hommage au Maître de l'univers, il y a là vraiment un sacrifice solennel, puisque cette chétive créature peut, malgré son néant, le retenir et le refuser.

On pourrait encore reprendre et remanier sous une autre forme les idées qui précèdent, de façon à tracer un quatrième plan de dissertation pour la même pensée.

PREMIÈRE PARTIE.

Dans l'antiquité, l'encens et les victimes prodigués par l'épouvante ou l'intérêt représentent principalement ces trois choses :

— 1° Un sacrifice consenti par l'infériorité humaine pour conjurer la colère incessante de divinités jalouses;

— 2° Un tribut offert par notre faiblesse pour reconnaître leur puissance;

— 3° Un marché conclu pour nous assurer, en retour de nos dons, l'avantage de nos intérêts terrestres.

SECONDE PARTIE.

Dans l'ordre chrétien, l'abandon que l'homme fait

de son cœur entre les mains de la Providence présente les caractères suivants :

1° Un désintéressement qui n'exclut pas la confiance;
2° Un abandon qui ne détruit pas la liberté.

CONCLUSION.

On pourrait terminer avec avantage par quelques considérations très-élevées sur la différence qui sépare le sacrifice accompli suivant les rites et avec des intentions purement matérialistes, de la prière considérée comme l'effusion naturelle de l'âme vis-à-vis son Créateur.

Nous faisions remarquer, lorsqu'il s'est agi de la preuve par l'analyse, combien il est difficile de mêler les uns aux autres des faits d'ordre différent. Comme en pareil cas la clarté du travail dépend tout entière de la netteté et de l'achèvement des distinctions, il n'est pas très-facile de garder ce mérite essentiel, en associant les unes aux autres des observations empruntées à des faits qui ne sont pas de la même catégorie.

Il n'en va pas tout-à-fait de même lorsqu'on procède par la voie du raisonnement. On peut, sans prendre d'autre souci que celui de ne pas se contredire, demander du secours à toutes les idées qu'on se trouve posséder soi-même et supposer en même temps à ses lecteurs. Il ne faut donc pas craindre, lorsqu'on manie le raisonnement, d'y déployer une certaine flexibilité : l'esprit se meut plus aisément à travers les syllogismes que dans le monde plus réfractaire des réalités.

Les esprits qui ne sont point encore consommés dans l'art de la composition et qui ont la sagesse de passer par la méthode des exercices, feront bien, pendant la première période de leurs travaux, de choisir pour faire leur plan entre le procédé d'analyse et le procédé de raisonnement, alors même que ce choix rendrait moins féconde et moins libre leur pensée.

Bien qu'il soit naturel et tout-à-fait conforme au mouvement de l'esprit humain, tantôt de s'attacher à l'étude des faits qu'on a devant les yeux, et tantôt de s'embarquer dans quelque déduction sur la foi d'une vérité qu'on a admise ou découverte, il ne faudrait pas croire que tout esprit soit assez prompt pour se retourner aisément de l'une à l'autre de ces deux faces de la vérité, assez ferme pour les manier sans les confondre et sans prêter mal à propos à l'un de ces deux procédés ce qui appartient exclusivement à l'autre.

Vous venez de poser des principes et vous abordez maintenant les faits. Vous venez d'énoncer des vérités comme acquises et vous vous posez maintenant en face d'une réalité comme inconnue. Ne voyez-vous point combien il est aisé, si l'on n'y prend garde, de procéder par hypothèse sous prétexte d'analyse, et de décrire, à la place du fait qui vous est donné, celui qu'on imagine? Réciproquement, lorsqu'on s'est minutieusement astreint à établir l'une après l'autre un certain nombre de propositions suivant toutes les règles de l'observation et de l'induction, on est bien tenté d'appliquer la même exactitude de procédés à la démonstration des vérités les plus notoires et des principes les plus élémentaires. On se prive ainsi du bénéfice de la force acquise, ou encore, on ressemble à un architecte maladroit qui, au lieu d'installer son monument sur l'emplacement solide du terrain qui lui est fourni, imaginerait de construire des piliers pour lui procurer une base étroite, factice, et dans tous les cas moins satisfaisante que le sol. Il est donc nécessaire, pour associer dans un même travail la méthode de l'induction et celle de la déduction, de les laisser chacune tout entières à elles-mêmes et de ne point les confondre, sous le prétexte de les unir. Ce serait ravir au lecteur toute clarté sur le résultat des analyses et toute confiance sur la fermeté des principes.

Une fois ces conseils donnés aux débutants, une fois signalés la difficulté de l'harmonie et le péril de la confusion entre ces deux procédés de l'esprit, il faut bien en venir, comme résultat suprême, à un principe diamétralement opposé. L'idéal d'un bon travail, quelque restreintes que puissent être ses dimensions, consiste précisément à reproduire dans l'ordre écrit le mouvement même de l'esprit humain, à passer comme lui des faits aux principes par une ascension naturelle, et comme lui à redescendre des principes aux conséquences par une pente inévitable. Voilà pourquoi, ainsi qu'on peut dès maintenant le constater dans les maîtres, un travail de quelque valeur, depuis les dimensions gigantesques d'un ouvrage en plusieurs volumes jusqu'aux proportions plus réduites d'une étude de quelques pages, se compose assez habituellement de deux parties, lesquelles renferment des considérations différentes, suivant qu'on a pris le parti de débuter par l'analyse ou par la synthèse.

Première hypothèse : soit, par exemple, une dissertation qui commence par un solide établissement de plusieurs points de fait, tellement que l'esprit du lecteur est conduit par des degrés insensibles jusqu'à une proposition plus générale, laquelle n'est pas autre chose que la thèse à établir.

Il devient alors tout naturel que la seconde partie de cette même démonstration soit traitée par la méthode du raisonnement. On aura bien le droit de prendre pour établie la vérité de fait qu'on aura soi-même prouvée, et de montrer, en la poursuivant dans ses conséquences, que ses applications vont en s'élargissant, sans qu'elles cessent de porter avec elles la même certitude et la même clarté.

Seconde hypothèse : soit, au contraire, une dissertation dans laquelle on tiendrait pour accordés un certain nombre de principes, et où l'on se bornerait à se servir de ces principes pour élucider le sujet. Une fois la démonstration accomplie avec cette rigueur interne dont nul charme du style ne saurait dispenser, il devient tout simple de reprendre dans la seconde partie de cette même démonstration un certain nombre de points de fait, et d'ajouter ainsi à la pure argumentation, des preuves expérimentales présentées sous la forme concrète.

Il n'est pas même nécessaire que les deux méthodes d'analyse et de raisonnement soient ainsi employées tour-à-tour dans les deux parties distinctes d'une dissertation, ou dans des chapitres séparés du même ouvrage. Ces deux méthodes peuvent être alliées, et l'on peut passer de l'une à l'autre sans qu'il y ait la moindre confusion. C'est, en effet, l'une des lois les plus marquées de notre intelligence, que, partout où un écrivain se comprend, se possède et se gouverne lui-même, le lecteur ne saurait s'égarer ni éprouver la moindre indécision. Pourvu donc que celui qui tient la plume sache toujours bien exactement où il en est, pourvu qu'il ne se laisse ni surprendre ni entraîner par le mouvement de sa propre pensée, ce sera tout profit et tout charme pour le lecteur de sentir que ses facultés les plus diverses sont tour-à-tour sollicitées et mises en jeu. Cette souplesse de l'auteur, cette puissance et cette variété de son talent communiquent au lecteur une véritable impulsion. Voilà pourquoi, à l'encontre de ce qui doit se pratiquer au début de la scolarité littéraire, il convient, lorsqu'on veut achever en soi le talent d'écrire, de s'imposer la loi de prendre une question par ses aspects les plus divers. Il ne suffit pas que tel ou tel point de vue nous ait séduits et nous ait contentés, il faut considérer encore que tous les esprits n'éprouvent pas les mêmes besoins et ne sont pas faits pour goûter les mêmes satisfactions. Il faut donc, par une application constante et raisonnée des ressources de son intelligence, éviter les deux extrêmes opposés qui représentent les deux manières les plus habituelles des écrivains : les uns flottant dans le vague des généralités sans savoir bien précisément quelle thèse ils soutiennent et quelle méthode ils emploient : les autres, enfoncés dans l'abîme d'une spécialité et devenus impuissants à regarder comme à agir hors de leur puits.

CHAPITRE VII.

APPLICATION DES RÈGLES QUI PRÉCÈDENT, A L'ORDONNANCE D'UN PLAN ET AU DÉTAIL DE SES PARTIES.

Le choix réfléchi et l'usage persévérant d'une méthode permettent à un auteur d'introduire une coordination logique tant dans ses propres pensées que dans leur expression.

Toutefois, l'œuvre que nous poursuivons n'est point achevée, et nous n'avons point encore abouti à la rédaction écrite d'un plan.

Il ne suffit pas d'avoir découvert un lien et un ordre de génération des pensées, il reste encore deux choses à faire : premièrement, appliquer ces remarques aux subdivisions de chaque partie, et, en second lieu, disposer ces différents groupes, de façon à satisfaire non pas seulement aux lois abstraites de la logique, mais aux exigences esthétiques du goût.

Il ne faudrait pas croire qu'un sujet a besoin d'atteindre des proportions tout-à-fait considérables pour qu'il soit nécessaire d'entrer dans le détail des subdivisions. Si l'on se propose, par exemple, d'écrire deux volume in-8°, il est trop évident qu'il ne saurait suffire de partager sa matière entre le tome premier et le tome second, ou même d'aller jusqu'à répartir l'ensemble entre cinq ou six divisions générales. Il faut, pour exclure autant que possible le hasard et le désordre de la conduite de son ouvrage, en venir à se représenter séparément le nombre et les sujets des chapitres. Il est absolument indispensable de réfléchir à part sur chacun d'eux, d'en concevoir exactement le titre, et de prendre ce titre comme le programme d'une dissertation séparée, à laquelle on appliquerait individuellement les procédés qui ont été indiqués.

On obtient ainsi, avec un sujet fortement délimité et distingué d'abord en deux ou trois parties, une subdivision de deux, de trois, de quatre arguments pour chacune de ces parties. On se trouve de la sorte, avec deux ou trois parties contenant chacune ou quatre ou trois arguments, avoir constitué en moyenne une série de huit ou de neuf paragraphes qui, avec l'introduction et la conclusion, constituent une suite de dix à douze chapitres, ayant tous leur individualité propre, aussi bien que leur rang marqué.

Ici, il ne manquera pas d'esprits pour soulever une objection à laquelle il convient de s'attendre et de répondre.

On dira, non sans quelque vraisemblance extérieure, qu'avec un pareil luxe de classifications et avec des différences aussi fortement tranchées entre ces chapitres trop prévus et trop achevés, il deviendra bien difficile de ne pas se sentir un peu gêné au moment de la rédaction. A force de vouloir instruire ce débutant, à force de lui prodiguer les recommandations et les secrets des belles manières, à force de lui répéter les formules d'un compliment et de lui détailler les cérémonies d'un salut, il est fort à craindre qu'au lieu de se sentir plus dégagé et plus libre, ils ne s'enchevêtre dans ces conseils et ne succombe sous le poids de ces recommandations. N'est-ce pas un peu là ce qui doit arriver à un jeune auteur dont l'inexpérience a besoin d'être avertie, mais non pas enchaînée? Si un manque d'ordre relatif jette parfois, comme il faut bien le reconnaître, un peu de confusion et d'indécision dans les idées, il n'est pas douteux à tout le moins que, pendant qu'elles s'engendrent ainsi les unes les autres par voie d'association, elles bénéficient au moins d'un avantage, à savoir, de se trouver invinciblement groupées, sans que le passage de l'une à l'autre risque jamais d'être interrompu.

Au contraire, n'est-il pas à craindre qu'entre deux chapitres ou entre deux divisions dont le sujet aura été si nettement discerné d'avance et si précisément exprimé par écrit, l'auteur ne retrouve plus, dans ses développements ultérieurs, le joint qui devrait lui permettre de passer de la première considération à la seconde? Il va peut-être, pour franchir cet intervalle, se voir obligé de chercher péniblement quelque transition lointaine, et les deux chapitres à la suite ressembleront à deux pièces de charpente qu'on a toutes les peines du monde à ajuster et à faire tenir ensemble au moyen de crampons.

Il faut répéter encore ce dont on est déjà convenu plus haut de bonne grâce et ce qu'il n'y a point d'inconvénient à avouer, à savoir, que si cette objection présente une certaine surface et se vérifie avec les écrivains spontanés qui travaillent au hasard, dès qu'on emploie des procédés sérieux et des méthodes philosophiques, elle ne saurait plus tenir.

Ce qu'on appelle une *transition*, dans le langage un peu suranné des rhétoriques, n'existe pas, ou plutôt ne devrait pas exister au sens où on l'enseigne. Les pédants supposent en effet volontiers cette monstruosité, qu'étant donné deux idées ou deux ordres de considérations distincts, il s'agit, en effet, de les rattacher et d'en faire un tout, de la même façon qu'on réunit deux lambeaux d'étoffe au moyen d'une épingle. Il n'est aucunement question, dans ce système, de faire sortir la seconde considération de la première par une genèse interne, mais simplement d'opérer une sorte de changement à vue, et de transporter l'esprit du lecteur, même par un simple artifice de langage, d'un aspect de la question à un autre aspect.

On comprend, dès que la transition se pratique ainsi, qu'il ne faille pas trop multiplier ces tours de passe-passe, sous peine de laisser trop apercevoir les secrets et les roueries du métier. Lorsque les différentes parties du sujet n'ont point été fortement analysées, lorsqu'il règne sur les confins de chaque argument une sorte de clair-obscur, lorsqu'il y flotte quelque nuage, il devient incomparablement plus facile de traverser d'un lieu dans l'autre, à la faveur du brouillard. Pour le dire en passant, c'est là le procédé constant des esprits médiocres; ils baissent la toile ou ils éteignent le lustre pour escamoter leur changement de décors, dans l'impossibilité où ils sont d'opérer assez adroitement leur manœuvre au grand jour.

Ceux qui s'épouvantent de voir multiplier l'indication des paragraphes et qui redoutent ce difficile travail des transitions, oublient tout-à-fait quelle est la puissance de l'ordre :

> Ordinis hæc virtus erit et decus, aut ego fallor...

Il faut prendre garde que chacun des paragraphes discernés et mis à part dans la confection du plan, se trouve dans un rapport logique avec celui qui le précède et avec celui qui le suit. La distribution à laquelle on s'est arrêté représente une progression constante des idées, et il n'est plus besoin de transition entre elles, puisqu'elles-mêmes vous conduisent et vous mènent en quelque sorte par la main. Du moment où vous avez renoncé au pitoyable procédé de l'improvisation écrite, dès que vous discernez d'une façon ferme et claire le but auquel vous tendez et le chemin que vous devez suivre, vous n'êtes plus sujet au danger toujours imminent de tomber dans quelque fondrière ou de vous égarer par quelque sentier détourné. Il ne faut donc pas dire qu'en multipliant les poteaux indicateurs tout le long du chemin, on complique l'itinéraire et on embrouille la marche du voyageur.

Tout le monde connaît la célèbre parole de Bossuet, qu'il ne faut rien laisser au hasard de ce qui peut lui être dérobé par la prudence. Cette puissante maxime ne s'applique pas seulement au gouvernement des États et au gain des batailles : elle résume tout ce que nous avons dit sur la théorie d'un plan. Le véritable idéal serait, au moment où l'on prend la plume pour procéder au développement, d'avoir en quelque sorte achevé le travail de la pensée en ce qui concerne l'invention et l'ordonnance des idées ; et, sans tomber dans un détail infini, il n'est pas douteux qu'une division générale en dix ou douze paragraphes, loin de vous être une gêne, vous devient au contraire un grand secours. On n'a plus, en écrivant, cette inquiétude fiévreuse qui vous met sous le coup d'une attente perpétuelle ; il n'y a plus aucune chance d'imprévu, et si vous avez en effet une lutte à livrer pour venir à bout de tous les arguments que vous avez à développer ou à combattre, vous vous êtes ménagé, grâce à la précaution que vous avez prise, l'inappréciable avantage de lutter séparément et de pouvoir saisir corps à corps chacune des parties du sujet. Vous n'avez donc rien à distraire ni de votre attention, ni de vos forces ; vous n'avez point à regarder ni de côté, ni derrière vous, et toute l'activité intellectuelle que vous avez disponible se porte à son aise et tour-à-tour sur chacun des points marqués d'avance.

Il est donc établi jusqu'ici qu'après avoir inventé les arguments d'un sujet et les avoir distribués par grandes masses, il faut encore établir d'avance un ordre intérieur dans chacune de ces divisions, et que cette précaution, bien loin de constituer une difficulté, bien loin de multiplier le travail des transitions, dispense de toute méthode factice et ménage à l'esprit sa pleine liberté.

Après tout ce que nous avons vu, il reste encore une question à résoudre relativement à la distribution générale du plan et à la place qu'on doit assigner à chacune de ses parties. Cette question n'est pas la moins importante, et elle épuisera ce que nous avons à dire sur cette partie de notre sujet.

Étant donnée la matière d'une dissertation, ou, plus généralement encore, une pensée quelconque à traiter, dans quelque proportion que ce puisse être, existe-t-il véritablement, dans la nature des choses, un plan idéal qui, d'une façon absolue, soit meilleur que tous les autres et qui, par conséquent, doive être poursuivi à outrance, comme on poursuit en mathématiques l'exacte et infaillible solution d'un problème? Je ne le pense pas. J'estime que, sans tomber dans le scepticisme, littéraire, on peut concevoir des plans divers, ayant chacun leur opportunité et leur valeur, suivant les circonstances et suivant la nature des esprits.

Sans prendre la peine de revenir sur les exemples que nous avons analysés plus haut avec quelque détail, on peut très-bien se faire une idée de cette diversité des plans qu'il est loisible de concevoir, ou, pour parler plus exactement, de la diversité des arrangements auxquels on peut soumettre des arguments découverts et enchaînés suivant la méthode la plus sévère.

Soit, par exemple, à établir une vérité de fait, et supposons en outre que l'écrivain a correctement recouru à des analyses, à des descriptions, et généralement à tous les moyens que comporte ce genre de démonstration.

Il peut, dans cette hypothèse, poursuivre la vérité dans les milieux les plus divers où il la retrouvera toujours et partout égale et semblable à elle-même. C'est ainsi qu'il interrogera tour-à-tour les pensées de son esprit, les sentiments de son cœur et jusqu'à ses impressions en quelque sorte organiques. Il ira chercher cette même vérité morale dans les poésies où elle est chantée, dans les drames où elle se débat, dans les analyses où elle s'éclaire. Il la montrera s'épanouissant dans l'histoire, dans les grands triomphes de la politique, ou dans le sens commun des nations, il la fera voir reproduite et appuyée par l'autorité des pontifes.

Cette énumération qu'on pourrait poursuivre, soulève, comme on le voit, la question indispensable de savoir dans quel ordre doivent être abordées ces preuves diverses qui ont leur commune origine dans un même emploi de la méthode d'analyse. Faut-il emprunter en premier lieu ses arguments à l'histoire, afin d'accabler tout d'abord le lecteur sous l'imposante autorité du genre humain? Faut-il le retourner d'abord du côté de lui-même, afin de lui donner cette clarté intérieure sans laquelle il n'existe point d'autre clarté? Paraîtrait-il plus opportun de le prévenir par les charmes de la grande littérature et de lui faire goûter, sous la forme la plus exquise et la plus parfaite, ces analyses désormais rangées au nombre des chefs-d'œuvre qu'on ne recommence pas?

On voit, par la facilité même qu'éprouve notre esprit à se représenter ces diverses hypothèses, combien il serait peu raisonnable de vouloir chercher ou prescrire un ordre en dehors duquel on ne concevrait plus ni de raison ni de salut. Il peut être préférable, suivant les circonstances, de commencer tantôt par la philosophie, tantôt par l'histoire, tantôt par les souvenirs personnels.

Les convenances qui guideront ici l'écrivain et motiveront la méthode qu'il emploiera, peuvent toutes, malgré leur variété inimaginable, se réduire à trois chefs qui les comprennent absolument. Au moment de ranger en bataille ces différents arguments distribués en groupes distincts, au moment de leur assigner dans l'ensemble un ordre de marche et de position, il faut considérer tour-à-tour et l'écrivain — et le lecteur — et le sujet.

Parlons d'abord de l'écrivain.

Quel que soit son mérite, quelles que puissent être l'étendue de son esprit, la variété de ses connaissances, la persévérance de ses recherches, il n'en est pas moins certain qu'il ne saurait être également fort sur le maniement de tous les ordres de preuves, ni, par conséquent, également préparé à les traiter. Nous avons beau nous surfaire, non-seulement au regard d'autrui mais vis-à-vis de nous-même et dans notre pensée, nous ne laissons pas pour cela, lorsque notre présomption pourrait nous faire courir trop de hasards, de nous rendre une justice secrète. C'est à cette connaissance exacte de ses moyens qu'il faut tout d'abord en venir, lorsqu'on veut s'assurer l'avantage de la méthode. Il est à la fois adroit et naturel de transporter la question sur le terrain qui nous est le plus familier, comme on voudrait pouvoir se battre avec ses propres armes et avec l'épée qu'on a l'habitude de tenir en main. Si donc vous êtes psychologue, et plus que personne capable de démêler par une vue directe les secrets ressorts de la nature humaine, mettez en première ligne les considérations que doit vous fournir la puissance exceptionnelle de votre réflexion. Si au contraire votre sujet a un côté historique, si des recherches particulières ont mis entre vos mains des documents intéressants et peu connus, abordez tout de suite votre développement par ce côté qui vous est avantageux. Si vous avez beaucoup voyagé et si vous avez su regarder ce que vous aviez l'occasion de voir jusqu'à vous en faire une expérience, ne craignez point d'entamer tout d'abord le chapitre des anecdotes et au besoin des confidences; donnez-vous hardiment en exemple, sous couleur d'un récit désintéressé et amusant, et n'abordez ce que j'appellerai les preuves scientifiques qu'après avoir habilement exploité le chapitre des personnalités, déguisées sous le nom de souvenirs.

A ce premier point de vue, c'est-à-dire en mesurant d'une façon exacte les ressources et les avantages de l'écrivain, le grand art consiste à fonder l'ordre général du plan, non point sur l'importance relative des arguments, non pas même sur leur relation logique, mais avant tout sur le degré de succès avec lequel l'auteur se croit en mesure de les traiter. C'est la probabilité du succès et la commodité de l'écrivain qui passent avant tout le reste : on laisse dans une ombre discrète ce que l'on sait ne posséder que trop imparfaitement.

Il ne faudrait pas voir, dans l'application de cette méthode, une ressource de sophiste et une trahison de la vérité. Comme il n'est aucun sujet sur lequel on puisse avoir la prétention non plus que la possibilité de tout dire, il n'est que simple et que naturel, il n'est que juste de s'en tenir, lorsqu'on prétend enseigner autrui, à ce qu'on sait soi-même réellement. En pareil cas, ce qui est acquis est acquis : pour produire une moisson dans les âmes, il ne s'agit pas d'effleurer le champ du regard; il faut prendre la peine de le défricher et d'attaquer d'abord le sol par le premier coup de pioche. Cette méthode, qui est si favorable à l'écrivain, n'est pas moins avantageuse au lecteur. La supériorité de celui qui écrit constitue le profit le plus net de ceux qui lisent.

Après l'écrivain, considérons l'auditoire.

On répète souvent que toute vérité n'est pas bonne à dire. Il ne faudrait point prêter à cette maxime une signification fâcheuse et la commenter dans le sens d'un silence ou lâche ou hypocrite. On veut dire tout simplement que, malgré la bonne volonté de celui qui parle ou qui écrit, il est bien obligé, tant qu'il n'est pas parvenu à les conquérir ou à les enseigner, de se plier aux intelligences. Ce sont là, pour emprunter le langage des mathématiques, les *données* qui lui sont fournies et en fonction desquelles il est tenu de résoudre la situation.

Par exemple, vous êtes en présence de lecteurs ignorants, distraits, malveillants, prévenus : il est absolument impossible que vous ne teniez pas compte de la façon dont seront accueillies vos premières lignes.

Vous voulez parler de morale à des hommes qui, pour la plupart, en ont perdu le sens. Ils ont, contre la religion, des ignorances transformées par leur orgueil en préjugés et par leur corruption en haines. Vous avez beau avoir par-devers vous la connaissance de la théologie, la haute expérience de la piété et de la foi, il n'est pas opportun que vous usiez ici de toutes ces ressources et que vous mettiez cette espèce d'arguments en première ligne. Tous les avantages qui pourraient venir de votre supériorité se trouvent neutralisés par cette résistance *à priori* du lecteur; et comme vous ne pouvez pas, au premier contact, le faire autre qu'il est réellement, le plus sûr et le plus efficace est encore de le subir et de l'accepter.

Il devient donc nécessaire, en pareil cas, de mettre en première ligne ce qu'on peut appeler les arguments humains, ceux que l'incrédulité la plus audacieuse ne saurait contester, sans contredire la raison et sans révolter le sens commun.

Vous êtes candidat au grade de licencié ès-lettres, et à ce titre vous êtes appelé à remettre aux membres du jury cette dissertation dont nous avons déjà parlé plusieurs fois; vous subissez les épreuves écrites d'un concours pour le droit, pour la médecine, pour l'admission au conseil d'Etat ou à l'inspection des finances. N'oubliez pas, en pareille occasion, quelles sont les personnes à qui doit être soumis votre travail. Quelles que puissent être la puissance et l'originalité de vos vues, la nouveauté de vos aperçus et la profondeur de vos analyses, ces lecteurs particuliers sont appelés, avant tout, à vérifier l'étendue et la précision de vos connaissances techniques. Il ne messiéra donc pas à une dissertation de philosophie, de littérature ou d'histoire, de faire quelque étalage de science et peut-être de pédantisme, de mettre en première ligne l'érudition et les données tirées des différents auteurs, tandis que le mérite personnel ne viendra qu'au second rang.

Vous pouvez, dans le travail auquel vous vous livrez, avoir en vue, non plus de doctes professeurs ayant mission officielle de mettre la science classique au-dessus de tout le reste, mais, au contraire, le public toujours un peu léger et un peu frivole des gens du monde. Il est plus que probable que, si vous leur présentez tout d'abord des raisons solides, des arguments de métaphysique, des rapprochements compliqués, des documents un peu épineux ou des analyses difficilement saisissables, toute leur attention et toute leur bonne volonté périraient au premier coup d'œil jeté sur une exposition ainsi conçue. Il n'est pas à dire pour cela qu'on ne puisse pas les amener à une tension d'esprit suffisante pour recevoir et pour goûter ces développements supérieurs. Il y a évidemment là une préparation intellectuelle de premier ordre, laquelle tient d'abord à l'instruction première, et ensuite à cette seconde éducation dont les relations de la vie mondaine sont seules capables de donner le délicat enseignement; mais il n'en est pas moins vrai qu'en dépit de ces précieuses aptitudes, l'homme du monde n'entreprend guère une lecture qu'avec une mollesse et une langueur déplorables. Il éprouve, avant même d'avoir commencé, une fatigue d'esprit anticipée. Ce tempérament littéraire, blasé par l'habitude de la paresse et par l'abus des distractions, a besoin de grands ménagements, si on ne veut pas voir ce lecteur d'occasion abandonner tout d'un coup la partie et refermer la brochure qu'il a à peine entr'ouverte. L'écrivain qui s'adresse à lui est donc tenu tout d'abord de parler son langage et d'entrer dans l'ordre des arguments qui lui sont le plus familiers. C'est ainsi que la composition la mieux entendue et la plus sûre de trouver du crédit, ne sera pas celle qui procédera par les arguments d'une véritable importance, mais, tout au contraire, celle qui aura mis en œuvre l'art de présenter, avant toutes les autres, les raisons frivoles et légères de façon à préparer l'avènement de celles qui vont suivre, de la même façon qu'on éparpille des tirailleurs destinés à frayer un passage au gros de l'armée.

Lorsque vous écrivez pour le peuple, les conditions changent absolument, et ce n'est pas un des moindres sujets de surprise, pour ceux auxquels manque l'expérience, de voir combien ces hommes, presque tous sans instruction et sans connaissances préalables, sont plus capables d'attention que les classes supérieures. Ils y mettent tant d'efforts et de bonne volonté, que cette bonne volonté suffit pour compenser leur infériorité relative. Leur attention pourra se lasser si on la prolonge trop, en raison même de la contention qu'elle demande; mais au premier moment elle est dans toute sa force, dans toute sa puissance, et l'on ne se doute pas assez de ce qu'on en peut attendre et de ce qu'on en peut exiger.

Aussi l'ordre des arguments, dans un travail destiné au peuple, n'est-il point du tout celui que nous venons de proposer pour l'homme du monde. Il faut ici, sans circonlocutions et sans ambages, entrer de plain-pied dans le vif de la question. De même qu'un homme du peuple frappe son plus fort coup de poing en commençant, de même, lorsqu'il s'agit de donner un coup de collier pour entrer dans une question, c'est dès la première page que l'écrivain rencontrera le maximum des efforts, et c'est dès la première minute qu'il doit en profiter.

On le voit donc : l'ordre des arguments varie en raison des aptitudes de celui qui compose et des exigences de ceux qui lisent. On peut encore, sans trop multiplier les points de vue, dire que le sujet lui-même fournit souvent des indications sur la façon dont il doit être pris. Les paroles mêmes de l'énoncé suffisent pour avertir un candidat. Tantôt elles ont quelque chose de grave et d'ascétique, qui semble disposer au recueillement. Tantôt elles revêtent une forme plus légère, et invitent le style à plus de grâce et à plus de liberté. C'est là ce qu'on appelle, avec beaucoup de propriété, *entrer dans le ton du sujet;* mais, comme il y a un ton pour les expressions, il y en a aussi un pour la pensée, et il convient, pour traiter convenablement une question, de suivre dans l'arrangement qu'on adopte l'ordre d'idées qui paraît le plus conforme à l'inspiration même du sujet.

Il arrive fréquemment aussi qu'en raison des circonstances du dehors, on peut dire que l'écrivain n'est véritablement pas libre de choisir à son gré son point de vue, comme il le ferait s'il se mouvait dans la sphère d'un monde abstrait. Etant donnée une question même très-simple, très-impartiale, très-dégagée de tout parti pris, il se trouve, en plus d'une occasion, qu'on ne saurait en parler ni en écrire sans avoir malgré soi devant les yeux tel fait éclatant dont l'opinion publique a retenti, tel préjugé dont les intelligences sont encombrées, telle conséquence dont on redoute l'avènement. Sans donc vouloir faire, comme on le dit ordinairement, de *l'actualité* et se jeter par calcul dans le côté palpitant des problèmes, il n'est ni raisonnable ni pratique de parler et d'écrire comme si l'on habitait un monde purement idéal. Vous auriez beau faire abstraction, pour votre propre compte, de tout ce qui a pu se dire ou se passer autour de vous, vous n'empêcherez pas votre lecteur d'en avoir l'âme remplie ou tout au moins préoccupée. C'est donc bien en vain que vous avez réussi à vous faire cette impassibilité et ce désintéressement factices, du moment où vous ne pouvez point les imposer à votre lecteur. Le plus sûr est encore de demeurer dans le vrai, de prendre la question telle qu'elle est en effet, sauf à donner ensuite un vigoureux coup d'aile afin de planer au-dessus des espaces qu'on aura d'abord plus modestement parcourus. C'est ainsi que le sujet lui-même vous impose parfois des exigences inattendues, et un ordre de discussion absolument injustifiable en dehors des circonstances transitoires et exceptionnelles qui seules ont pu le commander.

Il faut regarder comme une partie intégrante et essentielle du plan le choix de la pensée par laquelle on commence et de la pensée par laquelle on finit.

Ce dernier achèvement d'un plan est plus important qu'on ne le pense.

C'est faute d'avoir conduit sa pensée jusqu'à cet achèvement nécessaire, que la plupart des écrivains et des orateurs inexpérimentés succombent presque toujours à la tentation de tirer leur exorde des efforts qu'ils ont faits pour se préserver, autant que possible, des divagations et des écarts. C'est ainsi que les premières pages sont remplies de l'énumération fort oiseuse des points de vue qui seront laissés de côté,

Pendant que l'auteur ou l'orateur multiplient les formules banales : *Je ne dirai pas…, Je ne parlerai pas…, Il ne s'agit pas de…, Il n'est point question de…*, celui auquel vous vous adressez ainsi pourrait bien trouver intéressant quelqu'un des points de vue que vous mettez si cavalièrement de côté. Dans tous les cas, il lui est permis de faire cette réflexion que ce n'est pas la peine, même sous la forme rapide de prétérition, de promener les esprits dans ce voyage de circumnavigation autour de la pensée principale. Nous n'avons que faire d'apprendre les chemins de traverse où on aurait pu s'égarer, non plus que les obstacles dont on a eu à venir à bout. Ces détails ne nous intéressent pas plus que la peine qu'il a fallu prendre pour se procurer chez le marchand du papier et des plumes convenables afin de tracer le premier mot écrit. Visiblement, si nous avions eu à faire à une intelligence plus alerte, plus puissante, plus exercée, elle nous aurait fait grâce de tous ces préliminaires, parce qu'elle se serait épargné à elle-même toutes ces hésitations. Si son inexpérience ou sa faiblesse la mettent en demeure de passer par cette préparation, il faut au moins que cette cuisine se fasse en silence et en dehors de la vue des consommateurs. Le premier mot d'une œuvre écrite comme d'un discours préparé, doit attester une pleine et entière possession du sujet, et voilà pourquoi Cicéron, Quintilien et Pascal ont répété l'un après l'autre que la pensée par laquelle il est opportun de débuter est précisément celle qui s'est présentée à l'esprit à la fin du travail ou de la préparation.

Il n'est pas moins essentiel, avant de mettre la main

à la plume et d'écrire le premier mot du premier paragraphe, de savoir d'une façon exacte quelles considérations on adoptera pour sa conclusion. L'art de finir n'est ni moins rare ni moins essentiel que l'art de commencer, et c'est une des plus grandes faiblesses des auteurs, faute d'avoir suffisamment médité ce qu'ils se proposaient de dire, de ne pas aboutir au point précis qu'ils s'étaient d'abord proposé. Ils subissent, dans le courant de l'amplification, des impressions imprévues de la part de leurs propres idées; ils se trouvent, à la fin, avoir rabattu de leur jugement et dévié, à leur insu, du côté de la sévérité ou de l'indulgence. Ce défaut est surtout sensible chez les apprentis du métier : le nombre en est grand, car on ne sait guère ce que c'est que de faire un plan, et on ne se met pas en souci de l'apprendre. Cette présomption, jointe à cette inexpérience, enfante souvent des résultats grotesques. Il n'est pas aussi rare qu'on le croirait de voir quelque jeune auteur partir en guerre pour combattre et pourfendre une pensée, et se trouver, au bout de quelques pages, tout radouci, tout favorable, au point d'en être presque devenu le champion. Sans aller jusqu'à cette extrémité de contradiction, il est très-fréquent, lorsqu'on est appelé à juger de pareils travaux, de voir le candidat entamer son sujet, sans savoir à beaucoup près ce qu'il veut dire. A mesure que les lignes s'ajoutent les unes aux autres, la pensée profite de ce travail de l'esprit; elle lutte contre sa propre obscurité, elle se dégage de ces ténèbres, et il se trouve qu'à la fin l'auteur a enfin découvert ce qu'il aurait dû dire dès le commencement.

En supposant que ce soit là mettre les choses au pire et que le plus souvent on ne se laisse pas aller ainsi aux chances du hasard, il n'en est pas moins certain que la nécessité de finir dignement pèse en quelque sorte sur l'écrivain. Il voudrait trouver le couronnement de sa pensée, et comme il ne s'est point pourvu à l'avance, on sent qu'il cherche, qu'il s'inquiète, et qu'il n'a pas sa liberté d'esprit. Cette préoccupation passe à son tour au lecteur, et il arrive alors qu'au lieu d'éprouver, en terminant son étude, le sentiment heureux de la satisfaction, de la certitude, de la possession de la vérité, le lecteur est gagné par la préoccupation de l'écrivain et souffre avec lui je ne sais quel malaise, lequel tient au sentiment de l'inconnu.

Au contraire, lorsqu'on s'est marqué d'avance dans la conception du plan une pensée bien arrêtée et bien définie, c'est le phénomène inverse qui se produit. L'écrivain avance avec une complète sécurité; il est à l'abri de tout souci et dispensé de toute recherche; son allure est confiante et tranquille, et comme il a parfaitement présente au fond de sa pensée la considération par laquelle il terminera, ses idées y inclinent d'elles-mêmes, et, quoique à distance, l'y conduisent sans effort. Ce courant insensible agit sur le lecteur en même temps que sur l'écrivain; il semble que l'art le plus consommé ait présidé à tout cet arrangement, tandis que cet ordre résulte seulement de la précaution qu'on a prise de conduire son plan jusqu'au bout.

Il ne suffit pas d'avoir découvert les différentes idées qui entrent dans la conception d'un plan, ni d'en avoir distribué les diverses parties suivant une ordonnance rationnelle; il faut encore donner à ce plan une forme et une expression qui le rendent apte à servir au dessein qu'on se propose.

CHAPITRE VIII.

DE LA FORME QU'IL CONVIENT DE DONNER AU PLAN ET A CHACUNE DES PARTIES QUE CE PLAN RENFERME.

Il ne suffit point, pour avoir un plan qui serve d'une façon efficace dans le travail, de concevoir, suivant toute la rigueur des méthodes qui viennent d'être indiquées, l'ordre et la distribution logique des différentes parties d'un sujet. Il faut plus encore : il est absolument nécessaire que ce plan soit présenté sous une forme qui le rende capable de servir notre pensée, et qu'il ne devienne pas un encombrement au lieu d'être un secours.

Il est permis peut-être à un homme qui a longtemps enseigné d'apporter ici le fruit d'une durable et constante expérience.

Après qu'on s'était donné la peine d'expliquer en détail l'art de méditer une matière et de concevoir la mise en scène d'un écrit, on ne manquait guère de se voir apporter, pour premier essai et pour première application de la méthode, des plans tels que l'esprit de l'écrivain, bien loin d'y trouver aucune facilité pour le travail de la composition, devait en éprouver comme une sorte de paralysie. Ce résultat imprévu et fâcheux était dû à la façon insuffisante et hasardée dont ce plan se trouvait rédigé. Il y a là-dessus des règles à suivre, aussi faciles dans leurs prescriptions que puissantes dans leurs résultats.

Le candidat qui veut suivre la méthode des plans et qui se résout à mettre quelque chose par écrit avant d'entamer l'œuvre de sa dissertation, ne manque guère, à son premier essai, de donner à ce travail synthétique d'ordonnancement exactement la même forme qu'il va employer dans le courant de son travail. Les phrases de son plan ne sont pas autre chose que de petits fragments de dissertation, des commencements de période, des traits détachés de style. La bonne volonté du novice s'est exercée à réprimer cette floraison, à interrompre cette sève et à ne donner qu'une partie de l'alinéa ou de la page; mais il est si vrai que c'étaient là des commencements et des amorces, que le jeune auteur ne manque jamais de recueillir avec soin, dans le tissu même du développement, toutes ces phrases épanouies au souffle de la première inspiration. Il y a plus : comme les premières phrases de ce prétendu plan représentent le premier jet de la pensée, le premier travail de l'esprit, le premier succès de l'intelligence, elles ont ordinairement une force, une puissance, une vigueur, un éclat que le travail plus lent et plus fastidieux de l'amplification a toutes les peines du monde à égaler. Le jeune auteur est obligé de se dépenser en efforts prodigieux pour retrouver le mouvement et le bonheur de ses premières pensées; il désespère souvent d'en continuer la première fraîcheur, d'en soutenir la majesté, d'en achever l'effet. Le plan qu'il a sous les yeux, au lieu de lui apporter du courage et de l'aisance, le confond et le désespère : il trouve que sa paraphrase est terne, que ses nouveaux développements sont insignifiants, et il regrette avec amertume d'avoir coupé court à cette première inspiration, alors qu'elle débordait dans son âme. Il en aurait fallu si peu pour que le plan lui-même devînt la dissertation; c'était alors le moment favorable, et une fois passée l'heure, on ne peut plus guère espérer de la voir revenir avec les mêmes clartés et les mêmes faveurs.

Cette façon de concevoir, et surtout de rédiger un plan au moyen de fragments de dissertations ainsi juxta-posées ou entrecoupées, ramène par un détour à ce premier désordre que la méthode du plan a précisément pour but d'éviter. On revient ainsi aux anciens errements qui consistent à prendre sa tête dans ses mains et à tourmenter sa chevelure jusqu'au moment où, comme la pythonisse de Delphes, on sent venir le souffle. Or, s'il est impossible de se tirer un peu convenablement d'une dissertation par ce procédé trop poétique, à plus forte raison faut-il se défendre d'y songer, lorsqu'il s'agit non pas d'inventer des idées ni de leur trouver une expression, mais d'opérer, au moyen des formules mêmes du langage, une synthèse adéquate des différentes parties entre lesquelles on a distribué l'ensemble du travail.

Le plan qu'on va écrire doit être rédigé de telle sorte qu'il donne au premier venu, sur le sujet auquel il se rapporte, des indications parfaitement claires pour avertir et guider sa pensée, et en même temps exprimées en des termes assez compréhensifs pour comporter et appeler un développement.

On atteindra ce double résultat de la manière suivante.

Pour que les indications soient claires et qu'elles saisissent l'esprit, il faut bien se garder, comme on le voit faire trop souvent aux novices, d'employer dans la rédaction ces formules vagues et interrogatives qui réservent complètement la question et ne laissent pas même pressentir le choix qu'on a pu faire; par exemple : — Que doit-on penser de cette opinion de Cicéron? — Examen du problème. — Division en un certain nombre de points de vue. — Quelles sont les réserves à apporter à cette assertion?

C'est une très-fausse excuse, de la part de celui qui a rédigé le plan, de prétendre que, ce travail étant fait pour lui-même et pour lui seul, chacune de ces indications, malgré l'incertitude apparente qu'elle comporte, ne laisse pas d'avoir sa signification aux yeux de son esprit. C'est tout simplement là un de ces détours complaisants auxquels on a trop souvent recours pour se dissimuler à soi-même l'inachèvement de sa pensée. Sans doute on ne laisse pas, dans cette alternative où l'expression maintient la question suspendue, d'avoir un parti pris auquel on se propose de s'attacher ; mais, faute d'avoir observé avec assez de patience ou d'avoir raisonné avec assez d'énergie, ce parti pris, définitif si l'on veut en principe, ne laisse pas que de rester provisoire dans son application : sa nature demeure indécise, et nous serions bien embarrassés de fixer la limite à laquelle s'arrêteront nos panégyriques ou nos attaques. Il y a donc dans notre esprit quelque chose de confus et d'inachevé; nous n'avons pas eu le courage de pousser jusqu'au bout notre réflexion et notre analyse, et nous comptons lâchement sur le travail qu'amènera avec lui la rédaction définitive de notre pensée, pour nous représenter à nous-mêmes ce que nous ne discernons pas encore très-bien, à savoir la mesure dans laquelle nous nous proposons d'attaquer ou de défendre les thèses dont nous pouvons être à notre choix les champions ou les adversaires.

Il ne faut donc pas, par une affirmation peu digne et peu sincère, prétendre que ce vague des formules n'empêche point la précision et la vigueur de notre propre pensée, puisqu'au contraire il est certain qu'au fond notre véritable motif pour nous en tenir à ces à-peu-près, c'est le désir d'abréger notre travail et la commodité trompeuse de nous en remettre à l'avenir. C'est toujours ce même système qui, dans les travaux de l'esprit, nous fait abréger ou reculer les efforts les plus pénibles de l'attention. Les professeurs qui voudront mettre en usage ces méthodes, même avec de jeunes hommes déjà raisonnables, éprouveront avec surprise qu'il est plus facile d'obtenir quatre dissertations d'une journée chacune de travail, qu'un plan dont, avec un profit presque égal, on pourrait se tirer en une demi-heure.

Tandis que le plan est fait pour rappeler la pensée de l'auteur à elle-même et pour constituer à ses yeux le point fixe d'où il considérera la question, comme un paysagiste marque soigneusement la place d'où il établit la perspective de son tableau, l'auteur se trouve tout au contraire, lorsqu'il jette les yeux sur un programme insuffisant, ramené souvent en arrière de sa propre pensée. Depuis qu'il a mis la main à la plume, ses vues se sont éclairées, son jugement s'est raffermi ; il a pris un parti plus tranché sur un certain nombre de points qu'il avait laissés dans l'indécision. Le plan, au contraire, grâce à ce système d'expressions ambiguës, en est resté encore à cette indécision de la première heure, tellement que l'écrivain, au lieu de s'être préparé un secours, s'est au contraire élevé de ses propres mains un obstacle contre lui-même : il retombe au-dessous de ce qu'il avait commencé, et s'il était à la fois sincère et courageux, il sentirait la nécessité et trouverait la force d'écrire à ce moment-là, pour le reste de son travail, un second plan qui ne ressemblerait guère au premier.

La conclusion pratique de ces diverses remarques est, en définitive, que cette façon élastique et ambiguë de rédiger un plan atteste une fois de plus notre infatigable paresse et cet inexorable besoin de remettre au jour suivant ce que nous pourrions faire à l'heure même. Nous sommes d'autant plus impardonnables que, presque toujours, nous écrivons dans le but de former notre propre esprit si nous sommes encore des élèves, ou dans le dessein d'instruire les autres si nous avons pris place parmi les professeurs ou les écrivains. Nous ne sommes donc point dans la situation critique de passagers embarqués sur un navire qui fait eau et où l'on doit travailler aux pompes tant bien que mal, pour se défendre d'aller au fond de la mer. Nous ne sommes pas aussi pressés, quelque hâte qu'il nous plaise d'y mettre. Il convient donc de prendre du temps, dans la mesure où il est nécessaire de s'en donner. Si l'analyse de votre pensée n'a pas été poussée assez loin pour que vous vous soyez arrêté à un parti définitif sur tel ou tel point particulier, il ne faut pas vous laisser aller à la faiblesse de vous en remettre, pour l'élucider, à l'improvisation du développement, mais tout au contraire arrêter le courant de votre pensée, oublier ce qui précède, différer ce qui suit, et concentrer, sans se plaindre du retard, toute la puissance de votre réflexion sur ce point particulier, pour n'en sortir qu'après vous être donné à vous-même pleine et entière satisfaction.

Dès lors vous agirez précisément à l'inverse de ce qui se pratique habituellement. Non-seulement vous éviterez d'une façon générale ces formules vagues et énigmatiques qui se prêtent aux alternatives les plus opposées de la pensée; mais il arrivera que, partout où se rencontrera une question délicate et difficile, votre décision sera plus nette et votre parti mieux arrêté. Vous aurez un témoignage et une preuve péremptoires de ce résultat dans la forme même qu'aura revêtue votre plan : il procédera d'un bout à l'autre, non point par une succession de problèmes à débattre, mais de démonstrations à établir; chaque indication contiendra la position d'une thèse et non point l'alternative d'un débat.

Grâce à l'observation de cette première règle, on obtiendra d'abord ce résultat de donner aux autres et de se donner à soi-même des directions fermes, droites, capables de soutenir la pensée. Un plan ainsi conçu et ainsi exécuté est déjà un commencement d'enseignement.

LIVRE II, CHAPITRE VIII.

Toutefois, la fermeté même de la décision prise et l'énergie avec laquelle une direction prévue est imprimée à la pensée, rendent plus nécessaire une seconde précaution, dont la recommandation et le procédé font l'objet de la seconde règle.

Il ne suffit pas que le plan donne sur chaque point des indications précises, excluant toute ambiguïté ; il faut encore que ces indications ne soient pas exprimées dans des termes tels qu'il en résulte plus tard, pour l'auteur lui-même, une difficulté de développement et d'amplification.

Je m'explique.

Il ne faut pas confondre la direction et le sens général d'une pensée avec l'expression de cette même pensée. Autre chose est de savoir d'avance où l'on doit arriver, autre chose de formuler tout de suite un résultat comme si l'on y était déjà parvenu. Lorsque le plan renferme des propositions telles qu'elles peuvent passer tout entières avec avantage dans le développement futur, il est impossible que l'écrivain résiste au désir de les utiliser, et au lieu d'être tenté de les développer, il est entraîné à les transcrire. Pendant que, le plan sous les yeux, il se livre à cette œuvre de copiste, son esprit ne peut moins faire que de se détendre instantanément puisqu'il se trouve en effet inoccupé. Sans doute, cet instant de relâche est court : il ne faut pas beaucoup de temps pour reproduire quelques lignes au courant de la plume, et pourtant cela suffit et au-delà pour ralentir et même pour arrêter tout-à-fait le mouvement et le branle de l'intelligence. Un juge de quelque expérience et de quelque goût ne manque pas de constater, dans le style dont il prend lecture, ce ressaut un peu brusque et souvent un peu pénible des facultés qui se remettent en marche.

Il y a un moyen bien simple pour prévenir toute tentation de transcrire, et pour ouvrir d'avance à l'esprit les voies du développement au lieu de les lui fermer : ce moyen est tiré de la nature même du langage et des rapports fondamentaux qu'il soutient avec la pensée.

Il faut éviter, autant que possible, de donner à chacun des paragraphes contenus dans le plan auquel on procède, la forme ordinaire d'une phrase composée d'un sujet, d'un verbe et d'un attribut. Lorsque la proposition est ainsi constituée grammaticalement, elle est complète et achevée; elle n'admet plus rien, et elle ne peut se développer que par l'adjonction successive de propositions qui lui sont équivalentes et extérieures. Sans doute ce travail n'est pas impossible, il s'en faut de beaucoup; mais il n'en est pas moins vrai qu'un plan ainsi formulé n'invite pas de lui-même au développement de la pensée et ne lui crée aucune facilité.

Puisque la forme personnelle et achevée d'une proposition grammaticale constitue non pas seulement une expression mais une limitation de la pensée, le meilleur moyen pour parer à l'inconvénient de la stérilité sans retomber dans le défaut de l'obscurité et de l'indécision, est justement d'éviter la forme ordinaire d'une proposition. Nous avons, à cet égard, des précédents et des modèles dans de vieux usages typographiques et littéraires, aujourd'hui délaissés et presque inconnus.

On ne manquait guère autrefois d'inscrire, non pas au bas de la page mais dans la marge courante et en regard des premières lignes de chaque paragraphe, ce qu'on appelait et ce qu'on appelle encore des *manchettes*. Les manchettes se composent de quelques mots indiquant d'une façon claire et concise la substance même de la page qui se développe à côté. On peut dire que vous n'y trouvez jamais une phrase complète et achevée. Ce qu'on vous donne là, ce n'est pas une analyse, mais une indication. Il ne s'agit point de dispenser l'esprit de la lecture correspondante, mais au contraire de l'y inviter. Des indications semblables figurent sous le nom de *sommaire* en tête de chacune des divisions principales, dans un ouvrage composé avec quelque soin, et chacune de ces indications, séparée de celle qui la précède comme de celle qui la suit, par un petit trait qui l'isole, ne laisse pas de conserver, malgré la juxta-position qui les réunit, la forme impersonnelle d'un titre ou d'un fragment incomplet de phrase.

La langue française se trouve ici particulièrement riche et particulièrement féconde ; sans rien perdre de sa clarté ni de son aisance, elle multiplie, au service de notre pensée, les termes abstraits si favorables à un développement ultérieur de notre intelligence. Il semble, au premier abord, que ce soit exactement la même chose de dire : « La première proposition de l'Ethique de Spinosa renferme déjà tout le panthéisme, » ou, au contraire de s'exprimer ainsi : « Portée du premier théorème de l'Ethique : ses conséquences logiques par rapport au panthéisme. »

Cependant, il est visible que ces deux formules ne sauraient se traduire par le même état psychologique et intellectuel dans l'esprit qui les aborde l'une ou l'autre. Lorsqu'on lit la première formule, c'est-à-dire la proposition présentée sous forme de thèse, la pensée qui vient tout d'abord à l'esprit de l'écrivain n'est point de l'agrandir dans sa teneur, mais de l'établir dans sa certitude. Il ne cherche donc point, à vrai dire, le développement d'une pensée ainsi formulée, mais des moyens de démonstration ; tout son effort se consumera à consolider son assertion, mais non point du tout à l'enrichir.

Considérez, au contraire, les expressions abstraites de la seconde formule : « Portée du premier théorème de l'Ethique de Spinosa : ses conséquences logiques par rapport au panthéisme. » Ces expressions abstraites n'ôtent rien à la clarté de la pensée ni à la substance de l'assertion. Il y est signifié clairement, encore bien qu'il n'y ait pas là de proposition grammaticale en règle, que le panthéisme de Spinosa, fruit d'une impitoyable déduction, se trouve en effet renfermé tout entier, dès la première parole, dans ces théorèmes incolores et dans ces axiomes inoffensifs, où se cache, à une profondeur calculée, cette longue traînée d'erreurs et d'absurdités. Voilà le sens indubitable que l'esprit découvre nettement dans cette seconde formule, et pour n'avoir pas, comme dans le premier cas, la forme définie d'une proposition, l'indication ne laisse pas d'être parfaitement claire, outre qu'elle ouvre à la pensée un champ sans limites.

Lorsque l'auteur en viendra à la rédaction de son

sujet, il lui sera absolument impossible de faire entrer dans son style ces mots abstraits, pas plus qu'on n'introduit dans le courant de l'écriture ces titres en gros caractères, dont la place est à la tête des chapitres.

Il y a donc un double travail d'analyse et de synthèse, dans la conception et dans l'achèvement écrit d'un plan. Lorsqu'on s'est représenté à part chacune des divisions de son sujet, et qu'on a distingué, dans chacune de ces divisions, l'ordre et le mouvement des pensées, le travail qu'on doit demander à son propre esprit, pour donner au plan la forme la plus convenable et la plus favorable au développement futur, c'est un travail non plus d'analyse, mais bien de synthèse pure. Il ne s'agit plus d'approfondir la pensée et d'en alléger le poids en la subdivisant, mais de trouver des expressions assez compréhensives pour que ces expressions renferment, non pas seulement toutes les vérités qu'on a découvertes ou entrevues, mais encore toutes les idées de détail qui pourront s'ajouter à celles-ci. C'est là la nécessité à laquelle se prête mal une proposition définie, avec son sujet, son verbe et son attribut. L'essence d'une proposition quelconque est toujours d'être une affirmation, tandis qu'un substantif abstrait ou même une proposition subordonnée impliquent toujours, sinon un certain vague, au moins une certaine élasticité particulièrement favorable au libre jeu de l'amplification.

Il a été donné plus haut un exemple de l'usage des termes abstraits. Donnons également quelques mots d'explication sur l'emploi des propositions subordonnées, énoncées à part de la proposition principale, qui devrait les gouverner.

On écrira, par exemple, dans un plan : — « Comment la tragédie est sortie du poème épique. — Comment la satire blesse par l'ironie, et comment le sermon se fait accepter par la charité. — En quoi la monade de Leibnitz diffère de l'atome d'Epicure. — Comment la modestie, qui est si éloignée de la vanité, est cependant si voisine de l'orgueil. »

Cherchez, par la pensée, à rétablir dans chacune de ces phrases inachevées la proposition ou les mots qui représenteraient la part de la pensée sous-entendue dans cette ellipse volontaire. Vous verrez que vous êtes précisément conduit à développer par une analyse et des précisions nouvelles, ce que la forme inachevée de l'expression ne vous permet de vous représenter que d'une façon vague. Par exemple, quel sera le verbe dont vous ferez précéder ce membre de phrase : — Comment la tragédie est sortie du poème lyrique. — Quel est le verbe que vous vous représentez dans votre pensée avant le mot comment? Vous dites-vous à vous-même : *chercher comment*, ou *montrer comment*, ou *expliquer comment* la tragédie est sortie du poème lyrique ? Ce mot *comment* lui-même donne à votre assertion une ampleur que ne saurait comporter l'assertion pure et simple : — « La tragédie est sortie du poème lyrique. »

Il ressort de toutes ces remarques une conclusion qui va directement à l'encontre des habitudes reçues.

Lorsque quelque jeune auteur, par un courage singulier, s'est résigné à ce formidable et fructueux travail d'une méditation anticipée, lorsqu'il est parvenu à renoncer à la composition improvisée, pour pénétrer d'avance, par une méthode sûre, dans les détours et les profondeurs d'un sujet, il arrive bien souvent que le résultat de cet effort se trouve singulièrement amoindri par la négligence un peu hasardeuse avec laquelle le plan lui-même finit par être rédigé. L'écrivain tout rempli de sa propre pensée, tout animé de sa propre ferveur, se fie à la vivacité des images, à l'ardeur de sa pensée, au mouvement de son esprit. Il est bien certain qu'à cette heure-là une phrase quelconque, le premier mot venu sont plus que suffisants pour représenter ce monde intellectuel qui vit et palpite au dedans de lui. Veuillez remarquer toutefois qu'il ne s'agit point de le représenter à l'heure où il existe et où nous sommes encore dans la fièvre féconde de la première création. Le plan a précisément pour but de rappeler à l'auteur, lorsque sa pensée s'est engourdie et ensommeillée, les considérations qui ont passé par son esprit et l'ordre dans lequel elles doivent être reprises. Il ne suffit même pas que le plan rappelle d'une façon exacte la teneur de chacune des parties du sujet, il faut que chacun des termes en soit choisi de façon à inviter au développement, en même temps qu'à indiquer dans quel sens ce développement doit être conduit.

Il faut, si l'on veut donner à un plan toute son utilité en même temps que toute sa perfection, lui imposer une dernière condition aussi difficile que profitable.

Il faudrait avoir creusé son sujet assez profondément

pour se faire d'avance une idée exacte, non pas seulement des différentes parties qui doivent y entrer, mais de l'étendue respective que doivent réciproquement avoir ces différentes parties. Je sais bien qu'une pareille prévision n'est pas facile; non pas tant encore en égard à la puissance d'esprit qu'elle suppose, mais plutôt à la bonne foi qu'elle requiert vis-à-vis de soi-même. Il n'est ici que trop facile de se faire illusion et de se représenter, avec une complaisance excusable, une abondance imaginaire. Cette illusion peut cependant être évitée, et elle le sera certainement avec la méthode que nous recommandons. Ce qui trompe le plus un écrivain sur la portée ou la richesse d'une idée, c'est le vague dans lequel il la laisse : rien ne tient plus de place et rien n'est plus encombrant que le désordre; au contraire, lorsque tout est remis à son rang, il est facile d'estimer l'espace dont chaque objet a besoin.

Je ne reculerais devant aucun effort pour maintenir une proportion exacte, autant que possible, entre le nombre des mots employés pour exprimer dans le plan chacune des parties du programme, et le développement corrélatif que le travail de la rédaction donnera à chacune de ces parties. Il faut se défendre de voir dans cet effort rien de puéril, non plus que rien d'impraticable. Telle est la variété et la souplesse de notre langue, telle est l'abondance des termes, telle la délicatesse des nuances dont elle dispose, que les expressions ne sauraient jamais manquer à aucune des entreprises du style. Pendant ce labeur qui remue, qui groupe, qui assortit les idées pour les faire rentrer toutes dans la synthèse d'une épithète commune, l'esprit va se familiarisant de plus en plus avec les pensées qui constituent le fond de son œuvre, il les lie fortement à tel ou tel mot péniblement cherché et découvert seulement après beaucoup de tâtonnements et d'hésitations. C'est ainsi que ce travail si rebelle, et en apparence si oiseux, d'une rédaction soumise à des exigences bizarres, institue au profit de l'écrivain une forte association entre les idées plus amples qu'il a gardées dans l'esprit, et ces termes si artistement choisis pour répondre aux différents aspects de sa pensée.

Le chef-d'œuvre d'un plan serait donc, contrairement à ce qui se pratique, une série de mots parfaitement clairs, d'une grande largeur synthétique, et groupés sous des formes grammaticales telles qu'on n'y pût trouver ni une phrase à reproduire, ni même un lambeau de proposition à utiliser.

Ce travail de rédaction doit être définitif, et, une fois le plan arrêté, il ne doit plus y être rien changé. Particulièrement, il n'y doit être plus rien changé durant le travail du développement écrit. Chercher encore des modifications, ou si l'on veut mettre les choses au mieux des améliorations, c'est recommencer sur nouveaux frais l'invention et la coordination, dont le plan doit être la résultante et l'expression suprême. Si vos réflexions n'étaient pas faites, si votre analyse n'était pas achevée, si vous aviez encore quelque chose à trouver ou à éclaircir, rien ne vous obligeait à vous mettre si tôt à votre plan pour n'en tracer qu'une esquisse. Ce n'est pas même là gagner du temps, puisque vous reconnaissez vous-même que votre premier projet ne peut pas servir, puisque vous vous pliez à la nécessité d'en élaborer un second.

A plus forte raison devez-vous résister à la tentation, si fréquente pourtant chez les auteurs inexpérimentés, d'apporter, dans le courant de l'exécution, certains changements au programme qu'on s'était d'abord tracé. Est-il bien nécessaire de faire remarquer que ces changements ne sont pas autre chose qu'un oubli et qu'une déviation de la pensée première? L'écrivain, qui avait sans doute pris la plume d'une main fiévreuse pour nstituer la démonstration de quelque thèse, a senti peu à peu sa pensée se refroidir au lieu de s'exalter, se contracter au lieu de s'étendre, et finalement sans se persuader à lui-même tout-à-fait le contraire de ce qu'il avait avancé, la première partie de son travail s'est trouvée réduite, en définitive, à une véritable réaction contre sa propre manière de voir; la seconde rédaction du plan n'est pas autre chose que l'aveu de cette palinodie.

Il est cependant un cas où l'on peut, non pas revenir sur la première rédaction, laquelle, prise en elle-même, doit en effet être définitive, mais au besoin écrire un second plan représentant un nouveau travail.

Il peut très-bien se faire que, tout en ayant sur un sujet une somme fort respectable de connaissances, une quantité de données suffisante pour instituer son étude, un certain nombre d'exemples disponibles, on ne se fasse pas cependant une idée bien claire et bien exacte de tel ou tel point sur lequel la mémoire a pu fléchir. Il me semble, à la première vue de mes souvenirs, que tel passage d'un sermon de Bourdaloue viendrait heureusement à l'appui de mes dires, que tel paragraphe d'un certain dialogue de Platon pourrait devenir le point de départ d'un heureux développement : si je veux citer l'exemple d'un héros ou d'un sage, j'ai le choix entre différents pays et différentes époques. Toutefois, au moment où je trace les premiers linéaments de ce programme qui se cherche encore, je ne saurais dire quel personnage il me sera plus commode de peindre ou quel auteur plus opportun de citer. C'est en pareil cas que la tentation de la paresse, inévitable, hélas! à tous ceux qui travaillent, ne manque point de s'offrir à l'esprit : on aime à quitter sa besogne, à suspendre son œuvre, sous l'éternel prétexte qu'on manque de livres et de documents. Vous les voyez alors, ces rêveurs qui se croient des écrivains, tirer les uns après les autres tous les volumes de leur bibliothèque, tourner les pages d'une main fiévreuse, et, bientôt détournés de leur dessein principal, se perdre dans des lectures qui les détiennent et suspendent entièrement leur pensée. Ce n'est plus même une préparation trop longue ou trop lointaine, c'est un égarement avoué, et en définitive une lecture d'agrément qui se substitue à un travail de recherche.

Voilà pourquoi, afin d'éviter cette erreur et cet affaiblissement, il est plus opportun, même dans la rédaction définitive du plan, d'indiquer entre parenthèses, après chacun des paragraphes auxquels ils se rapportent, les exemples, les auteurs, les citations dont on pourra faire usage et à l'égard desquels le vague de nos réminiscences ne nous permet pas encore de prendre un parti ni de faire un choix définitif.

En l'état, il n'est pas sage de suspendre et de quitter ce travail d'invention et de coordination que nous avons entrepris, de laisser là notre phrase interrompue et notre cadre à moitié rempli. Il suffit, puisque nous nous contentons d'un mot pour chacune de ces indications provisoires, d'en donner une simple énumération entre les parenthèses que nous avons pris soin d'ouvrir. Nous savons bien nous-mêmes, à mesure que nous indiquons sur le papier chacun de ces renseignements, qu'ils sont loin d'avoir une valeur égale. Il y en aura certainement parmi eux qui, à la seconde vue, paraîtront moins heureux ou même stériles et déplacés. Peu importe : l'essentiel, à ce premier moment, est de ne point ralentir le mouvement de l'inspiration créatrice, et de ne point entraver par des diversions compromettantes la marche logique de la réflexion.

Une fois que, malgré l'incertitude inoffensive de ces détails réservés, le plan se trouve arrêté et rédigé en des termes formels, il n'y a plus d'inconvénient à compléter par des informations et des recherches ultérieures les indications qu'on s'était ainsi données à soi-même sous le bénéfice de l'avenir. On peut alors ouvrir les livres, comparer les éditions, feuilleter les dictionnaires; on peut, en recourant au texte de l'auteur qu'on voulait citer, découvrir que l'ensemble du passage contredit une interprétation trop rapide ou trouver fort à propos, là-même où on ne l'attendait pas, quelque alinéa capable de figurer triomphalement dans le travail. Souvent l'exemple que vous prenez la peine de vérifier ainsi dans un livre d'histoire ou de littérature vous ouvre des jours inattendus, et contribue de la façon la plus heureuse à l'achèvement de votre propre pensée. Ce n'est plus alors seulement un accessoire qui embellit l'œuvre principale, mais un nouveau soutien que vous apportez au monument.

On comprend très-bien qu'après ce nouvel effort de l'intelligence, il est plus opportun de ne pas conserver sous sa forme première la version du plan auquel on s'était arrêté. Il est tout simple et tout naturel de le soumettre à une deuxième rédaction. Il n'est pas question, bien entendu, de reprendre toutes ses idées en sous-œuvre, ni d'instituer des arguments dans un ordre nouveau, mais simplement de se faire bénéficier soi-même de la clarté, de l'achèvement, de l'exactitude où a été conduite sa propre pensée. Le seul moyen de s'assurer cet avantage est de le marquer par écrit, d'une façon très-nette et très-soignée ; autrement, si l'on se contentait de se représenter imaginativement le complément que ce second travail a procuré à l'esprit, la pensée, n'ayant pas où s'appuyer pendant la durée du développement, ne tarderait pas à fléchir, rappelée par la rédaction elle-même à l'ancien niveau et à l'ancienne *confusion du premier programme.*

Malgré les avantages incontestables que présente une seconde rédaction du plan, entreprise d'après les conseils et exécutée suivant les règles qu'on indique, on ne laisse pas d'éprouver quelque appréhension en donnant aux jeunes écrivains les derniers avis qu'ils viennent de lire. Au risque à peu près certain d'être trouvé trop sévère, je crois devoir ajouter qu'il n'y a pour ainsi dire pas d'auteur débutant dans la carrière des lettres qui pratique vis-à-vis de lui-même un courage suffisant et une entière bonne foi. La seule perspective ou même la seule pensée d'une révision, d'un achèvement quelconque, devient, par suite de l'incurable faiblesse de notre nature, une occasion honorable de remettre à plus tard quelque chose de notre travail. Je dis une occasion honorable, car nous ne manquons point de nous donner à nous-mêmes ce prétexte, plausible pour notre lâcheté, que nous ferons mieux plus tard et qu'il est meilleur d'ajourner. Alors, soyons-en bien persuadés, si nous cédons quelque chose de ce que nous avons entrepris et si nous le remettons à une séance ultérieure, nous pouvons être bien persuadés d'avance, comme l'expérience ne le démontre que trop, que nous laisserons, pour l'œuvre de ce second plan, non pas seulement quelques points de détail à vérifier, mais l'essentiel même de la question à résoudre. Dans ce cas, cette première rédaction ne sera plus qu'un mensonge poli dont nous nous ferons l'illusion à nous-mêmes, afin de ne point nous avouer que notre esprit a saisi ce prétexte pour se dérober.

Il doit donc être bien entendu que, si l'on peut, dans certains cas marqués par les circonstances, procéder à une deuxième rédaction, la perspective de cette seconde rédaction doit rester pour l'auteur lui-même une pure possibilité, un de ces futurs contingents qui n'ôtent rien à la réalité présente. On doit avoir cette bonne foi et cette fermeté de vouloir, au premier moment, faire un plan qui suffise et qui représente d'une façon exacte la mesure de l'auteur.

Une fois les idées choisies et leur coordination arrêtée, il reste encore, pour achever cette étude de l'art d'écrire, à donner les conseils qui regardent les expressions par lesquelles on développera ce plan au moyen des amplifications du style, comme aussi les préceptes à suivre afin d'exercer sur son œuvre propre une critique aussi sûre et aussi efficace que la critique exercée par autrui.

LIVRE III.

DES RÈGLES A SUIVRE POUR EXPRIMER CONVENABLEMENT SES IDÉES.

CHAPITRE PREMIER.

LA FACILITÉ DE L'EXPRESSION EST SUBORDONNÉE A LA RICHESSE DE LA LANGUE DONT ON DISPOSE.

Je reprends, pour commencer ce nouvel ordre de considérations, la phrase même qui termine la partie précédente : c'est la vraie transition à ce deuxième aspect de notre sujet : « Une fois les idées choisies et leur coordination arrêtée, il reste encore, pour achever cette étude de l'art de composer et d'écrire, à donner les conseils qui regardent les expressions par lesquelles on développera ce plan au moyen des amplifications du style, comme aussi les préceptes à suivre afin d'exercer sur son œuvre propre une critique aussi sûre et aussi efficace que la critique exercée par autrui. »

Ce travail du style, de la diction, de l'élocution, de l'amplification, quel que soit le nom qu'on veuille prendre, et il n'en manque pas dans les traités de rhétorique, se réduit tout entier, au point de vue des méthodes philosophiques, à ces deux recommandations : 1° avoir à sa disposition un grand nombre de mots dont on sache la signification exacte ; 2° employer ces mots, sans les répéter, de façon à ce qu'ils produisent un tissu égal et ininterrompu.

Rien de plus vain, et, si l'on veut me passer l'irrévérence de l'expression, de plus grotesque que les avis trop généralement répétés sur l'art d'écrire. L'amplification, telle qu'elle est enseignée aux jeunes filles par exemple, est quelque chose de risible, de lamentable et d'odieux. Au fond, ce qu'on a l'inqualifiable prétention de leur apprendre, c'est l'art renversant de multiplier les mots sans approfondir les idées. On leur inculquerait de la sorte un art semblable à celui de l'escamoteur, lequel tire d'un sac plus étroit un petit ballon qu'il grossit de son souffle, et il nous montre ainsi que le contenu est plus volumineux que le contenant. Le malheur est que cette éloquence de crème fouettée est peut-être plus difficile encore à pratiquer que l'analyse véritable des idées. C'est que, dans ces esprits indigents et mal préparés, la parole ne trouve pour ainsi dire pas de mots à sa disposition. Il en résulte qu'une amplification ainsi conçue et ainsi menée, tourne dans un cercle extrêmement étroit et extrêmement pénible d'idées qui se reproduisent sans cesse et qui reviennent toujours les mêmes, de la même façon que, dans les cirques forains, on fait passer sous les yeux des spectateurs, complices bienveillants de cette transparente supercherie, un petit nombre de comparses qui changent de costume à la hâte et sont censés figurer de nouveaux combattants.

Cette pénurie de termes n'est pas seulement le fait

des débutants; elle se remarque aussi bien au terme qu'à l'entrée d'une carrière littéraire.

Les érudits de l'antiquité nous avaient donné depuis longtemps l'heureuse idée de dresser individuellement le lexique des termes employés par tel ou tel auteur. On avait ainsi à sa disposition la latinité de Cicéron ou celle de Virgile. C'est seulement dans ces dernières années qu'on s'est avisé d'appliquer ce procédé à l'étude des écrivains français. Nous avons eu à notre tour le lexique de Corneille ou de Pascal, et il serait bien à souhaiter que cette œuvre fût poursuivie et généralisée. On n'a pas tardé à s'apercevoir aussi que chaque auteur a, dans toute la force du terme, une langue qui lui est propre et qui lui appartient. Elle lui appartient par l'originalité des tournures et la physionomie spéciale qu'il leur a donnée dans l'usage qu'il en a fait; mais elle lui est propre en vertu de cette circonstance curieuse et particulière, que chaque écrivain fait à son insu un choix et un triage dans tout l'ensemble du langage français.

On peut vérifier aisément ce qu'on indique ici, en prenant la peine d'ouvrir au hasard le dictionnaire de l'Académie française. On n'a qu'à suivre les colonnes du regard tout le long d'une page et de son revers, pour reconnaître du premier coup d'œil qu'un grand nombre de termes, très-admis et très-sortables, nous sont à peu près inconnus; ils manquent à notre parole et à notre style. Nous aurions beau chercher, lorsque nous tenons la plume et insister par tous les efforts imaginables de notre esprit, nous ne parviendrions jamais à les évoquer, parce qu'en effet ils n'habitent point notre mémoire et n'ont point été présents à notre pensée.

Ce qu'il y a de plus extraordinaire, c'est qu'à côté de ces expressions à peu près nouvelles pour nous, nous en trouvons qui nous sont au contraire très-suffisamment connues, nous les entendons sans surprise et nous les comprenons sans effort; elles se sont déjà offertes dans bien des conversations et bien des livres; et quoiqu'il ne tînt qu'à nous d'en faire usage pour traduire nos propres idées, il arrive plus d'une fois que nous nous débattons dans des périphrases lointaines et des équivalents obscurs, sans nous aviser de ce terme propre dont la signification nous est aussi présente que l'emploi étranger.

C'est ce phénomène bizarre et à peu près universel qui nous conduit à constituer l'inventaire des mots employés par chaque auteur classique. On a été jusqu'à en déterminer le chiffre à une unité près, et on a trouvé ainsi de singulières différences entre la richesse de style de tels ou tels auteurs également célèbres. La morale littéraire de ces curiosités instructives, c'est que, même pour des esprits aussi formés, aussi souples, aussi féconds que ceux des écrivains du premier ordre, ils laissent toujours en dehors de leur maniement le quart, le tiers ou la moitié de ce qu'on pourrait justement appeler la langue *parlable*.

S'il en est ainsi pour des esprits puissants et rompus par le travail de la composition à l'usage de leur idiome, il n'est que trop facile de prévoir ce qui, par la force des choses, arrivera à la plupart des hommes. Chacun d'eux, devenu étranger à ses premières études littéraires, ou, ce qui est peut-être pis encore, incapable de s'en approprier le résultat, rétrécit de plus en plus son langage. Il finit, sans s'en apercevoir, par n'avoir plus à sa disposition qu'un tout petit nombre de mots, comme ces domestiques de place qui vous accueillent dans les capitales étrangères et s'offrent avec tant d'aplomb pour vous servir de guides et d'interprètes : ceux-là ont, en effet, dans leur pauvre esprit, un petit vocabulaire de poche, suffisant pour la description des monuments et pour la réponse à un nombre exigu de questions prévues, mais il ne faudrait pas aller au-delà, et si vous vous avisez de leur demander quoi que ce soit en dehors des limites accoutumées, tout leur français est en défaut ; avant de s'en être aperçus, ils vous ont répliqué dans leur langue maternelle.

Ce phénomène de la limitation des termes est particulièrement visible chez les enfants ; il est alors tout simple et tout naturel. Cette langue provisoire leur vient de leur entourage, qui leur suggère l'emploi des termes et en même temps par ses habitudes en limite la quantité. La progression s'opère ici par couches successives. L'enfant adopte successivement les mots de la mère, de la femme de chambre, de l'institutrice, du frère aîné qui passe trois mois au château, du curé ou du notaire qui viennent tous les soirs faire leur partie de whist. Voilà pourquoi, comme nous aurons plus loin l'occasion de le voir, la conversation ou les voyages, dans de certaines conditions élevées, a tous les effets d'un véritable enseignement littéraire et suffit pour renouveler et pour agrandir la langue de l'orateur et de l'écrivain.

Malheureusement, la plupart des hommes n'entrent jamais dans cette éducation supérieure : les lectures glissent sur leur esprit sans y laisser de traces; ils ne savent pas s'approprier et retenir ce qu'ils voient et ce qu'ils entendent; et comme chacun d'eux finit par se classer dans une des nombreuses catégories sociales qui répondent le mieux à ses aptitudes et à ses goûts, il s'entend toujours ou adresser la parole ou répondre dans le même ton et dans la même gamme qu'il a lui-même l'habitude d'employer : ce sont éternellement les mêmes mots que se renvoient et les mêmes tournures qu'échangent les deux interlocuteurs, et chacun d'eux contribue à fermer et à resserrer le cercle dans lequel ils s'emprisonnent à l'envi.

A force de donner dans cette exclusion, il arrive d'abord que l'indigence des mots appauvrit la source des idées. En dépit de leur velléité de naître, elles se trouvent pour ainsi dire étranglées au passage; mais, pour nous en tenir à la considération matérielle de la langue à laquelle nous nous réduisons pour le moment, il est bien certain que cette tendance et cet esprit d'exclusion finiront, si l'on n'y prend pas garde, par enfanter un véritable argot et comme un dialecte à l'usage des seuls initiés. Plus d'une fois cette faiblesse et cette infirmité de la parole ont été érigées en mérite, suivant le mot de La Rochefoucauld, « qu'on tire vanité des défauts dont on ne veut pas se corriger. » Il y a telle école du gouvernement où se trouve réunie la plus haute élite de la jeunesse française et où de vieilles traditions soumettent les nouveaux arrivants à l'apprentissage bizarre et jaloux d'une sorte de patois incompréhensible. Chacun connaît ce dialecte particulier de la langue anglaise avec lequel il faut absolument être familier si l'on veut pratiquer avec quelque correction les salons aristocratiques de Londres. Ce phénomène est tellement marqué à Paris, dans les classes bohèmes, qu'un érudit fantaisiste a été en mesure de publier, sans y rien mettre de son imagination, *un dictionnaire de la langue verte*. Sans aller chercher des exemples jusque dans les faubourgs ou dans les dialogues des gens de métier, un critique un peu expérimenté pourrait dire assurément, après quelque séjour dans un salon, s'il se trouve dans une société de magistrats ou de militaires, de banquiers ou de professeurs, non point en raison des sujets qui seraient traités dans l'entretien, mais simplement parce que chacune de ces catégories de personnes emploie des termes à elle et un idiome à part qu'elle a choisi et détaché dans l'ensemble de la langue française.

Il résulte de tous ces faits et de tous ceux qu'on pourrait citer, une explication de ce phénomène si répandu, à savoir la stérilité et l'indigence dont les écrivains, peut-être plus encore que les orateurs, sentent en eux le vide. Tandis que tous les mots, à bien peu d'exception près, sont pour eux également faciles à comprendre, la plus grande partie d'entre eux deviennent presque impossibles à retrouver, lorsqu'on tient la plume : ils ne sont pas *disponibles*, et c'est ainsi que, malgré la fécondité et la vigueur de l'intelligence, malgré la sagesse et la clarté du plan, l'auteur se trouve arrêté non plus par la difficulté de concevoir ou d'ordonner son sujet, mais par l'obstacle bien autrement invincible de l'expression proprement dite. Il lui faut absolument des mots, et il ne les trouve pas; ou, s'il finit par les amener à comparaître, c'est à grand'peine s'il se procure une ou deux formules, tandis que les exigences et les délicatesses de la langue, la variété des nuances, les demi-tons de la pensée, exigeraient une multitude de termes empruntés à toutes les ressources de la synonymie. Faute de cette richesse nécessaire, on peut dire que la pensée de l'auteur est indiquée, mais non pas qu'elle est rendue.

CHAPITRE II.

DES MOYENS D'ENRICHIR SA LANGUE PROPRE, PAR L'EXERCICE TECHNIQUE OU PAR L'EMPLOI INDIRECT DE LA MÉMOIRE.

L'enseignement de la seconde enfance et de la première jeunesse, enseignement dont on ne sait plus voir aujourd'hui la raison d'être, avait précisément pour but, lorsque les maîtres en avaient encore l'intelligence, de remédier par avance à cette difficulté de trouver les expressions, difficulté dont les meilleurs esprits se reconnaissent aujourd'hui les victimes. On s'efforçait, durant ces jeunes années où les intelligences ne sont point encore en mesure de fournir un travail original, de mettre à profit cette première fraîcheur et cette première aisance de la mémoire, la vivacité des impressions nouvelles, la faculté d'être plus sensible à la partie matérielle et mécanique de la langue, pour fournir aux disciples une provision de mots, tellement qu'ils en eussent plus tard de rechange. Aujourd'hui, au contraire, le suprême de l'éducation hâtive, si lamentablement visible dans les cours de jeunes filles, est de leur apprendre à écrire avant même qu'elles aient leur suffisance de mots pour parler : elles aboutissent la plupart du temps à raccrocher et à construire tant bien que mal un petit nombre de phrases dont elles savent à propos multiplier le placement, et il finit par arriver ce que la comédie légère nous raconte d'un saltimbanque célèbre : tout son talent musical se bornait à une seule note sur le trombonne, mais enfin cette note ne laissait pas de faire plaisir à ceux qui l'aimaient. N'est-ce pas là, dans une certaine mesure, l'histoire de beaucoup d'écrivains de nos jours?

On peut ranger en quatre classes les différents travaux préparatoires à l'aide desquels on se procurera la richesse des expressions :

1° L'assimilation des mots par le travail de la mémoire ou de l'analyse;

2° La recherche des synonymes par l'exercice de l'amplification, ou par le travail qui consiste à remettre des vers en prose;

3° La découverte des termes par les devoirs d'imagination;

4° La recherche minutieuse des équivalents dans la traduction soit des langues anciennes soit des langues modernes.

Ces trois premiers exercices, bien qu'applicables, dans une certaine mesure, à l'achèvement des esprits déjà en partie formés, sont cependant d'une efficacité plus particulière pour la jeunesse. Au contraire, le quatrième et dernier, celui de la traduction, ne peut guère avoir son entier effet qu'autant que des intelligences déjà mûres consentent à le pratiquer dans toute sa rigueur. C'est peut-être la seule ressource de tant d'orateurs et d'écrivains qui sont toujours à se plaindre de leur indigence.

Ne laissons pas, malgré la valeur exceptionnelle de ce dernier procédé, de jeter un coup d'œil sur les trois autres, afin de voir ce qui peut leur être emprunté utilement. D'ailleurs, nos conseils n'ont pas seulement en vue l'auteur qui en est à son premier livre ou le candidat qui va faire sa première composition. Il n'est pas hors du sujet de viser aussi cette préparation lointaine dont, par un heureux privilége, la jeunesse peut retirer plus de fruit, tout en y consacrant moins d'efforts.

Parlons d'abord de l'assimilation par la mémoire et analyse.

Rien ne paraît plus efficace au premier abord, pour multiplier la somme des mots dont on a la disposition, que de prendre un texte et de le confier à sa mémoire, soit par la récitation pendant l'enfance, soit par la lecture à un âge plus formé.

Je faisais remarquer, il y a quelques instants, le manque d'intelligence avec lequel se pratique aujourd'hui presque partout l'éducation de la jeunesse. On aura de la peine à croire que, dans l'un des cours de jeunes filles les mieux en renom et les plus fréquentes de Paris, des maîtresses dont je ne veux pas qualifier la méthode, suivent la coutume invariable de n'expliquer leur leçon aux élèves que lorsque celles-ci l'ont déjà apprise et récitée. Est-il besoin de faire remarquer qu'une telle façon de procéder anéantit complètement les résultats intellectuels qu'on peut attendre de cette leçon? Il y a plus. En donnant aux enfants l'habitude d'apprendre, suivant l'expression populaire, *comme des perroquets*, on opère une séparation violente et de plus en plus tranchée, entre la mémoire et l'intelligence proprement dite. Ce qu'on a appris, ce que l'on est en effet capable de réciter dans un état voisin du somnambulisme et de la catalepsie, n'a rien de commun avec tout le reste de l'intelligence. Vous pouvez, devant ces jeunes filles, prononcer le nom d'une ville, rappeler la naissance d'un souverain, évoquer le souvenir d'une bataille, sans qu'il se présente absolument rien à leur pensée de tout ce que leurs livres et leurs leçons pouvaient contenir. Il faudrait, pour retrouver les mots et leur donner un sens par la réflexion, reprendre et dévider dans toute son étendue le long chapelet des phrases successives. Cette séparation du sens des termes et du mécanisme de la parole est si absolue, que le plus sûr moyen de couper court à la mémoire d'un enfant est de lui adresser, en interrompant le courant de son débit, une question qui l'oblige, pour répondre, à la moindre de toutes les réflexions.

Il est heureux pour le maintien de l'esprit français, que cette méthode d'ignorance soit encore une exception. Ce qu'il y a de certain, c'est que les enfants s'y prêtent avec beaucoup de complaisance. Il leur est beaucoup plus facile, grâce à la flexibilité et à la souplesse de leurs organes, de retenir et de reproduire dans leur ordre des sons enchaînés les uns aux autres, que d'attacher, par une sérieuse application de leur esprit, un sens propre et particulier à chacune des expressions et des tournures employées par l'auteur; et cependant, c'est à ce prix seulement que l'élève pourra ajouter de nouveaux mots à ceux dont il dispose déjà. Lorsqu'il les a retenus sans les comprendre, ils font partie de sa mémoire et non pas de son esprit : ils restent en quelque sorte incrustés dans la tirade dont ils font partie, sans jamais s'en détacher pour s'offrir à l'usage du style.

Voilà pourquoi, en dehors des purs exercices de mémoire qu'on doit considérer comme une gymnastique spéciale de l'esprit, il est excellent de demander aux élèves l'analyse orale et le compte-rendu d'un certain nombre de pages contenant plutôt des faits que des réflexions. Afin que cet exercice ne risque point de se confondre avec la récitation par cœur, il faut prendre quelques précautions dictées par la nature même de l'esprit humain : par exemple, prendre garde de ne point se borner à un passage trop court : il pourrait bien arriver que, par un effort prodigieux de facilité, l'enfant retrouvât, à très-peu de chose près, le texte même, sans que son esprit eût besoin de venir au secours de sa mémoire. C'est aussi pour prévenir un pareil résultat qu'on fera bien de ne pas permettre à l'élève plusieurs lectures du même morceau. On évitera ainsi que les mots lui rappellent les idées, tandis qu'au contraire les idées doivent lui rappeler les mots. Enfin, il ne sera pas mauvais non plus de mettre un certain intervalle entre le moment où le passage sera lu et celui où il sera analysé verbalement. Cet intervalle doit être proportionné à la force de l'esprit et à l'intensité de l'attention, comme aussi à la longueur et à la difficulté du morceau. Au reste, c'est précisément dans cette direction individuelle des âmes que se révèle la supériorité d'un professeur.

La reproduction orale d'un passage lu et étudié avec grand soin est faite pour donner à l'esprit une certaine aisance et une certaine promptitude dans la découverte et dans le maniement des termes à employer. Toutefois cet exercice demande, de la part de celui qui le pratique, une rare énergie de bonne volonté, comme aussi de la part de celui qui enseigne, une puissance extraordinaire de méthode. Pour peu que l'élève rencontre de difficultés dans cet exercice ingrat et pénible, il est bien aisément tenté d'abréger ce discours qui lui coûte, et d'arriver ainsi à la fin aussitôt après le commencement. Il faut un singulier courage et une inébranlable constance pour s'arrêter au besoin au milieu d'une phrase, sans éprouver ni découragement ni trouble, sans interrompre sa pensée au moment où la parole se trouve suspendue, et pour achever par un nouvel acte de réflexion la découverte de l'expression précise qui avait d'abord échappé.

Ces difficultés rendent l'emploi de l'analyse orale peu praticable dans un certain nombre de cas. On comprend très-bien qu'au milieu d'une réunion d'élèves, avec le sourire malin qu'une hésitation peut faire naître, avec le tumulte qu'une expression malheureuse peut provoquer, il est bien difficile de faire entrer les esprits dans cette voie. Il y a d'ailleurs en eux un fond de paresse native, qui se traduit tantôt par la résistance et tantôt par la lenteur. On ne peut guère en triompher que par une grande patience d'enseignement, et en donnant à ces facultés novices un certain intervalle pour reprendre haleine et pour espacer leurs efforts.

C'est en quoi l'analyse écrite est visiblement supérieure à l'analyse orale. L'élève n'a plus de prétexte pour se contenter d'un abrégé trop succinct; il ne saurait glisser avec rapidité, en alléguant que les détails lui échappent. Puisque le voilà tranquille et reposé, en face de son pupitre de travail et la plume à la main, il a tout le loisir nécessaire pour rechercher et pour faire revivre ce qui pouvait se dérober à son premier regard. Tenez pour certain qu'en pareil cas, il n'est absolument pas possible de reproduire avec quelque fidélité les détails d'une pensée ou les circonstances d'un récit, sans finir par retrouver, comme conditions indispensables du style, les principales expressions dont l'écrivain s'était servi.

Au reste, ce qui rend cet exercice si précieux et si salutaire, c'est qu'au fond il n'importe pas extrêmement que les efforts de cette analyse soient, tout d'abord, couronnés de succès. Le profit qu'on retire de ce travail est aussi grand dans l'échec que dans la réussite. Supposons, en effet, que l'élève, soit par négligence, soit par faiblesse d'esprit, ait affublé d'expressions insuffisantes le récit dont il a entrepris de se faire l'organe, qu'il l'ait semé de termes malencontreux, capables d'égarer le lecteur, qu'il ait assombri ou dénaturé les nuances primitives, substitué des abstractions à la vie, on répandra des ténèbres sur les plus éblouissantes clartés : peu importe. C'est ici que commence l'œuvre du véritable professeur. Plus l'insuffisance du disciple se trouve éloignée des qualités qui distinguent l'auteur pris pour modèle et pour point de départ, plus le maître a beau jeu pour comparer l'insuffisance de l'analyse aux qualités de l'écrivain, et pour peu que l'élève ait fait quelque effort pour trouver dans sa rédaction l'expression propre, le fait même de n'avoir point su la découvrir contribuera à lui en faire sentir la valeur, si l'on se donne la peine de reprendre avec lui le texte original et de le comparer en détail avec cette prose inégale et défectueuse.

Il va sans dire que, pour vous faire retirer quelque profit d'une analyse écrite et acquérir des expressions qui vous restent, il faut qu'on ait pris la précaution, au moment où vous écrivez, de retirer absolument de vos mains le livre dont vous entreprenez l'analyse. S'il en était autrement, il est bien évident qu'au lieu d'opérer une œuvre de concentration, vous vous borneriez à un travail de marqueterie. Cette erreur de direction n'est que trop commune dans l'enseignement. Sous prétexte de rendre plus fructueuse l'analyse qu'on en fait et plus complète la mémoire qu'on en garde, on laisse presque toujours le volume entre les mains de l'élève. Il arrive alors que celui-ci, tenté par les conditions peu raisonnables où on l'a placé, se dérobe à toute tentative d'entrer dans la pensée de l'auteur pour se l'assimiler. Par un instinct de paresse dont il subit la loi sans en avoir conscience, il arrive presque inévitablement qu'il prend pour en faire le tissu de so devoir les expressions les plus caractéristiques, sans chercher à les comprendre et sans se donner d'autre peine que celle de les copier. Cette espèce de travail est peut-être encore au-dessous de la récitation mécanique : elle habitue celui qui tient la plume à employer des mots dont il ne saisit pas même toujours le sens. Non-seulement il se laisse aller à cette espèce d'analyse factice, mais, ce qui est bien autrement grave, il consent ainsi à employer des termes dont la vraie signification lui échappe. Ce qu'il y a de pire dans le monde n'est pas de rester impuissant à s'exprimer, mais de devenir un vain artisan de paroles.

De la même façon que l'esprit gagne à retenir un texte ou à résumer un livre, il est peut-être encore plus fructueux de se livrer à cet exercice sur un discours qu'on a pris la peine d'écouter à cet effet avec un redoublement d'attention. Le discours écouté présente même cet avantage sur le livre lu, que le ton de la voix, les gestes de l'orateur, la plus modeste de toutes les mises en scène ne laissent pas d'agir sur l'auditeur et de s'emparer de lui avec une certaine force. Il y a ainsi un certain nombre d'accessoires matériels qui agissent sur son imagination et préviennent sa mémoire. On se fait d'ailleurs quelque illusion pour se persuader qu'on sauve ainsi de l'oubli des idées dignes d'être conservées. Il semble que ce soit là un trésor qu'on dérobe à son profit, et que ce trésor n'est pas dans le domaine public au même titre qu'un volume dont tout le monde peut faire l'achat.

Il est bien entendu que la reproduction d'un discours ne saurait avoir la moindre utilité, pour peu qu'on se laisse aller à prendre des notes en l'écoutant ; j'entends des notes suivies, continues et semblables, autant que l'habileté de la main peut s'y prêter, à une reproduction sténographique. En pareil cas, le travail matériel est tellement intense, il absorbe tellement les facultés de ce prétendu auditeur, que le fond même du discours lui échappe et qu'il en conserve à peine la forme mutilée. Pendant que sa main poursuit avec un tremblement nerveux l'effrayante besogne d'atteindre à la course la parole qui fuit devant elle, l'esprit demeure de plus en plus étranger à tout effort pour pénétrer le sens du discours et se l'assimiler. C'est donc bien en vain que la plume aura pu fixer au passage telle ou telle expression ou telle ou telle tournure que nous aurions tout intérêt à nous approprier, notre esprit n'a pas eu le temps de saisir la pensée qui nous en rendrait maître, et une fois de plus nous sommes tentés d'employer des termes dont nous ignorons la valeur et dont, par conséquent, nous ne devrions point faire usage.

On ne saurait comprendre les notes écrites autrement que comme un moyen extrême de garder certaines indications, trop précises pour qu'on en puisse rien omettre, trop compliquées pour qu'il soit possible de les retenir.

En dehors de cette concession toute technique, une exposition orale, de quelque nature qu'elle soit, doit être écoutée, en vue d'une reproduction écrite, avec une attention d'un genre tout particulier. Il s'agit précisément d'entrer d'une façon assez profonde dans la pensée de l'orateur, et de se l'assimiler d'une manière assez complète, non-seulement pour saisir la pensée de ce qu'on écoute, mais pour être ensuite en mesure, en se rendant présente cette même pensée, de retrouver les expressions caractéristiques dans lesquelles elle s'était incarnée. N'est-ce pas là le vrai moyen d'acquérir d'une façon solide et durable des mots nouveaux? On a fait ainsi le double travail qui est le fondement et l'explication même du langage — entendre prononcer un mot et prendre la peine d'y associer une idée, — partir ensuite de cette idée et retrouver le mot qui a pour destination de la représenter. On comprend, sans qu'il soit besoin d'y insister, jusqu'à quel point un pareil exercice étend, pour celui qui s'y livre, la sphère de son langage et multiplie le nombre des termes dont il dispose.

On ne saurait trop recommander à la jeunesse ces analyses de souvenir que mille occasions de la vie lui permettent de faire. Il est bien fâcheux que la fureur des notes transforme en faiblesse et en impuissance les meilleurs moyens de fortifier son esprit.

Bien que la tâche d'apprendre par cœur des leçons régulières, d'analyser un livre ou un discours semble appartenir de droit à l'enfance et à la jeunesse, lesquelles ont un besoin plus particulier et plus pressant de remédier à l'indigence de leurs expressions, il ne faudrait pas croire que l'esprit déjà mûr et expérimenté n'aurait pas encore à y faire son profit. M. Villemain, malgré la richesse de ses souvenirs littéraires, ne laissait pas, jusqu'aux derniers temps de sa vie, d'apprendre un certain nombre de pages par cœur. On l'a entendu réciter au premier survenant la bataille de Marengo ou d'Austerlitz dans l'Histoire de la République ou de l'Empire de M. Thiers. Il renouvelait souvent cet effort pour des passages choisis de la littérature contemporaine, non pas, sans aucun doute, qu'il renonçât à la possession des classiques dont il était si fortement nourri, mais parce qu'il sentait le besoin de s'initier à ces termes nouveaux qui représentent le courant du langage. Il suffit d'un caprice sans raison, d'une transformation de nos mœurs, d'un changement quelconque de nos usages, pour tirer de l'oubli et pour ramener à flot quelques locutions dont on ne s'avisait guère, pour créer quelque alliance de mots absolument nouvelle et dont la langue ne manquera pas de s'enrichir. Les auteurs contemporains de quelque goût et de quelque force, sans s'abandonner au néologisme, ne craignent pas d'user avec la sobriété et la mesure convenable de cette langue du jour et de l'heure où ils écrivent, et voilà comment les auteurs attentifs au régime de leur propre esprit évitent de vieillir dans leurs compositions : ils se renouvellent en se tenant au courant des productions du jour et en choisissant avec une discrétion éclairée les lectures qui leur représentent le véritable mouvement littéraire de leur époque. Pourvu qu'ils procèdent avec un discernement suffisant, ils ne doivent pas se montrer plus difficiles que ne le sera la postérité, et c'est se conserver en avance sur son siècle que de savoir apprendre dès maintenant des pages d'auteurs contestés ou peu connus, dont la postérité doit faire des classiques.

CHAPITRE III.

DE L'EXERCICE DE L'AMPLIFICATION, CONSIDÉRÉ COMME MOYEN D'ENRICHIR SA LANGUE PROPRE.

L'exercice de la mémoire occupe le premier rang parmi les moyens que nous avons indiqués, pour se ménager quelque richesse dans l'expression.

Viennent après, dans l'ordre que nous avons précédemment marqué, l'amplification, la composition originale et la traduction.

Bien que l'amplification et la création originale se tiennent d'assez près pour qu'on les confonde souvent dans la pratique de l'enseignement, nous croyons nécessaire de les étudier à part, car elles n'ont pas précisément la même mission et ne procèdent pas tout-à-fait par les mêmes moyens.

L'exercice de l'amplification, détaché de la composition originale qu'il est destiné à préparer, demande une grande netteté d'esprit et une grande fermeté de main dans le professeur. Le vrai type de cette méthode de fécondation grammaticale me paraît être dans ce qu'on appelle, au temps des humanités et de la rhétorique, une *matière* de vers latins. Un docte professeur se donne la peine de chercher, pour rendre chaque phrase, des expressions à la fois réduites et compréhensives, capables d'indiquer et même de laisser transparaître toute la pensée, mais demandant à être reprises, remaniées, étendues, de façon à fournir un certain nombre de pieds aux vers qui sont appelés à naître. L'amplification ne se borne pas à mettre deux mots ou plusieurs à la place d'un seul, mais elle ajoute, comme le recommandent les conseils de la prosodie, des épithètes soit de *nature*, soit de *circonstance*, aux substantifs principaux, c'est-à-dire qu'elle prend la peine, pour grossir la phrase et multiplier le nombre des pieds, d'exprimer ce complément d'idées à demi obscures et presque toujours inaperçues que chacun sent passer au-dedans de soi, lorsqu'il suit un texte un peu dense et un peu intéressant. Ce voyage de découvertes à la recherche des mots est rendu plus particulièrement difficile, et pour peu qu'on persévère dans son effort, singulièrement plus fructueux, par les exigences mêmes de la prosodie et de la versification latines. En vain trouve-t-on, en effet, une expression qui rende exactement la pensée, cela ne suffit pas, si les mots n'ont pas la quantité nécessaire pour le vers que l'on veut mettre sur pied. De là la nécessité, comme l'enseigne la prosodie, de prendre une autre *tournure*, c'est-à-dire de chercher un ensemble de termes nouveaux qui représentent un équivalent exact de la même pensée. Voilà bien le travail de l'amplification dans ce qu'il a à la fois de plus fécond et de plus pénible. Il n'est pas à présumer, en effet, qu'on puisse, sans sortir de l'exacte précision, rencontrer un second mot qui soit d'une façon absolue le synonyme du terme propre. Il devient donc nécessaire de remplacer ce terme spécial par une série de mots dont la succession et l'ensemble produisent dans le style un effet équivalent. C'est là ce qu'on appelle, en terme d'école, une périphrase. On a tort de tourner en dérision ce travail laborieux et qui, faute d'être compris, paraît ingrat. Ce n'est pas seulement la nécessité de plier une pensée latine aux règles étroites de la métrique ancienne, qui impose aux jeunes poètes la périphrase : il arrive à chaque instant que, soit par un choix malin du sujet, soit par la force même des choses, l'élève est obligé de donner une forme latine à des idées toutes modernes et dont la civilisation latine n'avait pas eu le premier soupçon. Comment parler de la photographie ou du télégraphe électrique, de l'imprimerie ou de la vapeur, sans emprunter le secours des périphrases? Ce n'est que par un assortiment ingénieux d'expressions, par de spirituelles alliances, qu'on réussit à représenter aux esprits ce qu'il serait si facile de dire en français et ce qu'il devient si malaisé de tourner en latin. C'est par un semblable travail qu'on parvient à mettre en jeu toutes les ressources d'une langue, et, ce qui est plus précieux encore, qu'on acquiert l'habitude de transformer les mots les uns dans les autres, de la même façon que toute l'habileté algébrique consiste à remanier parallèlement les deux membres de l'équation.

Malheureusement, pour arriver à ce profit des études latines, il est déjà nécessaire de les avoir poussées assez avant. Ce résultat est d'ailleurs si peu compris avec l'ignorance et l'abaissement des méthodes pédagogiques contemporaines qu'il n'est pas même recherché. Il n'y a sur toute la ligne qu'un cri pour demander l'extinction des vers latins : les élèves, ne les voyant pas porter au programme du baccalauréat, ne savent plus en discerner l'utilité.

Il est un exercice français qui, au point de vue de

l'amplification, est peut-être capable de donner des résultats analogues. On y avait encore recours aux temps où les enfants, et particulièrement les jeunes filles, n'avaient pas été constitués, par la lâcheté ou l'indécision des parents et des maîtres, juges à peu près souverains de ce qu'il peut convenir de faire pour leur éducation. Dans ces temps donc où il ne suffisait pas d'alléguer qu'un exercice est ennuyeux pour s'en voir immédiatement dispensé, on demandait aux élèves de tourner en prose une pièce de poésie. C'est dans un pareil exercice qu'on éprouve la différence, tant de fois méconnue chez nous, entre la langue poétique et la simple prose, non pas que nous ayons, à vrai dire, beaucoup de mots réservés à l'usage exclusif de la versification; mais si nous n'avons pas beaucoup de mots qui portent ce caractère, il ne nous manque pas de tournures et de façons de s'exprimer qui deviennent absolument ridicules, dès que les phrases ne se découpent plus en périodes de douze pieds terminées par une rime. Il devient donc absolument nécessaire de briser la construction poétique, comme le fait le joailler d'une vieille parure, afin de donner aux idées qu'on garde, comme aux pierres précieuses qu'on détache, une monture nouvelle.

Pour tirer de cet exercice tout le fruit qu'on en peut attendre, il convient de s'adresser tour-à-tour à des natures de poètes et à des genres différents. Sans vouloir ici traiter *ex professo* une matière si complexe, si délicate, si ignorée, il est bien certain qu'on ne recueillera pas le même fruit à retourner en prose ou Delille ou Corneille.

Toutes les fois qu'on entreprendra de ramener au langage *pédestre*, pour me servir de l'expression latine, ou Delille ou Lebrun ou J.-B. Rousseau, et pour le dire en un mot, toute l'école des auteurs qui, bien ou mal, ont cultivé la périphrase, le travail propre de l'esprit sera moins encore l'amplification, que la recherche du mot propre, dont ces poètes collet-monté ont professé l'antipathie. Ce resserrement, cette condensation d'une parole plus lâche et plus diffuse en un terme précis et propre assure à l'écolier la pleine et entière possession d'un mot qu'il avait peut-être jusqu'alors laissé dans un certain vague. A partir de ce moment et grâce à ce travail, ce mot a pris rang parmi les instruments dont cet esprit dispose, et toutes les fois que, par quelque côté, il abordera cet ordre de pensées, il sera en quelque sorte prévenu par ces termes qui s'offriront à lui d'eux-mêmes : il tient ainsi le fond du discours et conserve sa pleine liberté pour en manier les accessoires.

Donnez, au contraire, à votre disciple, pour qu'il les fasse passer dans le langage ordinaire, quelqu'une des grandes tirades oratoires de Corneille, quelqu'un de ces dialogues où les répliques se croisent comme des épées et donnent à la controverse la plus logique et la plus serrée l'aspect d'apostrophes ou d'exclamations. Il devient absolument indispensable, pour se conformer en prose aux usages traditionnels de l'art oratoire, de substituer à chacun des deux membres de l'antithèse un véritable développement où se trouvent rétablis les signes grammaticaux du raisonnement logique, les conjonctions, les adverbes, l'enchaînement des phrases les unes aux autres dans une commune période, les mots abstraits, scientifiques et même techniques, tant d'autres détails enfin qui donnent à la prose son caractère propre. Il convient aussi de rétablir les propositions supprimées par l'emportement du raisonnement poétique. Il n'y a pas moins de mouvement ni d'action dans l'éloquence de la prose; mais ici la passion se traduit par l'abondance du discours, tandis que dans la poésie elle se ramasse afin d'éclater en un seul trait. Qu'on se figure, s'il est possible, la tâche de faire passer les grandes tirades ou les dialogues les plus vifs des Horaces, de Cinna, de Polyeucte dans la langue des Oraisons funèbres de Bossuet et l'on se convaincra bien vite, par l'expérience, d'une difficulté dont le nom seul de ces grands génies suffit déjà pour saisir notre imagination. Il serait digne du courage, et du bon sens même de jeunes hommes déjà pourvus d'un bagage de connaissances littéraires, de ne point reculer devant la sécheresse et les exigences d'un semblable travail : ils y trouveraient à coup sûr un enrichissement notable de leur vocabulaire habituel.

Nous négligeons un peu, depuis que la langue des affaires nous a tous un peu envahis, nous négligeons cette qualité de la diction, que les anciens appelaient, par une métaphore heureuse et expressive, *ore rotundo loqui*. Il n'est que trop fréquent, à cette époque d'éducation et de mœurs plébéiennes, d'ouïr un langage ou trop bref ou trop cassant. Celui qui écrit, prévenu déjà par de mauvaises habitudes, ne peut manquer de les aggraver encore, lorsqu'il se trouve la plume à la main devant un papier muet, lequel ne saurait lui renvoyer l'écho de sa parole. L'auteur ne se fait absolument aucune idée de l'assemblage des sons dans la lecture à haute voix, s'il omet de se prononcer à lui-même chacune de ses phrases, au moyen de cette parole intérieure qu'on peut se faire entendre à soi-même au dedans de soi. Il s'agit, non pas de se murmurer à voix basse des sons à demi effacés dont le choc ou le désaccord ne saurait ressortir ainsi, mais de se les représenter pleinement, dans tout leur éclat et dans toute leur force, de la même manière qu'on se chante au dedans de soi une mélodie. C'est là une habitude salutaire à prendre, et qui, dans l'ordre du style, devient une véritable source de richesses pour la diction. En effet, lorsqu'on prend la peine d'arrondir la phrase et d'y ajouter des mots, sans autre dessein que d'en assurer l'ampleur et d'en achever la plénitude, uniquement pour en maintenir l'équilibre et en arrondir les périodes, on est conduit à se livrer à un travail semblable à celui que réclame la construction de l'hexamètre latin. Il faut trouver moyen, pour ne pas tourner trop court ou tomber trop vite, de substituer plusieurs mots à un seul, de remplir une certaine mesure, d'éviter la répétition ou le heurt de certaines assonances. Le style dit *académique* a, sous ce rapport, des exigences singulières, et rien n'est plus fructueux pour le maniement et la souplesse de la langue, qu'un effort pour en reproduire dans un exercice d'école le mouvement et les allures.

S'il est d'une grande utilité de tourner en prose

quelques passages bien choisis des poètes, il ne faudrait pas croire, ainsi que l'ont imaginé parfois certains pédagogues mal avisés, que la réciproque fût vraie. La composition des vers français ne saurait, à aucun titre, figurer parmi les exercices à l'aide desquels on peut enrichir sa langue et former son style. Tout homme *que son astre en naissant n'a point formé poète,* pour me servir de l'expression de Boileau, n'aboutira jamais, s'il persiste à se cabrer contre sa nature, qu'à gâter sa langue en se contraignant à des expressions tortueuses, obscures et inintelligibles. Le pauvre vers français souffre tout, et ce même homme dont la conversation est sensée, le style suffisant et alerte, finit, en poésie, par s'habituer à son propre galimatias jusqu'à y voir des beautés et des mérites. D'ailleurs, même en supposant chez ce versificateur d'occasion une dose de facilité suffisante pour ne pas tomber dans des extravagances de rime et assez d'habileté de main pour tourner à peu près l'hémistiche, il n'est pas douteux qu'en dehors de l'inspiration du génie, le caractère de cette facilité native serait avant tout la banalité, et cette banalité aurait précisément pour effet de ramener sans cesse sous la plume du pseudo-poète un nombre très-restreint de mots, d'images et de locutions.

Il faut donc laisser la composition des vers français au nombre des récréations élevées que peut se permettre, aux heures brillantes de la jeunesse, une intelligence à la fois ardente et délicate : alors le fond emporte la forme, et l'originalité d'une expression imprévue demeure tout d'abord inaperçue pour celui-là même qui l'a créée. La réflexion ne retient que ce qu'elle a produit. C'est par des développements en prose qu'on peut arriver à s'assurer une possession plus ample et une domination plus souveraine de la langue.

Il ne faut pas confondre l'amplification avec l'invention dont il sera parlé dans le chapitre suivant.

On est porté à regarder comme identiques l'amplification et l'invention, sous ce prétexte assez plausible que tout terme de la langue ayant, par la force même des choses, une signification quelconque, il impliquerait contradiction qu'on pût multiplier le nombre des mots dans une phrase, sans y ajouter par le fait même des idées. Dans ce sens, on peut dire rigoureusement qu'on ne saurait dilater ainsi une indication, sans découvrir dans le sujet proposé quelque chose de plus à dire que ne renferme le texte même du programme.

Toutefois, il faut distinguer ici, ce dont on ne s'avise plus guère maintenant, entre les faits et les idées. Dans l'enseignement classique, le développement des faits par l'analyse des détails et la relation des circonstances constitue à proprement parler une amplification et s'appelle dans les classes une *narration*, tandis que la découverte et la mise en œuvre des arguments dans un discours ou des considérations dans un mémoire constitue, au plus haut degré, le travail spécial de l'invention. Au reste, ces observations sont si loin d'être nouvelles ou hasardées, que, depuis qu'il y a des études universitaires, la classe de seconde et la classe de rhétorique comportent précisément ces deux genres d'exercices dans l'ordre que nous avons marqué. Pendant les derniers mois de la classe de troisième, et pendant toute l'année de la seconde, on exerce les élèves aux narrations, et on ajourne à la rhétorique la composition plus difficile du discours.

L'amplification, entendue dans son vrai sens pédagogique, pratiquée avec un sobre discernement et corrigée dans le devoir de l'élève avec un soin minutieux, est d'une merveilleuse efficacité pour enrichir et pour fixer la langue littéraire d'un écolier encore inexpérimenté. Elle nous enseigne à nous approprier par la réflexion tous les termes que nous avions d'abord entendus sans les retenir, et tous les mots dont nous avions fait usage sans en avoir conscience. Il est en effet bien remarquable que nous ne retrouvions pas, la plume à la main, des substantifs, des verbes, des adjectifs qui forment le fond courant de notre conversation et de notre langage. La narration nous met en demeure de les employer dans le style écrit, et, par conséquent, de nous rendre compte de leur valeur et de leur signification. Tandis que nous éveillons et que nous excitons au dedans de nous l'imagination sensible de façon à rendre un objet présent au regard intérieur de notre âme, il nous devient nécessaire de nommer de leur nom propre chacune des parties de cet objet, ou de suivre par une description précise chacune des phases de cet évènement.

Sous ce rapport, un professeur pourrait emprunter des modèles incomparables d'amplification narrative à un grand nombre de romans de Walter-Scott, et en particulier aux chapitres d'introduction. Il n'est pas possible de peindre d'un style tout à la fois plus riche et plus abondant, plus précis et plus minutieux les personnages qu'il met en scène, ou les sites dans lesquels il encadre son action. Sans vouloir pousser la description d'une galerie ou d'un costume jusqu'à l'inventaire, ne voit-on pas bien comment les salutaires ampleurs de la narration poussent à la recherche et imposent la conquête des mots? Seulement il est bien entendu que ce travail s'accomplira avec la direction et sous le contrôle du professeur. C'est à lui qu'il appartient de ne point se contenter des à-peu-près par lesquels serait à jamais consacrée la stérilité de l'élève; c'est lui qui fournit le terme longtemps cherché et qui a fini par n'être pas découvert.

Voyez plutôt.

Comment devons-nous appeler, dans la description d'une grande salle de château féodal, ces beaux meubles de chêne où les châtelains déposaient tour-à-tour leurs vêtements, leur vaisselle, leur argenterie ? Je trouve dans les souvenirs de mes lectures les mots crédence, bahut, dressoir, cabinet, buffet, coffre, armoire, et tant d'autres encore dont il me serait facile de prolonger la liste. La description narrative appelée à faire le tour de l'appartement devra, pour exprimer dans un langage suffisamment clair, ce que l'imagination discerne et ce que le lecteur doit être appelé à contempler, employer tour-à-tour chacune de ces expressions diverses dans leur sens spécial. De même, on ne saurait représenter d'une façon exacte et visible la personne d'un chevalier, qu'à la condition de nommer par des désignations claires et intelligibles chacune des parties de son vêtement et de son armure.

On voit donc, sans insister davantage sur ce procédé, comment l'amplification narrative nous oblige, en portant successivement l'attention imaginative de notre esprit sur des points différents, à chercher dans la langue les moyens de traduire chacune de ces perceptions idéales par des équivalents oraux.

Il en va de même, lorsqu'au lieu d'avoir à décrire les lieux ou les hommes, la narration entreprend de suivre et de peindre une série de transformations qui se succèdent les unes aux autres. Il y a, à cet égard, des sujets de narration vraiment traditionnels et que les professeurs d'humanités se passent de main en main à titre d'amplifications classiques : telles sont, par exemple, *les levers et les couchers du soleil, les réveils du printemps, le déclin de l'automne, les approches de l'hiver, les symptômes d'un orage, les phases d'une tempête, le retour du soleil et du beau temps.* C'est assurément un travail profitable et méritoire que de chercher à peindre par une série de mots appropriés, les diverses nuances et les teintes de dégradation par lesquelles passe la lumière du soleil, depuis le temps où elle brille encore sur l'horizon, jusqu'au moment où elle s'enveloppe des ombres du soir et finit par s'éteindre dans les ténèbres de la nuit. Cet effort pour rendre les couleurs de cette gamme descendante représente un vaillant assaut livré aux résistances du langage, et de telles compositions se soldent par un acquit réel dont le profit demeure à l'écrivain.

Si l'on veut descendre jusqu'au fond du procédé de l'amplification et lui assigner sa raison d'être philosophique comme méthode pour s'emparer des mots, on se convaincra, avec un peu de réflexion, que l'auteur, même le plus humble et le plus inexpérimenté, entreprend d'accomplir dans son âme une œuvre semblable à celle de l'artiste qui demande à sa palette les moyens de rendre sa pensée, ou qui, armé du ciseau, fait, suivant la belle expression du Puget, *trembler le marbre devant lui*. Dans les arts, en effet, c'est l'imagination qui parle et qui dévoile à l'âme inspirée les splendeurs d'un monde inaccessible aux sens. Une fois que le regard intérieur a contemplé cet idéal, commence la tâche de lui donner un corps visible dans les arts du dessin et tangible dans les représentations plastiques. L'entreprise de traduire par la parole, des faits, des circonstances, des détails, n'est point différente : seulement, ici, ce sont des mots qu'on manie, qu'on assortit, qu'on combine les uns avec les autres ; et tant qu'on n'a pas trouvé le moyen de transporter sur le papier ou la nature vivante qu'on décrit, ou la réalité idéale qu'on imagine, on en est réduit à chercher de nouveaux termes et de nouvelles combinaisons. Pour rendre seulement l'effet ressenti par le regard indifférent qui effleure un large amphithéâtre, ce n'est pas trop de toutes les ressources d'un idiome et de toutes les combinaisons du langage.

Il ne faudrait donc pas, d'après ce qui vient d'être dit, qu'un maître impatient poussât les élèves à substituer trop tôt, lorsqu'ils amplifient, leurs réflexions personnelles à ces descriptions du dehors. Ce serait alors le travail de l'invention auquel prend part l'ensemble de nos facultés intellectuelles, et non plus un exercice de développement réduit, pour ainsi dire, à la seule imagination. Il est vrai que l'invention elle-même, lorsqu'elle a été précédée d'une préparation suffisante et lorsqu'elle est pratiquée par une intelligence capable d'en tirer profit, contribue à son tour, dans la plus large mesure, à enrichir la langue de l'écrivain. C'est précisément ce que nous allons voir dans le chapitre suivant.

CHAPITRE IV.

DE L'EXERCICE DE L'INVENTION, CONSIDÉRÉ COMME MOYEN D'ENRICHIR SA LANGUE PROPRE.

Le travail de l'invention, suivant qu'il est pratiqué dans des conditions normales ou prématurées, est capable d'assurer à l'intelligence des ressources nouvelles de langage et de style, ou tout au contraire risque de communiquer à un esprit mal conduit une stérilité contre laquelle il lui sera dorénavant bien difficile de réagir.

Les idées sont ici tellement confuses et les pratiques tellement perverties en fait d'enseignement, qu'il devient nécessaire de s'expliquer avec une surabondance de clarté.

Je distingue donc, comme on devrait le faire et comme on ne le fait presque plus, entre l'art de disserter et de composer tel qu'il est pratiqué dans la pleine adolescence par un esprit déjà instruit et déjà préparé, et les exercices beaucoup moins forts et beaucoup moins originaux auxquels on soumet les élèves plus jeunes, afin de les former de loin à la grande composition.

Le signe distinctif auquel on pourra reconnaître, dans une pratique rationnelle, un devoir approprié à l'usage de cette première jeunesse, c'est le soin attentif pris par le professeur de ne point laisser à ses disciples la bride sur le cou, de ne pas les commettre ainsi au péril de divaguer et de se perdre, par suite de la nécessité où on les placerait d'entreprendre un travail au-dessus de leurs forces. C'est une très-grosse affaire pour un maître que de savoir écrire une matière dans des limites exactes, entre trop dire et trop sous-entendre. Si cette matière est trop développée, elle réduit le disciple à l'amplification, au commentaire, ou même, comme il arrive, à une reproduction presque textuelle, à peine allongée d'épithètes parasites ou de syllogismes redondants. Au contraire, si le programme est trop court et s'il se réduisait, comme on devra le faire plus tard dans l'enseignement supérieur, à quelques lignes d'un texte ou à la citation d'un vers, on imposerait alors prématurément à un esprit incapable de s'en tirer, non plus l'exercice salutaire de l'invention subordonnée, mais le travail impossible encore de la composition proprement dite, qui est celui-là même dont nous essayons de tracer les règles dans ce présent ouvrage.

Cette expression d'*invention subordonnée*, bien qu'elle ne soit point du tout consacrée et qu'elle n'ait, par conséquent, aucun droit au crédit, paraît caractériser assez bien le genre et la mesure des efforts qu'on doit demander à un esprit, pour provoquer son initiative, diriger son mouvement et enrichir son expression. Vous indiquez ici à l'élève, non plus comme dans la narration, des réalités à peindre ou des évènements à suivre, mais, ce qui est bien différent, des raisons à découvrir, des réflexions à parachever, des raisonnements à construire. Tandis que, dans la narration, il suffisait de promener les regards du lecteur successivement sur les différentes parties d'un objet, il faut ici mettre davantage du sien et tirer de son propre esprit les considérations qu'on entreprend d'exposer. Comme la voie est tracée, comme le raisonnement est indiqué, comme on ne peut pas, grâce à la matière qui vous sert de point de départ et de guide, s'écarter du principe qui vous est indiqué ni de la conséquence qui vous est prescrite, il ne vous reste plus qu'à poursuivre votre sillon et à le conduire jusqu'au bout du champ. Vous avez alors à faire, dans l'ordre moral, une recherche de termes semblable à celle que vous imposait la narration dans l'ordre physique. Il faut trouver des mots qui traduisent vos pensées abstraites, qui se prêtent aux mouvements successifs et inverses de la généralisation et de la déduction, comme on devait chercher des termes capables d'accuser les moindres reliefs de l'espace ou de fixer les aspects mobiles du temps.

Il nous faut encore prendre la défense des méthodes anciennes contre les aberrations étranges des pratiques nouvelles, surtout quand on est réduit, non pas seulement à les voir appliquer aux esprits qu'elles déforment ou qu'elles paralysent, mais à les entendre louer par des pédagogues incapables d'en prévoir comme d'en corriger la portée.

Il faut vraiment vivre de notre temps, où la force

morale est si visiblement exténuée, pour entendre répéter, comme cela arrive tous les jours, que tel ou tel exercice littéraire est trop difficile, d'où il suit qu'on le supprime sans façon de l'enseignement, tandis que telle autre espèce de devoir tend de plus en plus à s'accréditer et à se répandre, uniquement parce qu'elle ne demande pas d'efforts. Pour dire la vérité sans paradoxe, c'est exactement le contrepied qu'il faudrait prendre. Tant que dure l'éducation de la jeunesse, c'est à la facilité qu'un élève éprouve à s'acquitter d'un devoir qu'on reconnaît à bon droit la nécessité de le faire passer à l'exercice supérieur dont le temps est alors venu.

Le moyen qui, depuis les plus anciennes pratiques des Grecs et des Latins, a toujours paru le plus efficace pour exercer fructueusement ce que nous avons appelé l'invention subordonnée, c'est la rédaction d'un discours ou d'une épître.

Rien, en effet, de mieux conçu et de plus efficace, pour exercer l'imagination abstraite et pour mettre l'élève en demeure de trouver des expressions afférentes à la nature et à l'humeur du personnage qu'il est censé figurer.

Ce n'est plus, en effet, l'écolier qui développe d'une façon un peu banale quelque vérité de sens commun déjà toute fondue et toute moulée dans des formules partout répétées. Autre chose est d'expliquer par des raisons démonstratives comme quoi il faut préserver sa patrie des causes de ruine qui la menacent, garder la parole donnée, ou suivre l'exemple de ses aïeux, autre chose est d'introduire Caton dans le Sénat, pour y demander obstinément, au nom du salut de Rome, la ruine de Carthage, ou Régulus expliquant aux Pères Conscrits ses motifs pour retourner dans sa prison, ou enfin Démosthènes invoquant dans une fière prosopopée les héros qui ont combattu à Marathon. On comprend de reste quels efforts exige la tentative de donner à de tels discours une tournure passable et un langage approprié aux personnages auxquels on le prête. Il ne s'agit pas, bien entendu, de faire le moins du monde de l'archaïsme et de l'érudition, ni d'accumuler les recherches pour donner à sa composition la valeur d'un mémoire; il ne s'agit pas de compulser les auteurs, pour y ramasser des détails piquants et nouveaux et constituer une sorte de pastiche. Dans une œuvre de ce genre, une certaine vérité et une certaine couleur générales suffisent parfaitement. L'élève qui s'exerce à ce genre de composition doit s'en tenir absolument aux grandes traditions classiques. C'est ainsi que, dans la tragédie de Racine et de Corneille, chacun des personnages qui montent sur la scène reste beaucoup plus dans l'esprit de son rôle que de son temps : ce que le poète poursuit avant tout, c'est l'étude du cœur humain, et non pas la mise en œuvre de certains documents. Ces recherches archaïques sont devenues le domaine propre du théâtre romantique, et de la même façon que le sculpteur impuissant de l'antiquité faisait la statue riche faute d'être capable de la faire belle, tout de même c'est une tendance constante des esprits médiocres et impuissants de courir après la couleur locale, dans la mesure où ils se sentent inaptes à rendre la nature humaine.

Le discours n'est utile à l'esprit qu'autant que l'on évite avec le plus grand soin ces aberrations du pédantisme; toutefois, pour rendre des idées générales en se plaçant successivement à des points de vue divers, il devient nécessaire de donner au langage un caractère particulier et de faire un choix exprès de termes.

C'est précisément là le travail devant lequel on ne se fait pas faute de reculer, et vous entendez certains professeurs donner eux-mêmes raison à la paresse des élèves, sous ce prétexte que de pareils discours n'ont rien de pratique et ne sont d'aucune application dans l'usage de la vie. Assurément la raison qu'on allègue ici, si l'on veut la prendre de ce côté-là, est trop péremptoire pour n'être pas décisive : il est trop visible que les harangues de Régulus, de Scipion ou d'Annibal ne sont pas de mise dans l'ordinaire de la vie, et personne de nous n'aura jamais à apostropher un tyran ou à persuader un Sénat. C'est justement parce que de pareils sujets nous sortent de nous-mêmes et du courant habituel de nos propres idées, qu'ils nous renouvellent et nous enrichissent. Ils nous contraignent à choisir dans la langue les termes et les expressions militaires qui conviennent plus particulièrement à un guerrier, les délicatesses et les grâces qui attestent le langage féminin, les habiletés du diplomate, les franchises de l'homme du peuple. Il nous reste de cet effort momentané d'expression, une possession réelle et effective de termes dont nous n'avions peut-être jamais usé et qui seront désormais acquis à notre langage. Dorénavant, lorsque le mouvement et les nécessités de la pensée nous conduiront dans des régions analogues d'idées, lorsque nous aurons à écrire sur les choses du cœur ou de la guerre, nous nous trouverons, sans même nous en douter, avoir à notre disposition tout un répertoire de termes déjà employés et qui se prêteront sans effort à notre commandement.

Il y a cependant quelque chose de vrai dans l'objection qu'on élève contre la composition du discours, employée comme moyen d'enrichir l'esprit. Le reproche n'est pas tout-à-fait dénué de fondement, lorsqu'on allègue que ces développements imaginaires sont, presque tous, trop éloignés de la parole réelle pour prendre toujours bien commodément leur place dans le langage ordinaire. Le travail qu'on demande ainsi à l'esprit lui est assurément fort salutaire ; mais les mots dont on lui assure la possession ne lui sont pas toujours d'un usage bien fréquent et bien facile. Voilà pourquoi on a souvent recours, surtout dans l'éducation des jeunes filles, à un autre genre d'exercice, qui demande à être employé avec un discernement particulier, sous peine de rétrécir l'esprit au lieu de l'étendre. Je veux parler du style épistolaire et des lettres auxquels on exerce les élèves, pour leur former, comme l'on dit, le style.

Il ne faut pas s'y tromper : malgré les apparences, il est beaucoup plus difficile d'imaginer et de soutenir une correspondance située dans les circonstances ordinaires de la vie normale, que de donner franchement carrière à sa verve créatrice et de se substituer, dans une circonstance mémorable, à quelque grand personnage historique. Il y a, en pareil cas, une sorte d'inspiration qui vous transfigure et de verve qui vous emporte, tandis que les détails d'une vie vulgaire n'offrent, après tout, qu'un médiocre intérêt.

Cependant, ce n'est pas un effort sans mérite ni sans résultat que celui de s'assimiler, par un travail spécial de composition, le ton d'un officier écrivant aujourd'hui à un inférieur pour lui donner des ordres, et demain à son général pour lui envoyer ses félicitations. Quelle difficulté que de parler tour-à-tour la langue ascétique d'une supérieure de communauté rapportant à une mère la prise d'habit de son enfant, ou l'argot fantaisiste d'un acteur sifflé au théâtre, qui fait à un ami le récit tout à la fois piquant et attristé de cette déconvenue. Il ne faut pas se faire illusion : cette deuxième espèce d'exercice, qu'on cultive si volontiers de nos jours, est incomparablement plus difficile que tous les discours de la rhétorique ancienne.

Il y a une façon de pratiquer le style épistolaire d'invention, qui, au lieu de multiplier entre nos mains les moyens de rendre notre pensée, n'aboutit au contraire qu'à nous appauvrir. Beaucoup de maîtres, et surtout beaucoup de maîtresses, cèdent ici à la détestable et chimérique inquiétude de l'utile. Ils croient faire merveille en indiquant à leurs écoliers des sujets de lettres, tirés de leur vie de tous les jours et se rapportant à des préoccupations qui remplissent effectivement leurs journées. Il n'est plus besoin, pour de telles photographies, de chercher des formes ni des couleurs. Cette image écrite de la vie s'incarne d'ellemême dans notre parole, et sans aucun effort, elle trouve pour s'y traduire les expressions habituelles que nous suggère, à notre insu, le cours des évènements. Nous ne faisons donc aucun pas ni aucun mouvement en avant : nous demeurons absolument immobiles en nous-mêmes, sans que le programme d'une telle composition nous sollicite à des aspects nouveaux, ou nous impose un langage en dehors de notre routine. Il y a plus : le fait de mettre par écrit nos idées en quelque sorte quotidiennes, contribue d'une façon notoire à diminuer la facilité de notre langage. Il y a en effet, dans la conversation, une sorte d'élasticité qui la rend perméable à des expressions nouvelles; la parole a quelque chose de flottant et de complaisant; elle nous entraîne, elle nous porte, et avec cette libre allure de mouvements qu'elle nous permet, elle nous suggère aisément des expressions dont nous retenons l'usage, une fois que nous en avons rencontré la bonne fortune. Au contraire, lorsque nous en sommes réduits à mettre par écrit ces évènements de la vie vulgaire et la représentation de ces incidents sans valeur, nous sommes entraînés d'instinct à nous servir des termes qui nous sont le plus familiers. Tant qu'il nous manque la haute inspiration des sujets vraiment littéraires, nous ne sommes guère en mesure de retrouver cette verve de la vie réelle qui, au besoin, multiplie les mots au contact des réalités. Aussi ne faut-il pas s'étonner outre mesure de la nullité absolue qui caractérise de pareils devoirs; encore le mot nullité est-il trop doux, car les banalités et les sottises qu'on y peut lire me paraissent bien au-dessous du néant.

Ce qui vient d'être dit peut se résumer de la façon suivante.

Il y a, au-dessous de l'œuvre de la grande composition, tout un système de travaux littéraires se rapportant à l'amplification ou à ce qu'on pourrait justement appeler l'invention subordonnée. Ce sont là, pour la plus grande partie, des travaux de préparation, destinés avant tout à enrichir la langue trop pauvre de l'écolier, à lui donner tout à la fois plus de souplesse en même temps que plus d'abondance. Ces heureux résultats ne s'obtiennent qu'à la condition de bien comprendre la destination de ces différents exercices et de ne point leur assigner un but et des prétentions chimériques. Autant l'écolier profite à des études bien conduites qui sollicitent l'effort et qui le guident, autant l'esprit surmené s'abaisse et se gâte dans la pratique de ces complaisances dangereuses ou de ces prétentions exagérées. Je connais tel régime d'éducation littéraire, particulièrement dans certains cours de jeunes filles, qui conduit les esprits, par une méthode graduée et une conséquence infaillible, à l'incapacité absolue d'écrire et de composer, et peut-être, dans certains cas, à une extinction complète et à un entier anéantissement des facultés. Vous êtes tout étonné que l'enfant de votre concierge ou qu'une fille des champs vous écrive, pour vous remercier d'un voile de première communion, une lettre plus simple, plus vive et plus touchante que, pendant la saison, il ne vous en arrive de Cannes ou d'une station de bains de mer, avec un timbre armorié.

Tous les moyens qu'on vient de passer en revue et qui rentrent dans la tâche commune de multiplier la langue de l'écrivain, sont bien loin d'être aussi efficaces pour conduire à ce résultat que le travail de la traduction, dont il va être question dans le chapitre suivant.

CHAPITRE V.

DE L'EXERCICE DE LA TRADUCTION, CONSIDÉRÉ COMME MOYEN D'ENRICHIR SA LANGUE PROPRE.

Si l'on me demandait quel est le moyen le plus efficace et le plus sûr pour enrichir la langue de quiconque se propose d'écrire, je répondrais sans hésitation que rien ne peut être comparé, même de loin, aux avantages que l'esprit retire d'un travail de traduction bien conçu et bien conduit. Il y a de tels efforts à faire, pour faire passer d'un idiome dans un autre une idée fortement et littérairement exprimée dans le texte original, que ce n'est pas trop, pour y réussir, de déployer toutes les ressources et de tendre tous les ressorts de son esprit.

Il est d'autant plus essentiel d'insister sur ce point, qu'il ne vient plus guère à la pensée de personne d'attendre de la traduction un pareil service. On ne la prend guère plus aujourd'hui que comme un moyen de s'exercer dans la connaissance d'une langue, et par après de suivre plus commodément une conversation étrangère. De la même façon que votre valet de chambre s'applique, durant vos voyages, à écouter et à traduire, pour son propre avantage et pour sa future commodité, les entretiens des gens de service, on cherche à son tour, dans un texte anglais ou allemand, rédigé par quelque sous-maître besoigneux, non plus les beautés littéraires d'un peuple, mais une sorte de facilité empirique et mécanique, avec laquelle nous pourrons demander un lit et des omelettes dans les auberges.

Il y a une autre espèce de traduction qui n'a aucun rapport avec celle-là, et dont nous pouvons parler peut-être comme les naturalistes parlent des fossiles. M. Legouvé signalait, dans un de ses derniers discours à l'Académie française, le besoin éprouvé chaque année par quelque homme d'esprit de traduire Horace. M. Legouvé prétend, avec sa pointe d'esprit malicieux, que l'on est toujours tenté de finir par là. Il nous semble à nous qu'il serait plus judicieux, et surtout plus profitable, non pas de finir mais de commencer par là. Il n'est pas douteux que la vie tout entière de l'esprit se ressentirait de cette première discipline et de cette première gymnastique.

Il suffit de réfléchir sur la nature du travail qui est ainsi demandé à l'esprit dans l'œuvre de la traduction, pour se faire une idée de l'influence que ce double effort en sens inverse doit exercer sur un esprit, de la facilité et de l'aisance qu'il lui donne pour connaître la langue et pour la manier.

Ce double travail consiste :

— 1° à saisir le sens exact du texte que l'on veut interpréter ;

— 2° à trouver dans la langue où l'on transporte ce texte des équivalents rigoureux, lesquels y laissent de nouveau transparaître la même pensée, comme un objet qu'on exposerait tour-à-tour dans deux vitrines différentes.

Au point de vue des saines méthodes de l'enseignement, il ne s'agit pas du tout, lorsqu'on traduit en français un passage de Cicéron ou de Virgile, de se borner à augmenter la connaissance que l'on peut avoir du latin, mais on est mis en demeure, comme le disaient avec une certaine naïveté nos vieux pédagogues, de faire passer les *beautés* du latin dans le français, et c'est dans l'accomplissement de ce tour de force que se déploie le plus rude labeur dont la conquête de notre idiome puisse être l'objet.

Ces mots *comprendre un texte étranger* ont d'abord un premier sens superficiel auquel on se tient trop souvent. Cela veut dire, dans le langage ordinaire, l'intelligence de l'auteur qu'on a entrepris de lire. Mais cette intelligence a des degrés bien divers, depuis la conjecture hasardée où se marque la pénétration de l'esprit, jusqu'à la pleine et entière possession de la pensée. Il se passe là un phénomène singulier dont il faut prendre garde de tenir compte, lorsqu'on se met en peine de recueillir tous les fruits de la traduction. Il arrive aisément, à mesure qu'on se familiarise avec une langue, qu'en parcourant avec quelque soin le texte des yeux, on arrive à discerner et à suivre le sens général de l'auteur, sans se représenter par des expressions et des tournures françaises chacun des mots et chacune des phrases que l'on a sous les yeux. On voit, à travers l'idiome étranger, ce que l'auteur a voulu dire ; mais on ne voit pas du tout comment il s'y serait pris pour le rendre en français, et l'on ne s'avise pas de s'en inquiéter, vu qu'on n'a pas soi-même besoin de ce détour. On suit ainsi du regard des alinéas et des pages entières, sans se figurer, autrement que par des à-peu-près très-lointains et sans aucune consistance, quelles ressources demanderait l'incarnation de cette même pensée dans l'idiome français.

Cette espèce de traduction, qui pourrait être convenablement appelée la traduction par intuition, a été vivement recommandée par M. Jules Simon, alors qu'il était ministre de l'instruction publique, et lui-même en a fait l'objet d'une circulaire, heureusement plus célèbre dans la mémoire des professeurs que suivie dans la pratique des classes. Sans vouloir examiner la question de savoir si cette vue superficielle et sautillante suffit pour initier l'esprit à la véritable intelligence des grands auteurs, il est très-certain que notre connaissance du français n'y gagne absolument rien. Bien plus, il n'est pas du tout exagéré de dire que le plus clair résultat de la traduction par intuition est, si l'on peut s'exprimer ainsi, de nous habituer à rêver les auteurs, au lieu de les lire. La pensée de l'écrivain nous apparaît, à travers ces termes avec lesquels nous ne sommes pas familiers, comme à travers une espèce de brouillard un peu confus : nous nous contentons de saisir les contours les plus épais. S'il nous arrive, comme il est inévitable, de rencontrer un mot qui nous est inconnu, nous prenons sur nous de passer outre et d'y suppléer en le dissimulant dans le sens général, sans nous dire, et surtout sans nous apercevoir que ce mot est peut-être absolument essentiel dans la phrase, qu'il est peut-être le point lumineux d'où la clarté se répercute sur tout le reste. On voit d'ici quelles détestables habitudes, quelles complaisances dangereuses, de pareils procédés inculquent aux esprits assez mal conseillés pour y avoir confiance. Ils ne font pas autre chose, dans cette course effrénée, que contracter le goût des à-peu-près et la répugnance de l'exactitude. A force de favoriser la complicité de leur propre paresse, ils finissent par s'imaginer qu'ils comprennent ce qu'ils lisent. Au fond, ce n'est pas l'auteur qu'ils comprennent et ce n'est pas à sa pensée qu'ils se subordonnent : ils se contentent de prendre pour l'écrivain lui-même ce qui a pu traverser leur imagination, et au lieu de sortir de leur propre pensée, ils s'y enferment et s'y enfoncent de plus en plus.

La traduction par intuition est si loin de fortifier l'esprit et d'enrichir la langue de l'écrivain, qu'elle est faite, à l'inverse, pour raccourcir sa parole et pour énerver ses facultés. Il est mille fois préférable de renoncer à ce moyen d'éducation, si l'on n'a pas le loisir d'en user aux seules conditions qui le rendent profitable, à savoir de faire d'abord un mot-à-mot exact, et en second lieu, comme le dit la vieille formule, de tourner ce mot-à-mot *en bon français*.

Faire le mot-à-mot, c'est non pas encore procéder à la recherche d'une expression qui soit l'équivalent littéraire de l'expression employée par le texte, mais simplement faire un effort pour conquérir la pensée même de l'auteur. Sans doute les mots qu'on emprunte au français pour exprimer par une sorte d'équation la valeur essentielle de cette pensée, sans doute ces mots appartiennent, à proprement parler, à notre idiome ; mais la vérité est qu'ils sont pris simplement comme une sorte de représentation graphique, de groupement, de chiffres, de signes convenus, pour nous établir dans le sens de l'écrivain. C'est d'après ce principe que le mot-à-mot, au lieu de suivre les règles de la syntaxe et les prescriptions grammaticales de notre langue, ne craint pas d'en méconnaître le génie et d'en violer les lois les plus formelles, pour se plier à la construction étrangère du texte. Ce même mot-à-mot, tout entier voué au sens littéral et intentionnellement oublieux de toutes les exigences du style, ne craint pas de se lancer en plein néologisme, de commettre au besoin les barbarismes les plus patents et de soumettre la construction des phrases aux tortures les plus inouïes. Plus le mot-à-mot sera exagéré dans ce sens, plus il est notoire que rien n'a été rendu; tout se borne jusqu'ici à un pur travail de compréhension.

Nous voilà bien loin, comme on le voit, de la traduction par intuition. Avec un mot-à-mot sérieux, il n'est plus question de se satisfaire du sens général et de passer par-dessus les obstacles, comme une locomotive lancée à toute vapeur qui surmonte la résistance par l'entraînement de la course et la toute-puissance du choc. Bien loin de détourner ses regards des difficultés, on se fait un devoir de s'y arrêter et une habitude de s'y complaire. On suspend volontiers sa marche, pour entrer à loisir dans le détail d'un obstacle. A mesure qu'on s'enfonce davantage dans les pensées de l'auteur et qu'on prend la peine de s'identifier avec elles, on réussit à se perdre de vue soi-même et à s'introduire dans un monde nouveau, différent de sa propre pensée : les facultés sont réellement agrandies; l'esprit reçoit un accroissement, et l'on se trouve en face d'un problème nouveau dont la traduction hâtive ne saurait même avoir le soupçon : c'est le souci de rendre d'une façon égale ce qu'on a si parfaitement compris. Plus l'intelligence a été portée loin, plus la découverte et l'organisation d'un français supportable deviennent une tâche à la fois rude et pleine de profit.

Beaucoup de gens qui sourient de l'expression consacrée, le *bon français*, ne se doutent pas de quoi ils se moquent, ni à quelles occasions de s'instruire ils manquent.

Traduire un auteur, ce n'est point, comme on se l'imagine si volontiers, aboutir, au moyen d'une série quelconque de mots français, à représenter à peu près la signification générale du texte, de façon à ne pas prendre le Pirée pour un nom d'homme et une malédiction pour une prière. Lorsqu'on rend ainsi le texte, de façon à ce qu'il n'y ait point de méprise sur la nature des faits et les intentions de l'écrivain, il faut avoir la sagacité de reconnaître et la bonne foi d'avouer qu'en ce qui concerne le classique *bon français*, le travail du traducteur n'est pas même encore commencé.

Chaque mot, on peut le dire, a deux significations bien distinctes, comme les chiffres de l'arithmétique ont deux valeurs, l'une intrinsèque et l'autre de position. On peut admettre sans présomption qu'à cet égard, il est inutile de rappeler ici les règles de la numération dans le système décimal. Or, il en va tout-à-fait de même des mots : chacun d'eux a un sens bien défini qu'on peut trouver au besoin dans le répertoire des dictionnaires; c'est là qu'il est enregistré sous le contrôle de l'Académie française, afin que ce sens ne change pas, *ne varietur*, comme le disent les libellés du palais. A côté de ce sens primitif et essentiel, les mots en empruntent un autre aux constructions dans lesquelles ils entrent et aux tournures dont ils font partie. C'est ainsi qu'une nuance se renforce ou s'exténue par le voisinage d'une couleur qui en est le complément ou le contraste. Ces effets littéraires s'obtiennent par des artifices dont le mécanisme entre dans toutes les langues, et constitue ce que l'on appelle les secrets et les règles de l'art d'écrire. Au premier rang, il faut placer la construction même des phrases et la tournure des périodes, les ressources mobiles de l'inversion, et généralement tout ce qui peut, dans l'arrangement des différentes parties de la pensée, choisir et déterminer la place d'un mot, suivant l'expressive parole du poète

> D'un mot mis à sa place enseigna le pouvoir.

C'est ici précisément que la question se complique et que la difficulté s'augmente.

En effet, si les différentes espèces de mots sont, à très-peu de chose près, les mêmes dans toutes les langues, il n'en va point de même de la tournure et de la construction, représentées dans l'ordre technique par les règles de la syntaxe. Ici, particulièrement, chaque idiome a son génie propre, et les auteurs tirent leurs principaux effets de ce qu'on appelle les idiotismes, c'est-à-dire de ces façons de parler et d'écrire, lesquelles sont en effet l'apanage exclusif d'une certaine race d'esprits.

Nous voici donc enfin arrivés, par les progrès successifs de cette longue analyse, à comprendre la nature essentielle du travail qu'une traduction sérieuse impose. Il s'agit de conserver à chaque mot non-seulement la signification propre qu'il a dans les lexiques, mais encore l'effet littéraire qu'il produit sous la plume et dans les chefs-d'œuvre des grands écrivains. Le seul moyen de parvenir à ce résultat est, avant tout, de garder le même ordre d'idées dans la traduction que dans le texte. Je dis, prenez-y garde, *l'ordre des idées*, et non point du tout la nature ou la dépendance des constructions, le nombre ou la structure des phrases dans la période ou des propositions dans la phrase, ni enfin la même espèce de mots dans une langue et dans l'autre. Rien de plus commun que de voir, dans les traductions un peu accréditées, les énumérations d'adjectifs et de verbes étrangers remplacées dans notre langue par une série de substantifs abstraits ; et, pour ne prendre qu'un seul exemple, si l'on veut comparer une page des Oraisons funèbres de Bossuet avec une page de même dimension empruntée aux harangues les plus oratoires de Cicéron, il suffit de compter, dans l'une et l'autre langue, les substantifs et les adjectifs, pour se convaincre que presque toutes les épithètes du latin, si abondantes et si pressées, se changent chez nous en quelqu'un de ces substantifs abstraits, si favorables à l'analyse des idées.

Les difficultés d'une traduction ainsi comprise sont des difficultés réelles et qui demandent, pour être vaincues, un travail assidu et persévérant. Avant tout, il faut, ici comme partout ailleurs, avoir la foi, c'est-à-dire la pleine et entière conviction de la possibilité où l'on est de triompher de tous les obstacles. Il faut s'être dit et s'être persuadé *à priori*, que la langue française a tout ce qu'il faut pour répondre aux exigences d'une traduction parfaite ; qu'elle est assez souple pour se plier à toutes les difficultés, assez ample pour répondre à toutes les demandes, assez riche pour satisfaire à tous les besoins. Il faut se répéter avec une fermeté inébranlable et en dépit de toutes les insinuations comme de tous les découragements de la paresse, qu'il y a très-certainement un mot pour rendre avec précision le sens délicat que vous discernez, et qu'il suffit que ce mot soit cherché pour être à la fin découvert. Voilà le vrai et le solide moyen d'enrichir sa propre langue, de multiplier les provisions de sa parole et d'accumuler indéfiniment les tours qu'on peut avoir à sa disposition. Il n'est plus question, en effet, de ces suggestions fugaces que la complaisance ou l'indocilité de la mémoire nous accordent ou nous refusent tour-à-tour, de ces rencontres heureuses qu'un mot peut entraîner à sa suite, de ces hasards avantageux qui nous permettent de blâmer, en passant, une expression nouvelle dans une lecture ou dans une conversation. Avec la traduction, tout ce qu'on a trouvé pour rendre la pensée de son texte a été véritablement conquis à la pointe de l'épée ; chaque façon de s'exprimer est le résultat d'essais répétés et d'efforts persévérants. Le traducteur, s'il comprend sa tâche et s'il a entrepris de la mener à bonne fin, se trouve précisément dans la situation qui nous manque perpétuellement : il est mis en demeure de renoncer à sa propre personnalité et de chercher dans l'immensité du dictionnaire français les mots et les tournures qui répondront particulièrement au génie propre de son auteur. Je ne sais si je me fais illusion, et si, au lieu d'achever mon raisonnement, je ne poursuis pas mon rêve; mais il me semble que l'idéal d'une traduction irait jusqu'à nous permettre de reconnaître dans une certaine mesure la manière et même le nom de l'auteur original, particulièrement pour les écrivains en prose. La brièveté et la concision de Tacite doivent, jusqu'à un certain point, passer dans le français, aussi bien que l'abondance majestueuse de Cicéron ou la vive allure de César. Ainsi le traducteur se met en peine de trier lui-même la langue qui répond aux génies les plus divers, et il se trouve dans cette condition heureuse de ne pouvoir s'accorder dans ce travail aucune tolérance, attendu que le texte est toujours là dans son impitoyable fixité, et que toute défaillance du traducteur ressort immédiatement de la comparaison, comme un véritable attentat.

Il faut répéter ici ce que nous avons eu plus haut l'occasion de dire à propos des exercices de la mémoire appliqués à l'extension de la langue individuelle. Autant leur usage méthodique assure de profit, autant leur emploi irrégulier et hasardeux entraîne de périls. S'il est souverain pour un esprit d'entreprendre et de soutenir cette exploration, et l'on pourrait dire cette manipulation critique de la langue, s'il est sans prix d'éprouver et d'essayer, pour ainsi dire, chacun des termes qui la constituent, jusqu'à ce qu'on ait trouvé l'exacte dimension, à la façon de l'ouvrier en mosaïque qui promène sa main parmi les cubes de marbre, il est au contraire extrêmement dommageable pour un esprit d'entreprendre une pareille tentative d'exactitude et de précision, et de se laisser aller à la faiblesse d'y échouer. Encore si nous avions la bonne foi de reconnaître notre paresse et de regarder franchement comme insuffisants et provisoires les termes auxquels nous avons eu la lâcheté de nous en tenir, il n'y aurait peut-être que demi-mal, et nous laisserions ainsi une porte ouverte du côté des améliorations et du progrès : mais le malheur est que, pour couvrir notre défaite, nous sommes portés, non-seulement vis-à-vis d'autrui, mais la plupart du temps vis-à-vis de nous-mêmes, à regarder comme suffisantes et définitives les expressions dont nous avons subi la contrainte par pénurie, plutôt que fait la découverte par notre persévérance. Comme le dit si énergiquement le langage ordinaire : *nous nous en contentons*, c'est-à-dire qu'opposant les défaillances de notre volonté et son caprice aux jugements et aux réclamations de notre raison, il nous plaît de nous déclarer satisfaits et de prendre pour suffisant ce système d'à-peu-près qui cotoie le texte de si loin. Alors, par un singulier renversement de méthode, toutes les facultés de notre esprit se trouvent tendues dans le sens de ce travail déraisonnable et inachevé, non pas vers la recherche scrupuleuse de l'exactitude, mais au contraire vers une mise en œuvre plus ou moins ingénieuse d'équivalents lointains, lesquels sont faits pour ôter au style toute consistance et toute sincérité.

Ici se pose une question de premier ordre, au point de vue général de l'éducation de l'esprit, comme aussi au point de vue des ressources de langage que la traduction peut ménager à un orateur ou à un écrivain.

Doit-on chercher les avantages dont il vient d'être parlé dans le maniement des langues modernes et contemporaines, ou, tout au contraire, dans l'étude classique des langues anciennes et, pour appeler les choses par leur nom, dans la connaissance du grec et du latin?

Pour restreindre la question comme la réponse dans les limites du sujet, nous dirons sans détour qu'à nos yeux l'étude des idiomes contemporains aurait plutôt pour effet d'appauvrir et de troubler notre langage, que de l'enrichir d'une manière quelconque; et, en second lieu, que, réciproquement, le latin et le grec, c'est-à-dire les langues mères de la nôtre, sont à peu près les seules capables d'assurer à l'esprit le profit que nous cherchons.

Il n'y a rien de plus étrange et (le mot n'est pas trop fort) de plus risible que l'aplomb avec lequel vous voyez de jeunes mères de vingt-cinq ans, accoudées sur un berceau, vous parler des langues qu'elles comptent faire apprendre à leur enfant et de l'influence que cette étude aura sur son esprit. Pendant que je garde le silence et que, sous prétexte de me démontrer leur méthode, elles me racontent leurs projets, je me remémore involontairement un passage du vieux philosophe grec Xénophane, le fondateur de l'école d'Élée : « Si les bœufs ou les chevaux, » dit-il dans un des fragments qui nous ont été conservés, « savaient tenir
» le pinceau, ils ne manqueraient point de représenter
» les Divinités sous la forme de chevaux ou de bœufs,
» de la même façon que l'homme leur donne sa propre

» figure. » C'est ainsi que ces mères, si arrêtées dans leur dessein et si incapables d'entendre à aucun conseil, ne font en définitive que se remettre devant les yeux le temps où, toutes petites filles, elles baragouinaient l'anglais ou l'allemand avec quelque fille de chambre. Elles rêvent pour leur enfant cet idéal suprême, qu'il puisse aujourd'hui dire bonjour au salon et demain payer sa note de voyage dans une langue étrangère.

Il est difficile, pour quiconque n'a pas pris la peine d'observer lui-même les faits, de s'imaginer jusqu'à quel point a été poussé aujourd'hui ce qu'on pourrait appeler le matérialisme des langues. C'est plus particulièrement dans l'éducation des jeunes filles que s'accentue ce phénomène de décadence intellectuelle, et toute la sollicitude des mères se déploie à l'achever. On serait accueilli avec un sourire, si l'on se permettait de rappeler ou seulement d'insinuer que la possession littéraire d'une langue est toute autre chose que la faculté mécanique d'en user pour les besoins du dialogue. A qui ferait-on comprendre aujourd'hui la parole du vieux poète Ennius, disant qu'il avait trois âmes, parce qu'il parlait, en effet, trois langues, le latin, le grec et l'osque, qui était le dialecte primitif des antiques Sabins. Le célèbre polyglotte, le cardinal Mezzofanti, qui parlait couramment cinquante-deux langues et plusieurs d'entre elles avec leurs dialectes, ne commettait point la faute de s'y tromper, et il répétait à qui voulait l'entendre que, malgré toute son apparence de savoir, il n'était au fond qu'un perroquet. Cet illustre exemple m'affranchit de tout soupçon d'irrévérence, et il ne m'est peut-être plus défendu de l'appliquer à ces jeunes filles mécaniques qui, au lieu de s'en tenir aux mots de papa et de maman des bébés parlants, réussissent à dévider assez bien, et sans avoir recours au livre, les phrases du *Manuel de la conversation*. Il en est même qui sont parvenues à comprendre ce qu'on leur dit. Elles n'en ont pas moins résolu ce problème inouï d'avoir appris l'italien, l'anglais ou l'allemand, sans avoir absolument aucune idée de la littérature de ces langues, sans en avoir lu ni commenté les auteurs, sans se douter de leur génie propre, sans avoir saisi les contrastes ou éprouvé les résistances qu'elles opposent à notre idiome.

Je prie ici mon lecteur de ne pas se montrer incrédule à mes affirmations. Il ne s'agit pas du tout, comme on pourrait le croire, de quelque exception signalée à dessein dans une éducation mal conduite, mais d'un véritable système arrêté dans ses pratiques et impitoyable dans ses résultats. Les parents n'épargnent d'ordinaire aucune dépense ni aucun sacrifice pour inculquer à leurs enfants cette routine des langues étrangères, et les professeurs s'y prêtent avec un remarquable empressement. On ne peut pas se faire une idée des thèmes qu'on dicte à ces pauvres enfants et des sujets piteux sur lesquels ils roulent. On comprend si peu le résultat littéraire auquel doit tendre l'étude d'une langue, qu'on a poussé l'ineptie jusqu'à mettre en italien ou en anglais nos propres chefs-d'œuvre, et Dieu sait dans quel anglais et dans quel italien! On résout par là ce problème étrange de ne pas même avoir vu une ligne écrite d'original par un auteur appartenant à l'idiome qu'on étudie. C'est en se fondant sur ces beaux raisonnements qu'on arrive à cette conséquence absurde de sacrifier une existence et une éducation au désir de parler une seule langue vivante. Je connais un père, bon catholique, qui a enseveli son fils au fond de la Suisse, dans une maison d'éducation protestante et libre-penseuse, sous le prétexte insensé de lui faire apprendre l'allemand. Tous ces pauvres gens qui n'entendent absolument rien à la formation de l'esprit humain et au gouvernement de nos facultés, pratiquaient au moins autrefois cette modestie de s'en rapporter à des jugements plus éclairés que les leurs. On leur aurait persuadé, dans ce temps-là, qu'il faut d'abord connaître et apprendre une langue par les principes, avant de chercher à se familiariser avec sa pratique, et que, faute de prendre cette voie, il ne reste plus qu'à imiter les domestiques et les garçons de place, qui, sans souci de la grammaire ni de la syntaxe, mettent à profit les instincts animaux de l'imitation et finissent, au bout de quelque temps, par se faire entendre d'une façon très-passable. Cette espèce particulière de possession de la langue peut être considérée comme l'équivalent de l'art fort utile aussi de dresser un couvert, de seller un cheval et de cirer les bottes; seulement ces faits se passent dans une région qui est en dehors du domaine de l'esprit, et ce n'est point avec cet allemand ni avec cet anglais qu'on se trouvera en mesure d'accepter l'ambassade de Londres ou de Berlin, encore moins de s'assimiler ce qu'il y a de supérieur et d'original dans le génie germain ou britannique.

Je n'ai pas de raison pour ne point aller jusqu'au

bout de ma pensée et pour ne point dire toute la vérité. Tous ces parents qui se procurent avec tant de faste et tant d'orgueil une nourrice italienne, une bonne anglaise, un valet de chambre allemand, ne s'aperçoivent pas de certains résultats imprévus dont les visiteurs s'égaient et dont les penseurs s'alarment. Je connais à l'heure présente, dans notre faubourg Saint-Germain, plusieurs petits enfants dont on m'a fait l'exhibition pour me démontrer l'inanité de mes vues. Il s'agissait de me convaincre de la perfection avec laquelle on peut apprendre une langue dans les antichambres de son papa et de sa maman. La preuve était complète et décisive : l'enfant parlait en effet l'allemand, de la même façon que le serin imite, à s'y méprendre, le cri du chardonneret lorsqu'il a été couvé par lui. Jusqu'ici tout allait bien, et la philosophie ne pouvait qu'avouer sa défaite : mais où commençait la comédie, c'était au moment malencontreux où vous vous avisiez, comme il est après tout assez naturel, de lui adresser la parole dans sa langue maternelle. Le pauvre enfant laissait voir alors son hésitation et son embarras, et il vous répondait avec un accent tudesque des plus prononcés. C'est au point que je ne sais pas s'il parviendra jamais à s'en défaire à force d'avoir été saturé d'allemand. Il y a là quelque chose de triste. Je veux bien que le peuple vaincu apprenne, suivant l'usage antique des nations, la langue de son vainqueur, mais le jour où il commence à oublier la sienne, c'est qu'il a déjà mis le pied dans le néant.

Une seconde conséquence de cet enseignement par

l'instinct, c'est que l'on crée une difficulté sérieuse et presque insurmontable à celui qui voudrait apprendre plus tard la langue étymologique et littéraire. On l'a fait descendre, par un contact prolongé et contagieux, jusque dans les régions triviales et incorrectes de la langue inférieure; lorsqu'il lui faut ensuite passer de l'antichambre au salon, et du salon aux Académies, il est mis en demeure de désapprendre ce parler bourgeois et domestique dont il avait fait sa première éducation; il lui faut oublier les façons du peuple, dont il a si mal à propos hanté la langue; cet italien des gondoles, des lagunes ou du Tibre, lui fait obstacle pour lire Alfieri et le Dante, et pour avoir échangé de l'anglais avec le chef des écuries de son père, il ne fait que s'en trouver plus mal à l'aise pour goûter lord Byron, ou comprendre lord Baconsfield.

On voit à quelle distance nous sommes de toute intelligence et de toute discipline littéraires, et comment l'étude des langues, enseignée suivant les pratiques de l'ignorance contemporaine, devient absolument stérile, et, dans une certaine mesure, nuisible pour la formation de l'esprit. C'est par ce procédé que les jeunes filles peuvent savoir deux ou trois langues sans que personne s'en doute, et sans qu'on en voie jamais rien transparaître ni dans leur conversation ni dans leur style. Elles ne savent ce que c'est que d'emprunter sa grâce et son harmonie à la langue du Tasse et de Silvio Pellico, sa précision substantielle à l'anglais, sa puissance d'abstraction à l'allemand. Lorsqu'elles ne se taisent pas dans deux ou trois langues, elles ne témoignent guère de leur savoir que par les fautes de français et les tournures vicieuses dont elles ne manquent point de faire l'emprunt à chacun de ces idiomes étrangers. Grâce à l'étrange méthode de l'instinct, elles en sont dominées et affectées, au lieu d'en faire l'assimilation à leur propre esprit.

Dès que l'on rend à l'étude des langues la place qu'elle doit légitimement occuper dans une éducation rationnelle, dès qu'on y cherche un moyen de former et de perfectionner l'esprit, on arrive bien vite à reconnaître qu'avant tout enseignement des langues modernes, on doit absolument faire passer celui des langues anciennes, ou, pour les appeler de leur nom si bêtement abhorré, l'enseignement du grec et du latin.

On ne saurait, bien entendu, entreprendre ici une campagne en faveur de l'éducation classique, ni rompre des lances en l'honneur de ce pauvre latin et de ce pauvre grec. Que voulez-vous qu'on réponde à des gens dont le mérite principal est d'avoir de l'argent, et la seule préoccupation d'en gagner, lorsqu'ils viennent vous dire avec tant de raison que le latin et le grec n'y servent de rien? Il est trop certain, en effet, qu'ils ne sont point de mise dans les affaires, et qu'à se montrer capable de les parler, on n'en retirerait d'autre profit que la réputation d'un pédant fieffé. Seulement, il y a une autre chose que ces serfs de la richesse pourraient se mettre devant les yeux, à force d'en faire chaque jour, à leurs dépens, l'amère expérience : c'est leur infériorité intellectuelle, et, avant tout le reste, leur incapacité presque absolue de s'exprimer, soit par la parole, soit par écrit. En vain se débattent-ils contre eux-mêmes pour trouver une issue à ce silence et sortir de leur propre mutisme ; leur pensée, incapable de prendre un cours régulier et suivi, s'embarrasse dans les incidentes, les relatifs et les parenthèses, au point que, tour-à-tour, elle s'arrête dans son effort ou se perd dans sa marche ; leur discours finit par se réduire à un vain bruit, semblable à celui de ces bouteilles trop étroites qu'on renverse brusquement la tête en bas, et dont le liquide gémit sans pouvoir venir à bout d'en sortir.

Pendant que ces pauvres gens suent sang et eau pour traduire leur pensée, et peut-être pour se la rendre présente à eux-mêmes, leurs interlocuteurs y mettent de la complaisance et vont volontiers au-devant d'eux : « on voit ce qu'ils veulent dire, » suivant l'expression consacrée, et tout le monde n'a pas le courage grammatical de Vaugelas, qui répondait sèchement à un de ces exterminateurs du français : « Je suis obligé de ne pas vous comprendre. » C'est ainsi que ces malheureux s'habituent de plus en plus à bégayer leur pensée. On finit par les comprendre à peu près comme ces étrangers de basse condition, qui, frottés de notre langue, finissent par s'expliquer, à l'aide de mots épars, reliés entre eux par des gestes ou par des grimaces.

Je ne dirai rien de trop en affirmant que le latin et le grec sont un des instruments les plus efficaces de la formation de l'esprit, et particulièrement que leur usage dans la traduction est un moyen incomparable de nous mettre en possession de la langue française.

Non-seulement le latin a, comme toutes les langues, son génie propre et ses tournures particulières de syntaxe, mais il se trouve qu'historiquement et dans l'ordre généalogique des idées, le latin est, par rapport au français, ce que l'on appelle une *langue-mère*. Si la suite des temps, les progrès de l'esprit, le mouvement de la pensée vers la simplification et l'abstraction ont donné à l'idiome moderne des qualités étrangères à l'idiome romain, il n'en demeure pas moins que la première source et la première origine en remontent au siècle d'Auguste, et qu'il faut chercher dans les écrivains de cette grande littérature les secrets de notre style.

On peut dire la même chose, à quelques variantes près, de l'influence du grec sur la formation de notre langue. Il y a eu un moment, marqué par l'influence des Estienne, par l'*Institution chrétienne* de Calvin, par les traductions d'Amyot, par les entreprises de Ronsard et de sa Pléiade, où le génie grec, représenté par d'éminents esprits, a lutté franchement pour s'emparer de nous, et pour ajouter ainsi une action directe à l'influence d'origine qu'il exerce déjà sur nos façons de parler et d'écrire par l'intermédiaire du latin.

Lorsque nous entreprenons de rendre dans toute sa vigueur, toute sa harmonie, toute sa richesse, quelque belle période de Cicéron, de reproduire les mouvements si aisés et si alertes de Tite-Live et de César, de rendre avec une sobriété et un éclat équivalent les traits profonds de Tacite ou les chocs étincelants de Lucain, il n'est pas douteux que nous nous trouvons en face de difficultés formidables. Avec des classes suffisamment faites, une connaissance idoine de la grammaire et une certaine habitude des lexiques, on peut toujours se tirer du sens et en obtenir pour soi-même un mot-à-mot pertinent, mais de là à faire passer d'une façon adéquate dans sa version toute la portée de ce sens, toute la profondeur de cette pensée, toute la grâce de ce style, toute l'harmonie de cette parole, il y a un véritable abîme. On sait bien que le latin est une langue éminemment synthétique : elle ne connaît point ces analyses constitutionnelles de la pensée, qui confient à des mots spéciaux placés en dehors des substantifs, des verbes et des adjectifs la charge de marquer les rapports grammaticaux des termes entre eux. La plus grande partie des mots latins est variable, et le changement de flexion suffit, indépendamment de la place que le mot peut occuper dans cette construction complaisante et flottante, pour marquer ses rapports et sa liaison avec le reste des mots qui expriment l'ensemble du jugement. Il suffit donc d'une ou de deux paroles pour synthétiser en latin tout un groupe de pensées et pour le faire apparaître à quiconque connaît la langue.

Mais ce n'est pas le tout, comme se l'imaginent si complaisamment les écoliers, d'entendre ce texte et même de l'entendre d'une façon absolue et achevée : il faut encore le rendre, c'est-à-dire trouver moyen, sans faire infidélité au génie de la langue française, de ressusciter toutes les beautés d'une langue morte. Il faut se plier aux exigences inexorables de notre construction, se résigner à faire marcher, suivant l'ordre si spirituellement raillé par Voltaire, d'abord le sujet avec son cortége d'incidentes ou d'épithètes, puis le verbe, puis l'attribut avec toute sa queue de régimes; il faut se résoudre à traîner après soi tout cet accompagnement d'auxiliaires, de prépositions, d'articles, serviteurs incommodes, qui vous encombrent et dont on ne peut cependant se passer. Pour peu qu'on veuille ne point se montrer infidèle aux beautés du latin, si l'on tient à ne point briser l'ordre des pensées, lequel est très-certainement pour beaucoup dans l'effet voulu et cherché par l'auteur, il devient absolument nécessaire de remplacer d'une langue à l'autre une espèce de mots par une autre espèce, de substituer, par exemple, les mots abstraits si conformes à notre génie aux épithètes dont abondent le latin et le grec, des substantifs encore ou des adjectifs à ces verbes et à ces infinitifs de verbes dont les énumérations renferment des lignes entières dans les périodes oratoires; il faudra couper ces interminables enchevêtrements de propositions dont la clarté de la synthèse latine fait une beauté, et remplacer ici un relatif par un terme abstrait, là quelqu'un de ces mots vagues dont les idiomes anciens s'accommodent de bonne grâce, par une expression qui, conformément aux exigences critiques de l'esprit moderne, serre de plus près la pensée de l'écrivain et mette en quelque sorte la main dessus.

Tout ceci et beaucoup d'autres conditions encore sur lesquelles il ne serait point difficile d'insister, reviennent à dire en substance qu'il n'est pas possible de faire passer un ensemble d'idées d'un texte latin dans un texte français, sans entrer dans la pensée de l'écrivain qu'on traduit, plus avant peut-être qu'il n'y est entré lui-même. L'intervalle de temps qui s'est écoulé et le progrès qui s'est accompli entre le temps passé et le temps présent se trouve marqué dans la différence des deux langues. Tandis que le latin est visiblement une langue synthétique, le français se trouve devenu au plus haut degré un instrument d'analyse. Or, passer de la synthèse à l'analyse par un travail de réflexion égal à l'inspiration de la spontanéité, n'est-ce pas là le véritable secret de la possession de soi-même dans l'ordre littéraire, et je pourrais ajouter dans l'ordre moral? La plus haute vertu finit par ressembler à l'innocence, alors que l'homme veut par devoir tout ce qui lui est inspiré par enthousiasme.

Il ne s'agit plus, comme on le comprend de reste, de rien qui ressemble au travail de l'amplification. Le traducteur ne doit rien ajouter à la lettre même du texte dont il se fait l'interprète. Il ne faut pas alléguer, comme l'ont fait à plusieurs reprises les auteurs de certaines versions fantaisistes, que l'intercalation intelligente de tel ou tel mot dans le texte est faite pour en éclairer le sens, et pour en rendre ainsi dans la traduction l'intelligence plus vive et plus complète. Ce qu'on fait en pareil cas, ce n'est plus une traduction, c'est un commentaire. Assurément, un commentaire a du bon; il a son utilité propre qu'il ne faut point dédaigner; mais enfin il ne va pas à autre chose qu'à la possession du sens dans le texte. La traduction a des devoirs plus étroits. Il faut absolument qu'elle découvre, dans la nouvelle langue qu'elle substitue à la première, des équivalents pour faire revivre le genre de beautés qui constituait le mérite et le cachet du morceau original. C'est là un travail vraiment supérieur. N'est-il pas bien difficile à un Anglais de trouver dans sa langue, si froide, si sourde, si sifflante, si peu imagée, le moyen de rendre les grandes allures, la majestueuse ampleur, l'harmonie éclatante de l'idiome espagnol ? Combien il est malaisé de garder leur physionomie aux périodes enveloppées et compliquées de la langue allemande, lorsqu'on cherche à les faire passer dans le langage si clair, si correct, si logique de l'Italie. Et, pour ne parler que du latin, comprend-on quel courage il a fallu à l'illustre grammairien M. Burnouf, lorsqu'il a entrepris de plier notre idiome français, si encombré de mots parasites, à l'effrayante concision du style de Tacite ? Comprend-on jusqu'à quel point il lui a fallu connaître le fond de notre langue et en posséder les ressources, pour donner ainsi à notre idiome je ne sais quel aspect inaccoutumé, quelle solidité marmoréenne, quelle concision digne des Spartiates, que nous ne lui connaissons guère ni dans son emploi habituel, ni même dans nos traditions littéraires ? Un pareil effort est une conquête, et un pareil résultat une création. Si l'on voulait pousser aussi loin l'idéal de chaque traduction, on finirait par trouver ainsi, dans l'ensemble du français, la langue particulière qu'auraient parlé, pour ne citer que des poètes, Horace, Virgile, Ovide, Lucain, Juvénal, et il ne serait pas impossible alors, comme nous le faisions remarquer plus haut, à la simple lecture d'une version d'une page, alors même que rien dans le fond des idées ne décèlerait l'écrivain, de nommer l'auteur étranger auquel elle devrait être rapportée. On retrouverait ainsi, dans cette traduction parfaite, la morbidezza un peu flottante d'Ovide, l'exquise délicatesse de Virgile, l'emphase moitié obscure et moitié lumineuse de Lucain, et enfin ce langage de Juvénal, plein d'une trivialité qu'il sait transformer en traits de génie.

Un travail de traduction ainsi entendu ne peut pas être demandé, ni peut-être même expliqué aux jeunes gens qui en sont encore à faire leurs classes. Il faut, pour le bien concevoir et surtout pour l'appliquer dans toute sa rigueur, une maturité d'esprit, une sévérité de goût, une puissance de volonté, qu'on pourrait difficilement attendre de la jeunesse. Aussi ce travail, tel que nous venons de le décrire et malgré les avantages supérieurs que nous avons fait toucher du doigt, n'est-il pour ainsi dire jamais pratiqué. Les hommes qui commencent à se sentir en mesure d'écrire sont pris, surtout de notre temps, d'une impatience fiévreuse de paraître. Ils ne conçoivent pas qu'ils puisse sortir de leur plume une ligne ou un mot sans que ce mot soit confié à la presse; il leur semblerait commettre un crime s'ils dérobaient au public la moindre partie de ce qu'ils lui ont destiné. Ils oublient bien mal à propos que les grands peintres, par exemple, attendent, pour entreprendre une fresque, d'avoir achevé leurs cartons, et que ces cartons eux-mêmes ont été préparés par une série d'esquisses, d'abord au simple trait, puis, par parties, ombrées et même colorées. Ce labeur de la coulisse n'est point destiné à s'étaler aux yeux du public : tout ce qui pourra en résulter de force de conception, de sûreté de main, de bonheur d'exécution est destiné à passer, à se fondre, à se transfigurer en quelque sorte dans la composition finale; pourvu que l'œuvre définitive y gagne, l'artiste ne regarde point à la longueur et à la peine de sa préparation.

N'est-il pas bien étrange que nos jeunes auteurs, et tous ceux que, malgré quelques écrits déjà publiés, on peut appeler encore nos futurs écrivains, n'aient pas le même courage et le même bon sens? Je voudrais voir un homme de vingt-cinq ans, à la veille ou le lendemain de ses thèses de docteur, dans l'intervalle des séances du conseil d'Etat, entre une plaidoirie et un mémoire, en un mot, alors qu'il pourrait déjà écrire pour son propre compte, s'imposer dans les conditions les plus sérieuses et les plus efficaces ce régime et cette discipline de la traduction, de la même façon que Paganini filait des gammes pendant une grande partie de la matinée lorsqu'il devait exécuter un concerto le soir. Il faudrait, afin de pousser l'épreuve à bout et se bien assurer qu'on s'est, en effet, mis en possession des termes qu'on cherchait, soumettre invariablement sa traduction à quelque critique exigeant et délicat, ou même, si l'on en a la bonne occasion, à quelque pédant mal commode, grincheux, et assez confit dans l'admiration du latin et du grec, pour être bien persuadé que de pareilles beautés sont définitivement intransportables. Comme il ne s'agit point du tout, dans un semblable exercice, de recevoir des compliments mais des avis, il faudra regarder comme singulièrement précieuses les remarques qui pourront nous être ainsi adressées. Plus on nous montrera l'insuffisance de notre traduction et le manque de propriété de nos termes, plus on nous remettra sur la voie de nouveaux efforts, et par conséquent sur la trace de l'expression propre à laquelle nous ne sommes point encore arrivés.

J'ai vu quelques-uns des grands écrivains de notre temps, ceux-là même qui avaient le moins besoin de recourir à une semblable ressource, ne pas laisser que d'entreprendre, par une sorte de dilettantisme littéraire, la traduction définitive de telle ou telle page dont ils se sentaient, à l'heure présente, plus particulièrement frappés. Ils entamaient ainsi une véritable lutte corps à corps contre tel ou tel grand génie, dont il leur plaisait de défier la gloire et de mesurer la résistance. Ces simples traductions deviennent parfois de véritables originaux, témoins les versets des Ecritures qu'on trouve partout épars au courant des œuvres de Bossuet. Il semble que ces exemples illustres soient faits pour calmer et pour rassurer un peu l'amour-propre des débutants ; et bien qu'ils se croient arrivés au moment d'enseigner, il est cependant bien certain qu'ils n'ont point passé l'âge d'apprendre. Le temps qu'ils donneront à cette gymnastique de leur esprit ne sera point aussi perdu et aussi évanoui que le redoute leur amour-propre. L'homme qui a fait de grandes provisions ne saurait sans doute manger davantage. Il n'en est pas moins certain qu'il pourra à propos varier son régime et ne sera point embarrassé pour servir un menu convenable à ses convives. C'est tout-à-fait l'histoire de l'homme qui s'est familiarisé de longue main avec les ressources de la langue. Ce n'est pas pour se perdre dans une incommensurable prolixité qu'il a amassé ce trésor varié d'expressions diverses :

tout au contraire, il est en mesure de choisir parmi tant de mots disponibles l'expression la plus précise et la plus exacte ; son style acquiert ainsi un nerf particulier. Il est vrai qu'il ne suffit pas pour cela d'avoir des richesses, mais qu'il faut encore savoir en faire usage, et voilà pourquoi, après avoir traité dans ce chapitre des moyens de se pourvoir de mots, il nous reste à voir dans le chapitre qui va suivre les moyens à employer pour s'en servir d'une façon commode et opportune.

CHAPITRE VI.

DES MOYENS D'AVOIR A SA DISPOSITION LES MOTS DONT ON S'EST POURVU.

Ce n'est point assez d'avoir amassé une provision de mots capable de suffire à toutes les nécessités de la pensée ; ce n'est point assez de s'être familiarisé avec les ressources de la langue, de façon à n'en ignorer aucun terme ni aucune tournure ; il faut encore, pour que la plume marche et pour que le style procède avec un certain bonheur d'expression, que chacun de ces mots soit à la disposition de celui qui écrit, au moment où il cherche à rendre sa pensée. C'est ce que le latin exprimait par cette formule si brève et si énergique : *In promptu, in manu habere verbum.* Toutes les richesses deviennent inutiles, si elles demeurent immobilisées. On ne rencontre que trop souvent dans le monde de ces esprits fermés et empâtés, d'où nulle idée ne peut venir à bout de sortir. Les mots leur reviendraient sans doute et ils ne seraient point embarrassés pour en pénétrer le sens, si ces mots leur étaient présentés; mais ils ne savent en faire aucun usage pour leur propre compte. Toute leur science demeure dans leur tête, comme un de ces billets de banque de quatre ou cinq mille francs, qu'on laisserait au fond de son portefeuille, sans en pouvoir faire emploi, faute d'en trouver la monnaie.

C'est le cas, en pareille occasion, d'employer le procédé laborieux de Boileau :

Je cherche au coin d'un bois le mot qui m'avait fui.

Sans doute, il faut beaucoup de persévérance et de ténacité, il faut avoir une robuste intuition de son sujet pour ne point le perdre de vue à travers de telles pérégrinations ; mais enfin, quelque pénible et quelque prolongé que puisse être ce travail, il n'est au-dessus de la bonne volonté de personne; et qui plus est, il n'est personne qui ne s'y soit livré bien des fois dans sa vie. Ne connaissons-nous pas l'homme qui cherche ses mots dans un discours, ou même dans une conversation? Lorsqu'il se trouve ainsi en face d'un interlocuteur et pressé par la nécessité de répondre, il fait, pour parvenir à s'expliquer, des efforts souvent pénibles pour tous deux, mais qui finissent par aboutir. De même, si une circonstance considérable lui fait une loi de formuler par écrit une prière, une excuse, une explication délicate ou des félicitations imposées, il sait bien que, dans une pareille lettre, tous les mots auront leur valeur et leur portée et que chacun d'eux doit être pesé séparément. Alors il ne laisse plus courir sa plume avec cette précipitation effrénée qui, suivant le mot de Molière, ne trouve rien de trop chaud ni de trop froid et s'abandonne au premier terme venu.

Il faudrait, pour bien faire, se placer par la pensée dans les conditions mêmes où les exigences de la vie nous imposent ce choix sévère et cet examen rigoureux des termes que nous employons. Tout le monde n'a pas ce courage, et vous persuaderiez difficilement à un homme du monde d'écrire deux lignes en deux ans, deux lignes qui ne se rapportent à rien de réel et qui ne soient destinées à âme qui vive, alors même que vous lui promettriez tous les avantages et toutes les supériorités du monde. Le plus simple et le plus aisé est donc encore de recourir à la conversation, laquelle constitue une éducation naturelle du style. Il n'y a pas de place pour les fictions dans les répliques d'un entretien. L'homme auquel vous vous adressez tient essentiellement à vous comprendre : il y va de son agrément ou de son intérêt. Plus d'une fois même, dans l'animation du dialogue, dans la controverse des idées, dans le choc des passions contradictoires, celui qui vous écoute, bien loin de vous offrir aucune facilité d'intelligence, résiste ou se dérobe autant qu'il le peut. Il faut qu'il soit serré par la précision et vaincu par l'évidence de votre langage. Vous avez donc besoin, uniquement pour ne pas succomber et avant tout pour vous faire entendre, de présenter votre pensée à l'aide de tous les mots qui peuvent la servir. Il y a, dans le seul fait de se sentir écouté par un homme qui va vous donner la réplique et dont le regard ou la physionomie trahissent déjà l'opposition, une anxiété qui stimule l'intelligence et l'empêche de se livrer à une inertie dont on tirerait des armes contre elle.

Cette conversation d'affaires et de nécessité finit par créer à ceux qui s'y livrent une facilité remarquable dans ce genre du reste plus qu'inférieur. C'est ce qu'on pourrait appeler l'éloquence *du boniment*, et Balzac nous en a donné un remarquable spécimen dans les tirades ébouriffantes de l'*illustre Gaudissart*. A force de ressasser les expressions qui se rapportent à la vente et à l'achat, à la laine et au coton, au sucre et à la cannelle, ces bonnes gens finissent par acquérir une remarquable dextérité dans le maniement de ces termes : ils s'y sont fait une aisance et une grâce avec laquelle ils se persuadent presque tous qu'ils sont devenus des orateurs ou des écrivains, sans se dire, comme ils devraient le faire, que tout se réduit pour eux à un de ces rouleaux d'orgues, sur lesquels on a pointé un air et qui ne saurait absolument pas en faire entendre un autre.

La conversation dont on peut attendre quelque progrès, n'est pas celle dont tous les mots sont commandés et reproduits par la tyrannie des mêmes nécessités. Il ne faut pas confondre la conversation d'affaires avec la conversation de loisir : la première, étroite, tendue, préoccupée, usant des facultés de l'esprit et des mots de la langue comme d'un outil et d'un instrument de travail; la seconde, libre, dégagée, maîtresse d'elle-même, habitant les hauteurs et toujours prête à prendre son vol de sommets en sommets. Cette conversation-là est le vrai luxe, la force toute-puissante, la prééminence assurée de quiconque la goûte et la pratique. Ici, ce n'est plus pour sauvegarder un intérêt, pour se ménager un bénéfice, pour s'épargner une rebuffade, qu'on cherche à s'exprimer clairement, mais pour le plaisir bien autrement noble et bien autrement délicat de donner satisfaction aux personnes distinguées avec lesquelles vous êtes en rapport. C'est un louable et fructueux amour-propre, c'est un besoin plein d'honneur et de profit, que le désir où nous sommes d'échanger ainsi mutuellement le fond de nos âmes, de nous communiquer non pas seulement nos jugements et nos pensées, mais nos sentiments et nos impressions, de façon à les multiplier et à les agrandir par le fait même de cet échange. Il arrive alors, ce que nous avons pu remarquer tant de fois sur nous-mêmes, lorsque nous nous sommes sentis dans ces salons où l'on parle et où l'on écoute véritablement : nous avons eu des heures heureuses, des moments de transfiguration, des veines d'esprit et presque des éclairs de génie. De la même façon que, dans certains banquets de la grossière populace, il se répand parmi les convives, une excitation toute matérielle qui circule avec la chaleur de la salle et la senteur des mets de façon à produire une sorte d'ivresse stomacale, il y a dans le monde des esprits, à travers la respiration des fleurs, sous le regard des femmes, ou bien au contact d'un grand esprit qui s'abaisse pour vous donner la réplique, il y a une sorte de tressaillement et comme un réveil profond de l'âme : toutes les cordes se tendent pour se mettre à l'unisson dans un mode supérieur.

A ce moment-là, la puissance de l'esprit devient

telle, que non-seulement nous retrouvons à point nommé l'expression dont nous avons pu avoir la moindre connaissance, mais que, dans un très-grand nombre de cas, nous tirons de ces mots déjà connus et usés des effets absolument nouveaux par lesquels ils se rajeunissent. Cette influence de la conversation sur le progrès de l'esprit et sur le maniement de la langue sert à la fois de préparation pour la composition et pour le discours. Toutefois, il ne faut pas s'y tromper et se laisser aller là-dessus aux préjugés vulgaires. La conversation du monde, malgré ses allures capricieuses, ses habitudes d'abandon, ses saillies, ses langueurs, ses vivacités, a des rapports beaucoup plus étroits et beaucoup plus directs avec le style écrit qu'avec le discours. On pourra s'en convaincre, lorsque nous arriverons, s'il plaît à Dieu, à donner dans un autre ouvrage les règles de la diction et de l'improvisation oratoires. Dès à présent, on ne saurait contester que le mérite de la conversation ne soit dans la justesse, l'à-propos, la propriété des mots. Nous avons peut-être quelque peine à nous en rendre compte, par cette raison regrettable que la véritable conversation a presque complètement disparu. Aujourd'hui il est infiniment peu de personnes qui sachent à la fois écouter et répondre. Vous rencontrez à chaque instant dans le monde, même dans un monde relativement élevé, des gens qui regardent comme un entretien les tirades auxquelles ils se livrent, sans avoir en eux-mêmes la force de les arrêter. Ils prennent fort mal à propos pour un consentement, et peut-être pour une admiration, le silence de la politesse. Ils auraient besoin de quelqu'un pour les interrompre et pour leur fournir ainsi une porte de sortie décente. Faute de ce secours, ils roulent sur leur pente, semblables à un objet inerte qui ne saurait trouver en lui-même l'initiative de son repos. Une conversation de cette espèce n'a rien à démêler avec un usage quelconque de la langue. Mais si nous rentrons dans les habitudes et si nous nous soumettons aux exigences de la véritable conversation, il en va tout autrement. Le premier besoin de l'homme qui s'entend parler, pendant que les autres se taisent, est d'user avec discrétion de l'honneur qui lui est fait et de l'attention qui lui est prêtée : il tend à abréger, et non point à se complaire dans les développements. Il n'oublie jamais, à moins d'être un de ces hommes exceptionnels que l'on met volontairement en scène pour la plus grande satisfaction de la société, qu'il est en présence de ses égaux et de personnes qui pourraient se faire entendre au lieu d'écouter. Il faut donc, s'il est discret, qu'il se réduise soigneusement à l'essentiel. C'est là ce qui est observé au plus haut degré dans les véritables salons où chacun choisit dans ce qu'il pense, pour ne donner de vive voix que l'exquis et le saillant. On comprend dès lors qu'il y ait à faire un véritable effort littéraire pour ne point laisser à la parole cet aspect filandreux et indécis auquel se reconnaît le bavardage. Alors les facultés se tendent, elles font un effort pour se montrer au niveau de la situation : il y a des conversations réussies, comme des discours à applaudissements et des ouvrages à succès.

Cette influence de la conversation sur le choix et sur l'emploi du mot propre s'atteste par un phénomène qui tient une grande place dans l'histoire des lettres. N'y a-t-il pas quelque chose d'un peu étrange et, dans une certaine mesure, de confondant, à voir un homme du monde, à peine nanti d'une éducation suffisante, et souvent fort négligé dans sa première jeunesse, à le voir, dis-je, mettre tout d'un coup la main à la plume alors que, jusque-là, il n'avait guère accoutumé, comme le dit Georges de Scudéry, qu'à la porter à son chapeau. Il écrit, et quoiqu'on fasse fi assez volontiers de ce qu'on voudrait appeler la littérature de gentilhomme, il ne faut pas oublier qu'en dehors de la tradition des pédants, ces écrivains à talons rouge ont toujours fait bonne figure dans notre littérature. Faut-il nommer Saint-Simon et Vauvenargues, La Rochefoucauld et Descartes lui-même, le cardinal de Retz, le chevalier Hamilton, Bussy-Rabutin et tant d'autres, sans parler des femmes, de Mme de La Fayette, de Mme de Sévigné, de tous ceux et de toutes celles qui transportèrent vivante dans leur prose immortelle cette conversation du salon qu'on croyait si volontiers éphémère. Comme Vadius et comme Trissotin, comme M. Bobinet, précepteur des enfants de Mme la comtesse d'Escarbagnas, serait empêché de trouver la plume à la main ces expressions si vives, si fines, si nettes, et comme on sent que le suprême besoin de ne pas rester court, sous le feu croisé des regards et dans cette lutte des amours-propres, suffit pour donner à l'esprit une élasticité incomparable, une puissance de coup d'œil dans la recherche des termes et une promptitude de décision égale pour les choisir!

Il ne manquera pas de gens pour faire cette objection, qu'après tout, il n'est donné à personne de se faire sa destinée ; personne, comme on l'a dit fort spirituellement, ne peut se flatter d'être venu au monde sur les genoux d'une duchesse. Il est donc assez naturel, sans méconnaître l'avantage qu'un esprit peut retirer du contact et de la familiarité avec ce monde supérieur, de s'en tenir à sa propre condition, tout en regrettant de ne pouvoir être introduit dans le paradis terrestre. J'ignore jusqu'à quel point cette remarque pouvait être fondée dans un ordre de choses qui n'est plus ; mais ce que je sais bien, c'est que, par une transformation plus forte que toutes les résistances des hommes, notre société est devenue absolument démocratique. Il n'y a plus, à vrai dire, de porte fermée, et il n'est pas de sanctuaire qui n'ait une entrée ouverte du côté de la rue. Il arrive ici ce qui arrive partout, en dépit des prétentions égalitaires de notre temps. On circule présentement sur la Seine au moyen de petits bateaux à vapeur, sur lesquels on paie indistinctement quinze centimes, à toutes places et pour tout trajet. Vous pouvez remarquer que, sur ces bateaux où n'existent ni barrières, ni défenses, les personnes d'un certain monde se groupent par une convention tacite sur le tillac et dans la chambre d'avant, pendant que les gens du peuple se réunissent plus volontiers dans le compartiment d'arrière et tout près du gouvernail. Il en va tout-à-fait ainsi des sociétés mondaines. L'homme qui se sent encore inférieur et qui aurait tant à gagner dans la sphère d'un entretien plus élevé, recule devant l'ennui d'y paraître et l'effort d'y jouer son rôle. Au lieu de se tourner du côté d'un monde où son esprit serait obligé de mettre des gants, il aime mieux regarder du côté d'en bas, imitant ainsi certaines femmes peu revêches qui font volontiers leur bézigue avec leur cocher ou leur femme de chambre.

C'est surtout à la jeunesse que de pareilles remarques peuvent être faites et de semblables recommandations adressées. Il y a quelque chose de lamentable à voir tant d'adolescents multiplier leurs efforts et prolonger leurs veilles pour arriver à une éducation suffisante de leur esprit, sans pouvoir prendre sur eux de demander au contact de la société polie cet achèvement rapide et délicat de leur style parlé ou écrit. Combien d'étudiants auraient tout intérêt à laisser sur leur pupitre leur composition inachevée et à revêtir le frac noir, pour aller chercher dans le vrai monde ces leçons de haut goût qu'aucune veillée de labeur ne saurait atteindre ni remplacer.

Quelle que soit la mesure dans laquelle il a pu être donné à chacun de s'habituer par la conversation au maniement prompt et facile des termes de la langue, nous voici maintenant en face de notre papier, la plume à la main et notre plan sous les yeux. Nous poursuivons la tâche de le développer par écrit, et de représenter dans leur détail les pensées dont nous n'avions indiqué que la somme.

Ici se pose une question fondamentale, qui doit être résolue avant toute autre. Je m'étonne de ne la trouver mentionnée dans aucun traité.

Nous écrivons d'abord une phrase, et voici qu'en

continuant notre pensée, nous éprouvons quelque embarras et quelque hésitation, parce qu'il nous manque un mot pour nous exprimer. Disons mieux et soyons plus exacts : nous ne manquons pas absolument de mots pour faire entendre ce que nous voulons dire, cette détresse serait une extrémité incurable à laquelle bien peu de personnes sont tombées ; la vérité est que, sans en être réduit à cette paralysie et à cette immobilité, notre inexpérience nous entraîne à faire un de ces mouvements vagues et incertains qui rompent la mesure et font détonner la note. Nous sommes donc arrêtés tout au milieu de notre phrase, non point par le défaut absolu de vocable, mais parce que nous avons la conscience très-nette, d'une part de vouloir dire une certaine chose, et, d'autre part, de n'y point aboutir par le chemin que nous prenons.

Or, voici le problème dans toute sa simplicité et en même temps dans toute sa difficulté.

Que faut-il faire en pareil cas? et ce cas se renouvelle non pas seulement de page en page, mais presque de phrase en phrase.

Quel parti faut-il prendre ?

Faut-il s'arrêter net, poser au besoin la plume, et procéder, sans désemparer, à la recherche de la tournure dont on a besoin, jusqu'à ce qu'elle ait été saisie et introduite dans le texte, et finalement s'en tenir au parti pris d'ajourner la reprise de son travail jusqu'à épuisement de cette difficulté ; ou, au contraire, convient-il mieux d'écrire sans balancer quelque façon de s'exprimer provisoire, dont, à une seconde lecture, on complétera l'insuffisance ou l'on rectifiera l'inexactitude ?

Cette question, comme on le voit, n'est pas de celles qu'on rencontre une fois en passant, et sur lesquelles il soit possible de flotter, sans que cette indécision tire à conséquence. Suivant le parti auquel on s'arrête et suivant la pratique qu'on adopte, on se ménage ou l'on se refuse des avantages précieux.

Nous estimons qu'entre les deux alternatives de ce dilemme il y a place pour un troisième parti, et pour en faire mieux ressortir la nécessité et les avantages, montrons le péril littéraire, ou d'un arrêt brusque pour chercher, ou d'une expression provisoire pour passer outre.

Il faut bien se représenter que, lorsqu'on a la plume à la main et lorsqu'on poursuit, dans les conditions de préparation et de science que l'on sait, le développement écrit de sa propre pensée, l'intelligence se trouve montée à un diapason beaucoup plus élevé que la moyenne de notre vie. Il y a là comme une espèce de fièvre de production, et nous devons veiller avec soin pour ne pas nous trouver emporté par notre propre imagination. Il se passe ici, en dépit de tout effort et de toute discipline, quelque chose d'analogue à ce qui arrive dans ces rêves que nous faisons parfois tout éveillés : nos pensées se déroulent devant nous comme les flots précipités d'un torrent, et il suffit de l'intervalle de quelques minutes pour nous trouver à cent lieues des idées que nous traversions un instant auparavant. Il est vrai qu'à ces moments-là, nous ne prenons point souci ni de retenir, ni de gouverner notre esprit : nous l'abandonnons au courant du flot, et nous ne devons pas trouver étonnant qu'il s'y laisse entraîner.

Bien que l'état d'esprit de l'écrivain qui cherche un terme du langage soit essentiellement différent, le résultat ne laisse pas d'être analogue. Voyons, en effet, ce qui se passe dans la pensée de l'auteur, lorsqu'il arrête sa plume sur le papier et se met résolûment à penser pour découvrir le mot qui manque à sa phrase.

Ne perdons pas de vue qu'à ce moment-là il ne se trouve pas à court à la façon d'un auteur qui, hésitant et balbutiant, demande à l'improvisation la fin de sa période, sans pouvoir l'obtenir de son trouble. Nous arrêtons le travail de notre main, parce que nous discernons clairement l'insuffisance de la tournure qui s'est d'abord offerte à nous. Nous voyons d'un côté notre pensée, de l'autre cette pâle image, cette copie infidèle, et nous comprenons fort bien qu'on n'apercevra point l'original à travers ce triste portrait. Qu'arrive-t-il alors? C'est que, rejetant cette première façon de nous exprimer et partant pour la conquête de quelque chose de plus satisfaisant, nous continuons, sans y prendre garde, le travail d'esprit que nous avons commencé. Bien que notre main s'interrompe et que l'écriture soit suspendue, notre intelligence ne laisse pas de passer outre et de poursuivre son chemin. Saisissons bien cette nuance délicate, et ne nous méprenons pas sur ce qu'on veut expliquer.

Pour bien faire et pour ne point s'égarer, il faudrait, pendant tout le travail de cette recherche, ne pas cesser d'avoir sa pensée présente, telle qu'elle s'est offerte à nous dès le premier moment de notre conception, telle qu'elle résulte de ce qui précède et qu'elle prépare ce qui doit suivre. Il nous faudrait avoir une clarté et une fermeté de jugement suffisantes, pour maintenir au dedans de nous cette perception première de la vérité, telle qu'elle nous a apparu mentalement, alors que nous avons jugé insuffisante la première expression dont nous n'avons pas voulu. S'il en était ainsi, si l'on pouvait compter sur cette décision et cette stabilité intellectuelles, le travail de l'expression, tel que nous l'étudions en ce moment, s'accomplirait dans les mêmes conditions et par les mêmes moyens que le travail de la traduction proprement dite, dont il a été question plus haut.

Lorsque vous vous trouvez en face d'un texte imprimé, toutes les difficultés et tous les retardements du monde, tous les essais que l'on tente, tous les labeurs par lesquels on passe, ne peuvent absolument rien sur la pensée de l'auteur. Elle demeure immuable, impassible, et tandis que nous essayons de lui ajuster une expression qui la rende d'une façon égale, elle ne change point pour cela et elle demeure complètement à l'abri des vicissitudes de nos tentatives.

Est-il besoin de dire que personne peut-être au monde ne saurait se vanter à bon droit d'avoir l'esprit assez ferme et la pensée assez définitivement arrêtée, pour appliquer ce procédé à la recherche de l'expression, lorsque l'original à rendre n'a point encore revêtu de corps en dehors de notre entendement? S'il y a des intelligences assez fortes, et je dirais presque des génies assez puissants, pour avoir une intuition aussi lucide et aussi inébranlable de leurs visions intérieures, il ne faut pas perdre de vue qu'ils seraient ainsi en dehors et au-dessus de la presque universalité des hommes. Pour eux tous, voici en effet ce qui se passe.

Au moment où nous cessons d'écrire parce que le mot dont nous allons tracer la première lettre ne nous paraît pas rendre suffisamment notre pensée, il faut bien, ne fût-ce que pour nous convaincre de cette insuffisance, que nous fassions un retour sur cette pensée elle-même et que nous la maintenions présente au regard de notre intellect. Or, suivant ce qui a été remarqué plus haut, notre esprit se trouve précisément dans un état d'effervescence et d'enfantement dont il lui est bien difficile, pour ne pas dire impossible de sortir, afin de se borner bénévolement au rôle de traducteur. Au moment donc où nous cessons de peindre des caractères pour nous retourner du côté de nous-mêmes, il arrive tout naturellement que notre pensée, sans s'occuper de savoir si elle est rendue, tend à suivre son cours et à s'achever. Il se produit donc là, entre la rédaction écrite qui s'interrompt et l'intellection mentale qui se poursuit, une véritable solution de continuité. Alors même que l'analyse psychologique ne nous en montrerait pas la réalité et ne nous permettrait pas d'en découvrir la raison d'être, cette solution ne laisserait pas d'être visible dans la lettre même du texte, où le point de suture se laisse presque inévitablement apercevoir au moment de la reprise. Il est bien facile, en effet, de comprendre que la difficulté augmente à mesure que la suspension se prolonge. Si, au moment même où une pensée s'offre à nous sous sa forme première et précise, nous éprouvons quelque embarras, quelque hésitation, pour lui trouver couramment une formule adéquate, ce sera une bien autre affaire de raccorder la fin de la phrase avec le commencement, lorsque, durant cet intervalle de temps, la pensée primitive du premier membre aura été revue, remaniée, agrandie, quelquefois même transformée par une objection ou une réticence. L'écrivain inexpérimenté se trouve alors tout-à-fait hors de la voie ; il ne sait plus à quoi se prendre : il ressemble à ces cavaliers maladroits qui, pour avoir manqué dans leur élan le but où visait leur lance, se sentent emportés dans la direction de leur écart et ne peuvent plus obtenir de leur monture de revenir sur leurs pas pour recommencer l'assaut. La difficulté qui naît de cette déviation et de cet emportement de la pensée, est si considérable, qu'il n'est pas rare de voir un auteur, après un séjour plus ou moins long sur la limite de cette coupure, désespérer finalement de la franchir : l'intervalle s'est agrandi de tout son travail intellectuel, et, comme il arrive dans les grandes mers de glace, ce qui n'était d'abord qu'une fissure s'est transformé rapidement en un abîme gigantesque.

Nous venons d'examiner la première des deux alternatives que nous nous étions posées, à savoir celle qui consiste à interrompre la suite de sa rédaction pour vaquer à la découverte du mot propre qui vous permettra de passer outre. Le malheur, comme on vient de le voir, est que l'esprit n'attend pas jusqu'à ce qu'il se soit satisfait au point de vue du style, et qu'il continue de pousser en avant, sans prendre souci de la lacune. A mesure que la réflexion se prolonge, elle aboutit non pas à rapprocher, mais à éloigner le mot dont on se met en peine.

La seconde alternative consiste, précisément pour éviter ce retard qui devient si aisément une déviation, à jeter sur le papier, sous sa forme la plus insuffisante et la plus incorrecte, l'expression provisoire dont il ne serait assurément pas possible de se contenter. L'auteur la consigne par écrit, non point du tout avec l'arrière-pensée de la regarder comme suffisante et de s'y tenir, mais au contraire avec le dessein ouvertement arrêté de la faire disparaître à la révision et de la remplacer par quelque chose de plus précis et de mieux approprié à l'ensemble. Dans ces conditions, le travail de la rédaction n'est point suspendu par la réflexion ni entravé par la critique; il peut se poursuivre sans encombre, et par là on évite les objections qu'on vient de voir soulevées contre le premier parti. On laisse sans doute sur son chemin des traces d'incorrection et d'imperfection dans son style; mais la pensée de l'écrivain, allégée de ces difficultés qu'elle jette résolûment par-dessus le bord, poursuit sa course avec plus d'aisance et manœuvre avec plus de facilité. Il est donc certain que le système de l'expression provisoire, adoptée au courant de la plume et avec une pensée de retour, ne donne pas prise aux mêmes critiques que le système de l'arrêt. Il est toutefois difficile de le trouver préférable, lorsqu'on prend la peine d'examiner en détail les inconvénients qui lui sont inhérents.

Le premier de tous, c'est que ce procédé revient, comme tant d'autres, à ne point terminer ce qu'on a entrepris et à le laisser en quelque sorte indécis et suspendu. Si vous vous prêtez à l'expédient si commode et si peu coûteux des expressions provisoires et condamnées à disparaître avant même d'avoir été fixées sur le papier, vous touchez, soyez-en certain, à un autre péril de faiblesse et de laisser-aller. Vous en viendrez bientôt, n'en doutez point, à laisser vos périodes suspendues, vos phrases inachevées, le sujet ou l'attribut en blanc. Il est si doux, si flatteur, si tentant pour la pauvre nature humaine, de remettre sa résolution et son effort au lendemain! Ce n'est pas seulement là affaire de littérature ou de style, mais hélas! n'est-ce pas aussi l'histoire véridique des hésitations de notre vertu et des défaillances de notre courage? Est-il beaucoup d'hommes qui ne ressentent une secrète joie, toutes les fois qu'une circonstance indépendante de leur volonté, ou simplement un prétexte sortable, leur permet de remettre honnêtement à demain la résolution qui leur coûte tant aujourd'hui? Il en va de même lorsqu'il s'agit de rendre sa pensée, et on ne trouvera pas de résistance chez les élèves, lorsqu'on les autorisera ainsi à renvoyer à un deuxième travail la découverte toujours pénible du mot propre.

S'il était possible à l'écrivain inexpérimenté de s'en tenir strictement à la règle, prise dans un sens étroit, s'il ne se concédait à lui-même la licence de laisser dans ce premier texte une expression provisoire qu'à la condition d'avoir rencontré une difficulté réelle, on pourrait encore se résigner à cette méthode. Elle serait sujette sans doute à d'autres inconvénients qui vont être signalés. Mais enfin on pourrait encore s'accommoder de son emploi, et tolérer, après la première rédaction, un supplément de travail portant sur un petit nombre de points. Voilà sans doute ce qu'il est loisible de supposer, mais la nature est là pour transformer en bien peu de temps cette prétendue exception en une habitude. Du moment où l'esprit se sent autorisé à se dérober et à passer à côté d'une première difficulté, sous le prétexte que cette difficulté lui demanderait trop d'efforts, on comprend de reste que la fibre intellectuelle se détend en quelque sorte. Une seconde difficulté trouvera le jeune écrivain moins préparé et plus complaisant à sa propre faiblesse. Une fois engagé sur cette pente, il n'y a véritablement plus de limites appréciables pour les concessions qu'on est disposé à se faire à soi-même, et c'est ainsi qu'on tombe dans le système si universellement répandu des à-peu-près. Au lieu de pousser jusqu'à l'expression définitive, laquelle est la seule belle, parce qu'elle est la seule vraie, on se laisse aller à côtoyer la pensée : les mots ne sont plus ces chiffres rigoureux qui fournissent le sens exact de la phrase, de même qu'une expression arithmétique la somme invariable des unités : chacun des termes, par suite de la langueur où l'on s'est complu, garde en soi quelque chose de vague et d'indécis. Ce n'est pas sans doute une insuffisance allant jusqu'à l'inexactitude et à l'infidélité, mais plutôt un demi-jour où rien n'est achevé comme détail et où tout suffit comme ensemble. On admettra aisément, bien que nous ne soyons pas encore parvenus aux règles de la critique à exercer sur soi-même, que, dans de telles conditions, ce second travail sur lequel on se plaît à compter, devient difficilement praticable. Pour bien faire, il faudrait non plus, comme il en était modestement question, améliorer et consolider par places quelques défauts volontaires de construction, mais reprendre en sous-œuvre tout l'édifice et recommencer, à bien peu de chose près, une seconde rédaction, avec la circonstance aggravante d'avoir en outre sur les bras l'encombrement de la première.

Nous n'avons considéré jusqu'ici, dans le système de l'expression provisoire, qu'un seul ordre d'inconvénients et nous avons montré comment les penchants les plus essentiels de notre nature doivent nous entraîner, par une conséquence inévitable, à multiplier outre mesure ces concessions accommodantes jusqu'à énerver la pensée elle-même, jusqu'à rendre pratiquement impossibles les corrections par lesquelles on rêve de se compléter.

Montrons un second inconvénient de ce même système, inconvénient tel qu'il suffirait à lui seul pour l'écarter.

Dirigeons cette fois notre analyse, non plus sur la partie du travail que nous laissons ainsi volontairement inachevée, mais, au contraire, sur la suite que nous devons lui donner, sur la phrase qui viendra après celle dans laquelle nous nous sommes cru autorisés à laisser pour l'heure quelque chose d'insuffisant. Etudions ce qui se passera ici dans tout esprit, en vertu des lois philosophiques qui président à l'emploi du langage.

Saisissons d'abord et marquons d'un trait exact l'instant précis de ce phénomène intellectuel.

Nous sommes en présence d'une idée à rendre. Cette idée vient à la suite d'autres idées qui, suffisamment conçues, ont été suffisamment exprimées.

Il se trouve que, tandis que nous avons rencontré jusqu'ici des termes et des tournures propres, sans éprouver de trop grandes difficultés, nous nous trouvons ici arrêtés par un redoublement d'obstacles auxquels nous sommes mis en demeure de répondre par un surcroît d'efforts.

C'est précisément à ce moment-là que se placent les concessions et la tolérance du système provisoire. Au lieu d'insister et de creuser, nous nous contentons d'une façon de parler qui, suivant notre propre jugement, n'est point adéquate à notre pensée, et nous lalons de l'avant, sous cette réserve tacite que nous ferons plus tard les améliorations nécessaires.

Nous ne discutons plus du tout la question de savoir si cette faiblesse momentanée de notre esprit n'est pas faite pour devenir chronique, si des corrections ainsi multipliées outre mesure par les entraînements de notre paresse ne sont pas plus difficiles à exécuter qu'à concevoir. Ce que nous voulons considérer pour le présent, c'est uniquement ce qui se passe dans l'esprit de l'auteur, au moment où il consent à cette défaillance d'expression et comment cet état intellectuel constitue pour lui une véritable incapacité de poursuivre.

Quelle est en effet la raison pour laquelle nous consentons à cette espèce de lacune mal couverte par un mot de hasard, si ce n'est parce que nous sentons dans une certaine mesure défaillir notre courage. Nous ne voulons pas prendre sur nous de fournir, à ce moment-là, la quantité d'activité intellectuelle nécessaire pour dissiper les obscurités dont s'enveloppe notre pensée. Lorsque l'auteur consent à tracer sur le papier une phrase inachevée, incorrecte, insuffisante, ce n'est pas seulement son style qui laisse à désirer au point de vue de la littérature, mais, très-visiblement, c'est sa pensée fondamentale qui demeure inachevée, indécise, sans certitude et sans clarté. Ne voyez-vous pas quelles difficultés vont résulter de ce nouveau point de départ pour tout le reste du travail? Ne s'est-il pas lui-même mis les fers aux pieds, et n'a-t-il pas désormais à traîner avec lui le poids de cette difficulté qu'il s'est bénévolement créée? Ces ténèbres qu'il laisse derrière lui n'intercepteront-elles pas la lumière sur sa route, et n'est-il pas à craindre que, pour s'être résigné à cette première confusion, il n'aille en se perdant à travers une obscurité de plus en plus épaisse. On peut, dans un sens moins effrayant il est vrai, appliquer ici la parole de l'Ecriture : *Abyssus abyssum invocat*. Les professeurs qui ont été appelés par leurs fonctions à corriger des dissertations, ont eu plus d'une fois en main la preuve de ce qu'on avance ici. On pourrait, dans un travail, mettre le doigt sur la phrase où le jeune écrivain a laissé faiblir sa pensée au moment de la première rédaction. En vain est-il revenu avec le plus grand soin sur l'expression dont il reconnaissait lui-même l'insuffisance; en vain l'a-t-il remplacée dans la révision par des termes plus précis ou plus corrects : la vérité est qu'il ne lui a pas été possible de remanier tout le reste de son texte, à partir du passage qu'il venait d'améliorer. Le critique rompu aux corrections littéraires vous dira d'une façon à peu près infaillible l'endroit où une nouvelle leçon plus heureuse a été substituée par l'auteur à la première, et le succès de cette amélioration n'en fait que mieux ressortir l'insuffisance de ce qui suit. C'est que l'écrivain avait laissé sa pensée fléchir, et après s'être donné une sorte de licence provisoire, il avait continué à développer une pensée obscure ou incertaine, et chacune de ces phrases, depuis ce moment-là, s'était ressentie de ce défaut d'achèvement.

Il faut donc renoncer à la seconde alternative que nous avions posée, alternative qui consiste à écrire sur le papier, au courant de la plume, quelque expression provisoire et insuffisante que nous nous réservons de changer après examen. Deux principaux inconvénients résultent de cette manière de procéder : en premier lieu, nous sommes entraînés par la complicité de notre propre mollesse à multiplier les termes provisoires et à les accepter de plus en plus inexacts. En second lieu, ce n'est pas seulement l'expression que nous laissons ici insuffisante ; c'est aussi et par-dessus tout la pensée : et lorsque nous nous sommes fait une pareille concession, le reste de notre travail ne manque pas de s'en ressentir. Il nous est bien difficile, par aucune correction, de le remonter au diapason qu'il aurait dû avoir.

Il faut convenir qu'il paraît malaisé de découvrir un troisième parti entre les deux qui viennent d'être discutés. Comment faire lorsqu'on écrit et lorsque l'expression manque au courant de la plume, pour ne point s'arrêter net, jusqu'à ce qu'on l'ait découverte, ou pour ne point prévenir la lacune par l'emploi de quelque expression imparfaite, suffisante pour nous rappeler ce que nous voulons dire, sinon pour en donner une traduction achevée ? Ne serait-ce pas le cas ici d'appliquer le vieil adage, qu'entre deux maux il faut choisir le moindre ; ou bien peut-on réellement se réfugier dans un troisième parti qui évite les inconvénients des deux autres ?

Nous le pensons ainsi, et nous allons donner à cet égard les explications que le sujet comporte.

Décrivons d'abord d'une façon que je pourrais appeler matérielle le procédé à suivre, et nous donnerons ensuite la raison philosophique de son efficacité.

Je dirai donc à un jeune auteur : lorsqu'ayant sous la main votre plan et tout pénétré de vos idées, vous en poursuivez le développement écrit, et lorsque, en vous livrant à ce travail, vous vous trouvez embarqué dans une phrase dont vous ne rencontrez pas l'issue, lorsque vous avez écrit le premier membre d'une antithèse vigoureuse sans pouvoir constituer le second, lorsque vous énumérez une série d'épithètes soit ascendantes soit descendantes sans pouvoir parvenir jusqu'à la nuance que vous cherchez, il ne faut ni vous arrêter court, au risque de vous perdre dans des réflexions étrangères, ni remplacer par un terme de hasard le mot que vous cherchez, au risque d'affaiblir votre propre pensée et de la rendre, à partir de ce moment-là, moins claire et moins vive.

Creusons, si vous le permettez, ce moment psychologique : l'analyse de ce qui se passe au dedans de votre esprit va nous donner le moyen de résoudre le problème.

Je comparerai volontiers ce que vous éprouvez à l'effet que nous ressentons lorsque notre monture se cabre : elle se dérobe, elle va nous échapper ; il s'agit tout à la fois de reprendre son assiette pour garder l'équilibre et de maintenir son allure pour continuer son chemin. Il y a un effort à faire, et si vous ne résistez pas vigoureusement à votre cheval, il ne vous sera plus guère possible de le conduire ; c'est lui qui vous mènera à son gré.

J'estime donc qu'au moment où votre développement se heurte à cette difficulté, il faut avant tout prendre votre parti, et vous mettre en mesure de déployer toute la vigueur de vos ressources. — Voici comment vous devez procéder.

L'expression qui vous vient est insuffisante : il faut l'écrire tout insuffisante qu'elle est, mais il faut l'écrire, non pas du tout avec l'intention de passer outre et de la remplacer ultérieurement par un second travail. Nous nous sommes expliqué déjà sur les inconvénients de cette manière de faire. Ce n'est point dans une révision, à un autre moment, après l'achèvement de la dissertation, que ce remplacement doit s'opérer, mais sans délai, sur-le-champ et dans la deuxième moitié de la même minute où on l'a écrite. En d'autres termes, lorsque nous cherchons un mot qui ne nous vient pas, nous voyons toujours flotter dans notre pensée un certain nombre de vocables, dont aucun ne répond d'une façon absolue à la destination qui l'attend. Cette espèce de choix se fait toujours, même lorsque nous paraissons rencontrer du premier coup le mot qui peut nous servir. Nous ne manquons pas sans nous en apercevoir, de le prendre au milieu d'un essaim de synonymes moins heureux, que ce choix écarte et que cette préférence fait disparaître. Lors donc que nous n'avons pas eu la vue assez nette et la main assez prompte pour saisir du premier coup le vrai instrument de notre pensée, nous nous trouvons réduits pour toute ressource à ces à-peu-près qui voltigent tout autour de nous, et le travail rapide que nous faisons consiste précisément à les examiner l'un après l'autre, tellement que, si nous n'avons pas trouvé absolument du premier coup ce qu'il nous fallait, nous finissons par nous le procurer, grâce à cet effort rapide d'un examen pour ainsi dire instantané. Lorsqu'on a un peu d'habitude du style, le temps que l'on met à tracer graphiquement les caractères de la première partie de la proposition nous constitue une avance et un intervalle suffisants pour mener à bonne fin cette préparation interne de la seconde partie, et grâce à la rapidité du mouvement de notre pensée, nous ne nous apercevons pas, dans l'espèce de surexcitation où nous sommes, que plusieurs mots ont été tour-à-tour entrevus et rejetés, avant la rencontre de celui auquel notre style va s'en tenir.

La considération de ce phénomène nous permet de nous expliquer avec une égale clarté ce qu'on pourrait appeler les deux extrémités de l'esprit humain, en ce qui concerne la composition littéraire.

Rien de ce que nous démêlons avec tant de peine ne saurait s'appliquer à l'intuition par laquelle procède le génie, où même à l'aisance que s'est acquise un esprit vigoureux et bien discipliné. Dans ce cas, la pensée va tout droit à son expression ; elles naissent l'une avec l'autre et elles ne sauraient se séparer l'une d'avec l'autre, pas plus que l'âme du corps. Il se passe ici dans l'ordre littéraire un phénomène absolument semblable à celui de la sainteté et de la haute vertu dans l'ordre moral. Dans ces âmes formées au bien par une longue pratique de l'héroïsme, la volonté va tout droit au devoir, comme la flèche à son but, et de pareilles âmes passent au-dessus de certaines tentations sans les avoir aperçues ni soupçonnées. De même, un écrivain digne de ce nom ignore absolument les incertitudes de la plume et les hésitations de la pensée. Il dit ce qu'il veut dire, et il l'exprime en termes exacts, répondant non-seulement à la mesure de sa pensée, mais encore à l'impression de son âme et à l'effusion de ses sentiments.

A partir de ce point qui est le véritable idéal de l'art de parler et d'écrire, on peut concevoir, en retournant vers la première expérience, toute une série décroissante, à mesure qu'à cette rencontre infaillible de formules définitives vous substituez, par la pensée, un travail de plus en plus lent et de plus en plus long, suivant l'insuffisance de l'auteur.

C'est justement à cette autre extrémité de la série que se trouve placé l'apprenti auquel nous nous permettons de donner des conseils. Il manque de ces serres dont parle Bossuet et qui lui permettraient de saisir du premier coup l'expression vraie. S'il était encore un pur écolier, un enfant sans réflexion et sans mesure, il mettrait au hasard sur le papier tout ce qui pourrait lui passer par la tête, sans se soucier ni de s'entendre ni de se contredire. Mais ce n'est point pour ceux-là qu'on écrit ici. Il s'agit de ceux qui, incapables de trouver sur-le-champ ce qui convient à la phrase, sont cependant en mesure de discerner l'inexactitude et l'insuffisance du premier terme qui est venu se mettre à leur disposition. Puisque ce premier terme représente la première forme de leur pensée dans l'ordre écrit, il faut, avant tout, qu'ils prennent la peine de tracer sur le papier les caractères destinés à fixer ce premier embryon, cette première évolution de l'entendement. Précisément parce que cette expression est vague, il ne vous sera absolument pas possible d'achever jusqu'au bout le temps de la mettre par écrit, sans qu'il se présente à vous autre chose. Prenez bien garde que je dis ici *autre chose,* et non pas du tout quelque chose de meilleur ; car, du moment où vous n'avez pas mis la main sur l'équivalent mathématique de votre pensée, il peut très-bien se faire que votre effort intellectuel le dépasse dans un autre sens et vous en écarte plus loin que vous n'en pouviez être d'abord. N'importe. Vous n'avez pas encore achevé de tracer la dernière lettre du mot qui représente la première tournure de votre pensée, qu'il faut, sans désemparer et sans s'arrêter, passer avec décision une rature sur cette première tentative, et encore bien qu'il vous paraisse, à vue de pays, que le second essai sera probablement inférieur au premier, il ne faut pas laisser de l'écrire à la suite, avec la même exactitude, et je pourrais dire avec la même irréflexion. Pendant que vous écrivez cette dernière version, il se présentera pour la troisième fois à l'esprit une expression nouvelle. Cette expression nouvelle se trouvera dans l'une ou l'autre de ces deux alternatives, ou de devenir plus satisfaisante et de se rapprocher ainsi de l'expression définitive, ou, au contraire, de s'écarter de la pensée primitive au point de la compromettre et de la défigurer. Alors il arrive fréquemment qu'au lieu de passer une troisième rature sur ce fragment de phrase qu'on ne peut pas venir à bout d'accorder avec le reste, on se trouve avoir meilleur compte à remanier la période tout entière : le seul fait de l'engager autrement permet de l'achever d'une façon aisée et limpide.

La peine qu'on prend ainsi à consigner les unes après les autres sur le papier plusieurs expressions dont on sent très-bien qu'on ne veut pas, n'est point une peine perdue. Elle sauve complètement l'esprit des inconvénients qu'on a eu plus haut l'occasion de signaler.

En premier lieu, cette méthode préserve absolument l'esprit des divagations auxquelles l'expose la suspension du travail de la main coïncidant avec l'arrêt de la pensée. L'esprit n'est plus sujet à des entraînements hasardeux et à des écarts inattendus, puisque les différentes formules successivement écrites et raturées figurent le mouvement et traduisent sous ses yeux la direction de sa propre pensée. Il y a, dans l'office qu'il remplit vis-à-vis de lui-même, quelque chose d'analogue à l'emploi récemment introduit de ces instruments merveilleux où se trouve enregistré seconde par seconde la diversité des courants aériens. L'écrivain a de même sous les yeux les variations de son propre esprit, et si par hasard il se trouvait emporté par quelque surabondance d'imagination toutà-fait hors de la voie, il a devant lui ses premiers essais pour l'avertir et pour le ramener à un sentiment plus exact de la difficulté à résoudre.

Où cette méthode montre plus particulièrement sa puissance, c'est lorsqu'il s'agit d'entamer un sujet. Rien n'est plus difficile que de trouver au commencement une tournure favorable au développement et à l'essor de la pensée. Rien n'est plus fréquent, au contraire, que de débuter par quelque exorde insuffisant et obscur qui pèsera sur tout le reste de la dissertation. C'est souvent en pareil cas qu'on se laisse aller à la faiblesse de l'expression provisoire, et pour avoir mal engagé le commencement d'un travail, on emporte avec soi, pendant tout le cours de l'exécution, une gêne et un malaise semblables à ceux que vous causeraient des chaussures trop étroites. C'est ici que la méthode des ratures triomphe véritablement, et que le courage d'un auteur énergique remporte une victoire assurée. Il n'y a point de raison pour ne pas écrire à la suite de votre brouillon, non pas seulement cinq ou six projets de débuts, mais douze, mais vingt, mais quarante et plus, si cela est nécessaire. A mesure qu'on s'habituera davantage à ce travail et qu'on se sera soumis plus régulièrement à cette discipline de l'intelligence, on éprouvera cette satisfaction de voir qu'au lieu de flotter pour ainsi dire au hasard entre des expressions diverses, la pensée accomplit, de remplacement en remplacement, un progrès continu. Il est bien facile de s'en convaincre en suivant par un examen rétrospectif les différentes phases qu'a traversées l'évolution de notre pensée jusqu'au moment où elle a atteint sa forme définitive.

On s'explique très-bien, dans ce système, non-seulement comment on échappe à la langueur et à l'obscurité que traîne après lui l'expédient de l'expression provisoire, mais encore que nos facultés y trouvent un redoublement de vigueur et d'impulsion. N'est-il pas évident en effet que chaque nouvelle tentative représente un effort nouveau? et lorsque nous nous sommes enfin satisfaits, au point de nous donner sans remords la licence de passer outre, c'est que notre analyse est achevée, notre raisonnement conclu, notre généralisation assise : nous n'avons plus qu'à profiter de la facilité que nous nous sommes créée à nous-mêmes pour tout ce qui va suivre.

L'emploi de cette méthode est tout-à-fait conforme à la nature de l'esprit humain, et elle bénéficie des lois essentielles de nos facultés. Peu importe, en effet, la grandeur de l'obstacle et la difficulté de la démonstration, lorsqu'il s'agit d'établir une vérité? C'est tout au plus une question de temps et de courage ; mais le succès est inévitable lorsqu'on persévère dans le travail, et c'est ainsi qu'avec des pointes d'aiguilles le noble entêtement des ingénieurs est venu à bout de perforer le Mont-Cenis. Au contraire, si vous laissez quelque chose de boiteux au point de vue de la pensée, de défectueux dans l'ordre du raisonnement, d'erroné dans l'affirmation des jugements, l'esprit, qui d'abord s'était contenté de cette insuffisance par pure défaillance et par pure paresse, ne tardera pas à vouloir justifier par amour-propre ce qu'il avait accepté par langueur. Il fera tous ses efforts, non plus pour découvrir quelque chose de meilleur et de préférable, mais pour se persuader à lui-même qu'il s'entend, et aux autres qu'il s'exprime d'une façon satisfaisante. Au premier moment, lorsque sa pensée était encore toute vive et qu'il pouvait la rapprocher de sa pâle copie, il était le premier à juger sévèrement l'insuffisance de son expression; mais à mesure qu'il s'est laissé gagner par les ténèbres envahissantes des termes équivoques et défectueux, il se trouve avoir perdu, par une conséquence inévitable, le vif sentiment de cette pensée première; et comme il s'en est allé du côté de l'ombre, il trouve maintenant que ce passage, jadis obscur, est au contraire d'une clarté bien supérieure à ce qui l'a suivi.

Il ressort, à mon gré, de tout ce qui précède, un enseignement de pratique littéraire, mais aussi une leçon de conduite morale. Rien n'est plus facile à justifier, au point de vue de la logique, et à appliquer dans le travail de la composition, que ces règles littéraires. Il n'y a aucun obstacle à concevoir. C'est pourquoi on ne doit pas s'arrêter afin de ne pas tomber dans la divagation, ni se contenter d'une insuffisance provisoire, afin de ne pas courir le risque de s'y tenir plus tard. Rien de plus rationnel et de plus aisé que de multiplier les tentatives écrites, jusqu'à ce qu'on ait conduit par ce chemin sûr l'idée d'abord indécise, jusqu'à son complet achèvement. Hélas! il est certain que beaucoup d'intelligences n'ont pas reçu de leurs maîtres mêmes des conseils aussi simples; mais il est très-certain aussi que, sous une forme ou sous une autre, des avertissements analogues ont été maintes fois prodigués aux débutants. Seulement, ce qu'il faudrait pouvoir leur donner en même temps que ces préceptes de composition, c'est le courage de les suivre, une volonté forte et impitoyable vis-à-vis de soi-même, une fermeté à l'épreuve des faiblesses littéraires, et cette héroïque résolution de ne rien épargner pour atteindre le beau, lequel est, comme le bien, pour un honnête homme, le véritable devoir et la véritable conscience de l'écrivain.

CHAPITRE VII.

DES DEUX PROCÉDÉS DE RÉFLEXION INTERMITTENTE ET D'INSPIRATION CONTINUE, DANS LE TRAVAIL DE LA RÉDACTION.

Nous avons donné les règles qu'un auteur doit suivre pour manier avec aisance et sûreté, au courant de la plume, les expressions si multiples et si diverses de la langue.

Ces règles demeurant vraies et incontestables en tout état de cause, il convient d'examiner, à un point de vue plus général, quel est l'esprit qui doit dominer ce travail de l'élocution et de la rédaction.

Un écrivain peut se placer tour-à-tour au point de vue de la réflexion ou au point de vue de l'inspiration, pour libeller le détail de chacune de ces phrases. Il peut aussi, au lieu de tenir la plume de sa propre main, dicter son travail à un secrétaire, et ce genre de composition ou plutôt cette façon de procéder, doit devenir l'objet de quelques remarques particulières.

Le procédé de la réflexion, appliqué au travail de la rédaction écrite, est le suivant.

Beaucoup de jeunes auteurs croient faire merveille, en ruminant dans leur esprit tous les membres et tous les mots d'une phrase, avant d'en tracer la première lettre sur le papier. Ils appliquent assez mal à propos à leur style le vieux proverbe populaire, qu'il faut retourner sept fois sa langue dans sa bouche avant de parler. C'est pour eux, si l'on veut nous permettre un rapprochement un peu frivole, mais qui ne manque pas de justesse, un travail analogue à celui par lequel on cherche à deviner un rébus illustré. On essaye les unes après les autres toutes les combinaisons de sons, capables tout à la fois de nommer de leur nom propre les objets représentés, et en même temps de fournir par leur assemblage le sens inattendu de quelque adage ou de quelque proverbe. Un écrivain ne se donne pas beaucoup moins de peine et ne met pas en usage des procédés bien différents, lorsqu'il prend le parti d'achever séparément chaque phrase, avant de la confier au papier. Rien de plus curieux que de le voir, tantôt précipiter sa plume comme s'il avait peur que sa pensée ne s'évanouît, et tantôt s'arrêter tout court, comme si sa tâche était finie, de la même façon qu'un homme qui prendrait la peine de s'asseoir et de se relever alternativement entre chacun de ses pas.

Sans pousser à l'extrême l'emploi de ce procédé et sans marquer par un intervalle chacune des phrases de leur composition, beaucoup d'auteurs ne se refusent pas d'en faire un usage presque perpétuel. A chaque instant, ils arrêtent leur main et souvent posent la plume : ils auraient peur de s'engager dans quelque phrase dont ils ne verraient pas l'issue. C'est ainsi que leur style, au lieu d'être fondu tout d'une pièce et de couler d'une façon non interrompue, se compose, si l'on peut ainsi parler, de petites pièces séparées, semblables à ces mosaïques qu'on ajuste et qu'on assemble par apposition. La langue littéraire a caractérisé d'un mot spécial ce genre d'imperfection : elle dit d'un style de cette espèce qu'il est *martelé*. En effet, chacune des pièces en est pour ainsi dire travaillée à la main. Si, dans un pareil système, rien n'est abandonné au hasard, ce qui est toujours un très-grand avantage, il faut bien aussi reconnaître que rien ne saurait être soutenu par l'inspiration, ce qui, en revanche, est la plus grande des infériorités. Une semblable rédaction ne saurait avoir ni haleine, ni souffle; elle ne marche pas, elle se traîne ; elle va de défaillance en défaillance, et elle rebondit d'une phrase à une autre phrase par de perpétuelles saccades et d'insupportables soubresauts.

Nous avons déjà eu l'occasion d'étudier l'effet déplorable que produisaient sur le style d'un écrivain ces arrêts volontaires, pendant lesquels il cherche le mot propre qui ne lui vient pas. Nous avons montré combien il était naturel à son esprit d'être tenté de quelque divagation, et comment il se produisait presque nécessairement un intervalle ou pour mieux dire une solution de continuité entre la première partie de la phrase et la reprise trop longtemps différée de son achèvement. Tandis qu'ailleurs ce phénomène malencontreux n'est qu'un accident passager, provoqué par la rencontre d'un obstacle, il devient ici le caractère essentiel du style, dès qu'un auteur abuse de la réflexion au point de ne jamais rien écrire sans se l'être d'abord représenté. C'est là ce que la littérature appelle encore avec beaucoup de raison un style *décousu*. Il ne saurait y avoir en effet pour le lecteur un passage commode de la première phrase à la seconde, puisque l'écrivain, au lieu de suivre sa veine et d'enfiler les mots à la suite comme ils se présentaient d'eux-mêmes à lui, a craint de ne pas rencontrer au courant de la plume la chute de la période : il s'est retenu lui-même et s'est rassemblé, pour bien mesurer du regard l'espace qu'il avait à franchir et le terrain sur lequel il assiérait son dernier mot. Il lui a fallu dès lors, du moment où il se défiait de la continuité de son improvisation, mesurer chacun des membres de la phrase et les équilibrer les uns par rapport aux autres. On comprend de reste que pendant tout ce temps l'esprit est infailliblement détourné de sa ligne principale : il a tout loisir, durant ce retard, de jeter les yeux à droite et à gauche et de se divertir de son dessein. Il en est donc réduit à cette extrémité bizarre de n'inscrire sur le papier qu'un extrait et qu'un choix de ce qu'il pense. Il n'y a plus, dans une pareille rédaction, rien qui ressemble à une suite et à un enchaînement d'idées : l'auteur peut donner, avec toute l'habileté qu'on voudra lui prêter, une suite d'échantillons qui, séparément, seront autant de petits chefs-d'œuvre ; mais ce n'est plus là la pensée elle-même, telle qu'elle naît et se développe, lorsqu'elle traverse sous les yeux du lecteur ses évolutions naturelles. Vous n'avez plus devant vous l'harmonieuse continuité du mouvement humain dans un organisme vivant, mais les tressaillements saccadés d'une mécanique dont une force étrangère entretient l'impulsion par les ressauts d'une roue dentée.

Je comparerais volontiers ce système de composition par la réflexion outrée, aux scrupules moraux dont certaines consciences délicates s'embarrassent au point de perdre toute initiative et toute vigueur dans leurs résolutions. Faute de s'en remettre honnêtement à leur droiture et à leur bon vouloir, elles alambiquent toutes leurs décisions, et, sous prétexte de les rendre plus sûres, elles ne font que les rendre plus faibles ; toute leur conduite devient flottante et imprévue : il n'y a plus de logique dans leurs actes dont la suite est interrompue à chaque instant par mille difficultés inventées à plaisir.

Le malheur est que les écrivains excessifs dans leurs méditations finissent, comme les personnes trop scrupuleuses, par tomber inévitablement dans l'immobilité et dans la stérilité, et il faut bien reconnaître qu'un pareil labeur manque de charme et d'encouragement. Comme ils refusent obstinément et par principe de tendre la voile lorsqu'ils rencontrent quelque souffle d'inspiration qui les conduirait à leur but, ils en sont réduits à ramer sans relâche et sans miséricorde, pour traîner leur barque à travers les flots, et si l'effort de l'aviron demeure un moment suspendu, ils sentent que la résistance détermine déjà un commencement d'arrêt. C'est ainsi que ce procédé aboutit au fâcheux inconvénient de paralyser les dispositions naturelles les plus heureuses, et d'user en vain la plus grande partie de notre activité à des réflexions et à des combinaisons bien superflues si l'on s'en remettait avec plus de confiance à l'aide secourable de la spontanéité.

Le style qu'enfante cette fausse manière n'est pas seulement décousu et martelé; il manque au plus haut degré, comme on peut bien le penser, de facilité, d'aisance et de naturel. Hélas! N'est-ce pas, transportée dans l'ordre de la composition littéraire, l'histoire véridique et universelle de la vie? Quel est l'homme, et, s'il m'est permis de l'ajouter, quelle est surtout la femme du monde civilisé, qui ait vraiment gardé la simplicité et le naturel, au point de s'abandonner sans arrière-pensée et sans embarras à la pente naturelle et à l'expression naïve de son âme? On ne réfléchit pas assez à la candeur que suppose et à la fierté que témoigne cet aveu charmant et superbe de soi-même, cette profession ouverte de son cœur, semblable tour-à-tour à la confidence qui se livre ou au dédain qui s'affiche. C'est peut-être la plus grande des supériorités dans ce monde que de se montrer tel que l'on est, sans céder ni à la bassesse de se déguiser, ni à la sottise de se surfaire. C'est précisément pour cela que le rôle des ingénues a tant de charme au théâtre et plus encore dans la vie. Il faut absolument, pour que le lecteur trouve dans l'écrivain cet homme dont a parlé Pascal, que le style procède de cet abandon et qu'il livre l'auteur tout entier dans le naturel de sa pensée.

Cet excès de la réflexion dans le style, ces longs retards, ces arrêts perpétuels passent aux yeux de bien des hommes pour la marque et pour le fruit d'une éducation littéraire. Si l'on n'écoutait que le mouvement de sa pensée, on ne se montrerait point aussi difficile envers soi-même et l'on se trouverait plus aisément satisfait. C'est peut-être un des plus grands reproches qu'on peut adresser à cette méthode que celui de paralyser dans une certaine mesure nos facultés les plus vives et les plus secourables. Beaucoup d'écrivains, différant de ceux dont nous venons de parler, s'en tiennent, pour mettre par écrit leur pensée, au procédé que suit d'instinct le premier venu, lorsqu'il met par occasion la main à la plume. Il est tout simple qu'après avoir entamé son sujet sous l'empire de quelque forte émotion, on poursuive comme on a commencé, et qu'on s'abandonne à l'accélération de mouvement dont s'accroît sans cesse la marche même de la pensée.

Ce procédé est beaucoup plus fréquemment employé que l'autre, et je m'étonnerais bien si la plupart des lecteurs qui parcourront ces lignes n'en avaient pas fait usage personnellement. Il s'agit donc beaucoup moins de le décrire que de le rappeler, et ceux-là même qui se sont tournés plus tard du côté de la réflexion y ont eu certainement recours, lorsqu'ils en étaient encore à leur début. Nous connaissons tous cet entrain, cette fièvre, cette ivresse avec laquelle on poursuit un sujet, une fois qu'on a eu la chance d'engager convenablement les premières phrases : la main ne suffit plus à sa tâche, les termes se pressent, se heurtent, s'accumulent dans notre pensée : volontiers serions-nous tentés, comme je l'ai vu faire à quelques-uns, de couper par le milieu certains mots dont, à la lecture, il nous sera facile de retrouver de tête et de suppléer de mémoire la partie absente. On voudrait, à ces moments-là, avoir à sa disposition la sténographie pour tracer une image plus rapide de sa propre pensée. Ce procédé de l'inspiration, ou, pour parler d'une façon moins ambitieuse et plus exacte, de l'entraînement littéraire, exclut si complètement toute réflexion, que, pour rien au monde, nous ne voudrions être interrompus; nous ne serions pas en mesure de le supporter, sans voir se briser le fil et se perdre la continuité de nos idées. Il nous faudrait alors avoir recours à une ressource bien connue des chanteurs, lorsqu'ils veulent ressaisir un air dont ils ne sont pas absolument sûrs : ils lancent avec vigueur les notes des premiers motifs lesquels sont restés présents à leur mémoire musicale, et, grâce à l'impulsion que communique à leur verve l'enchaînement des notes qui leur sont demeurées, il leur arrive souvent de franchir sans encombre le passage incertain où ils craignaient de rester court. Il en va tout-à-fait de même dans les compositions littéraires dont nous nous occupons. Comme elles se fondent, en définitive, sur ce qu'on appelle en philosophie le phénomène de l'association des idées, le meilleur est encore, dans ce système, de s'abandonner à la pente sur laquelle on a pris soin de s'engager, de se laisser porter par ce murmure des flots, dont notre pensée a provoqué le mouvement à l'origine et dont il ne lui reste plus ensuite qu'à suivre l'impulsion. Ceux qui pratiquent ce procédé et qui se sont rompus à ces avantages, connaissent bien le moyen de s'en tirer, lorsqu'ils se trouvent avoir été distraits par quelque fâcheux. Ils n'ont garde de reprendre leur travail au point même où ils avaient dû le suspendre ; ils écrivaient, à ce moment-là, d'une façon trop spontanée et trop inconsciente pour pouvoir, à l'aide de la réflexion, se remettre en possession de leur propre pensée ; aussi prennent-ils un détour fort ingénieux et fort sûr. Ils se remettent à lire les deux dernières pages de leur écrit, non point du tout pour les examiner et pour s'en rendre compte, mais pour s'en pénétrer et se replacer, autant que possible, dans la même situation intellectuelle où ils se trouvaient lorsqu'ils les ont écrites ; ils s'efforcent ainsi de reprendre le fil de leur verve, et c'est par là qu'ils ressemblent tout à-fait à ces chanteurs dont nous parlions il n'y a qu'un instant. Ils font tant et si bien, par cette lecture complaisante et en quelque sorte passionnée, qu'ils parviennent à réemboîter les rails et à reprendre exactement leur première direction et leur premier mouvement.

Il va sans dire que, dans un pareil système, il faut prendre son parti du hasard et ne point trop marchander avec soi-même. Si l'on rencontre des moments heureux où l'inspiration coule de source et donne dans e style des effets remarquables, il n'est pas étonnant non plus que, par intervalles, cette inspiration languisse, défaille, et que l'esprit, sans s'en apercevoir, s'embarque avec une sotte confiance dans les lieux communs, les banalités, et peut-être les sottises. C'est tant pis pour la composition qui doit souffrir ces éclipses, sans même que l'auteur tente trop d'efforts pour s'en affranchir. S'il avait le malheur de se montrer difficile, de se retrancher dans des exigences intempestives, ce n'est plus alors quelque survenant maladroit qui le détournerait de sa pente, c'est lui-même qui gâterait toute sa manière, dès qu'il en viendrait à se débattre avec la réflexion. Il faut donc, pour ne pas s'arrêter et ne pas s'interrompre, qu'il accepte sans discussion et sans examen tout ce qui peut lui venir, qu'il passe par-dessus le médiocre et peut-être même le mauvais, dans l'espérance d'atteindre plus loin le passable et le supérieur. C'est le système des hauts et des bas, avec ses intermittences d'éclairs et de ténèbres; il n'y a plus rien là qui ressemble à une marche égale, suivie, régulière; c'est plutôt une de ces courses vertigineuses où l'on avance toujours, tantôt par des bonds prodigieux qui ressemblent à un vol à travers les espaces, tantôt au milieu des obstacles qu'on écarte ou qu'on renverse, tantôt enfin à travers les fondrières et les précipices, où l'on n'avance plus qu'en rampant sur le sol et qu'en gravissant des parois ensanglantées.

Cette inégalité de composition est peut-être la forme littéraire qui se rencontre le plus fréquemment de nos jours. Elle caractérise avant tout une époque où les secrets du grand art sont à peu près perdus, et où l'on prend volontiers des dispositions naturelles un peu heureuses et un peu favorisées pour l'équivalent du talent et du génie. Les natures privilégiées par la Providence ne savent plus guère ce que c'est que de compléter par une éducation ultérieure la première éclosion de leurs facultés : au lieu d'en concentrer et d'en diriger la sève pour conduire et ménager leur talent jusqu'à son entière maturité, elles se hâtent de l'épuiser dans des œuvres d'improvisation, et c'est ainsi qu'on voit, par un renversement de toute raison et de toute logique, de jeunes écrivains se gâter et s'affaiblir d'autant plus qu'il leur est arrivé d'écrire davantage : singulière recommandation, en vérité, pour l'emploi d'une méthode !

Il faut bien reconnaître, en effet, sans vouloir nier en aucune façon les rencontres heureuses de l'improvisation, qu'une composition écrite d'après ce procédé doit nécessairement porter les traces du hasard et qu'elle ne saurait absolument pas répondre à des conditions un peu sévères. Il n'arrive presque jamais que l'esprit rencontre du premier coup la meilleure des formes. Lorsque les idées sont amenées, beaucoup moins par la prévision du plan ou par la réflexion de l'écrivain que par une sorte d'enchaînement fortuit dont l'auteur est le premier à ne pas se rendre un compte exact, il est tout simple que ces idées *adventices,* comme le dirait Descartes, soient d'abord, pour celui-là même qui les produit, un peu enveloppées et un peu embryonnaires. N'importe ? Un jeune auteur les produit telles qu'elles lui viennent, et, pour ne pas se montrer infidèle à sa méthode, il passe outre et se dirige vers de nouveaux parages. Toutefois, sans exercer sur soi-même une critique réfléchie, il lui reste encore assez de sens pour être mal content de ce qui lui a suffi et de ruminer de nouveau au fond de son esprit ses pensées évidemment mal digérées. Il revient, par un instinct rempli tout à la fois de goût et d'imprudence, à son premier essai ; il y revient, non pas seulement en vue de son lecteur, mais pour se l'éclaircir à lui-même et pour se satisfaire. Cette seconde version est sans doute meilleure que la première ; mais indépendamment de l'inconvénient de reproduire ce qui a déjà été dit, elle entraîne souvent l'écrivain à reculer en arrière et à remonter encore plus haut : la lumière qui s'est faite dans sa pensée jette un reflet rétrospectif sur ce qu'il s'était contenté d'effleurer, et il arrive tout d'un coup que la dissertation recommence, en dépit des méditations de l'auteur et des bonnes résolutions de son plan.

Ce système d'inspiration à outrance, de mouvement continu et ininterrompu, entraîne donc presque inévitablement un défaut absolu de sévérité, d'ordre et de mesure : les plus précieuses qualités de l'esprit se trouvent livrées aux chances du hasard ; elles dépendent ainsi, non plus de l'éducation qu'on leur a donnée et de la discipline à laquelle on les a soumises, mais des fortunes diverses et mobiles de l'improvisation. Ce n'est plus le calcul savant qui aboutit par une opération infaillible à un chiffre exact, mais l'étourderie de l'enfant qui écrit sur des conjectures une quantité approximative et se plaît à la tenir pour la réalité.

Tandis que l'abus de la réflexion dans le travail du style conduit à quelque chose de forcé, de martelé, de décousu, le procédé de l'inspiration continue jette absolument l'écrivain dans le banal et dans le trivial. Il est tout simple et tout naturel, lorsqu'on s'abandonne aussi complaisamment à soi-même, que l'esprit reprenne d'instinct les chemins qui lui sont le plus familiers, que la langue prononce pour ainsi dire d'elle-même les sons auxquels elle a été le plus quotidiennement accoutumée. C'est alors que se produit, dans toute son intensité et avec toute sa force d'exclusion, le phénomène de la langue individuelle. Pendant que l'esprit glisse ainsi, sans effort et sans encombre, d'une idée à une autre idée, il omet de creuser les intervalles qu'il enjambe : pendant qu'on se contente de poser le pied sur les points saillants, avec la hâte infatigable de passer outre, il est tout simple qu'on ne se mette pas en peine des termes avec lesquels on n'a point entretenu de commerce familier; il faudrait les rechercher et leur faire des avances, si l'on voulait les faire entrer dans sa composition. Cette facilité, cette aisance qu'on se crée à peu de frais et dont on se fait si bénévolement une méthode, est donc purement factice : elle consiste à prendre les chemins battus et à répéter une fois de plus ce que tout le monde a déjà dit.

Après avoir ainsi montré les abus et les imperfections du procédé de réflexion intermittente comme d'inspiration continue dans le maniement du style, tâchons de déterminer la ligne à suivre et le milieu à tenir entre ces deux extrémités, qui, séparément, ne sauraient se suffire.

CHAPITRE VIII.

DU VRAI PROCÉDÉ DE RÉDACTION QUI REPOSE SUR LA POSSESSION DE SOI-MÊME.

Ecrire en s'arrêtant sans cesse pour réfléchir et pour chercher, c'est se condamner infailliblement à la bizarrerie, à l'étrangeté, à l'effort. Rédiger d'une même course et sans se donner le répit de reprendre haleine, c'est d'avance se résigner à des redites ; c'est se condamner à la banalité.

Si l'emploi exclusif de l'un de ces deux procédés expose les jeunes écrivains à des périls divers mais également inévitables, il reste à chercher par quel art discret et délicat ces deux méthodes, en apparence inconciliables, pourront se réunir et se prêter un mutuel appui.

Le trait distinctif de tous ceux qui se précipitent dans leur propre pensée sans même songer à en prendre conscience, est ordinairement de remplir des pages et des pages encore, sans qu'on y voie d'intervalles de chapitres, de coupures d'alinéas, et peut-être même de ponctuation de phrases. Comme leur pensée sort tout d'un bloc et sans qu'ils prennent la peine d'en faire l'analyse, de peur sans doute que le fil ne s'amincisse et ne se rompe, il n'y a ni progrès ni repos dans leur diction ; il n'y apparaît ni mesure ni intervalle. Cependant il est très-certain qu'une analyse ne saurait se poursuivre ni une démonstration s'achever, sans que la logique philosophique ait à distinguer dans cet ensemble des parties plus essentielles : la pensée n'avance que par des progrès marqués et réalisés chacun par des phases successives. Ce n'est en aucune façon interrompre ni détourner le courant de sa propre pensée, que de se rendre compte de ce travail intellectuel. Il devient tout naturel de prendre un repos à chacun de ces passages que traversent nos facultés pour entrer d'une considération dans une autre. Cette interruption n'a rien de commun avec la défaillance ou l'inquiétude qui vous saisissent et vous arrêtent tout d'un coup en pleine rédaction. Sans doute, vous risquez, dans ce dernier cas, de rencontrer, par l'effet même de l'activité de votre esprit, quelque expression en dehors de votre commencement et détonnant avec la phrase; au contraire, lorsque vous prenez un temps entre deux paragraphes pour vous reposer et vous recueillir, vous sentez bien que vous seriez en mesure de poursuivre sans avoir besoin de ce repos : vous n'en êtes pas à inventer ce qui doit suivre. Cet arrêt vous permet tout à la fois un regard de satisfaction sur ce qui précède, et en même temps une sorte de vue idéale de ce que vous allez aborder.

On peut donc dire, d'une façon générale, que ces repos, ces moments de réflexion, ces intervalles de pensée doivent être prévus par l'écrivain et qu'il est utile pour lui de se les imposer. Sa course n'en sera point ralentie, et ce n'est au fond qu'un coup d'œil prudent jeté tout autour de lui. Il n'a que des avantages à en retirer, à la condition toutefois qu'il ne prendra pas occasion de cet arrêt pour s'y attarder et pour y demeurer en suspens. Le voyageur qui gravit une montagne interrompt sa marche une ou deux minutes pour renouveler l'air de ses poumons et prévenir l'essoufflement; mais s'il se laissait aller sur le sol et détendait complètement ses muscles, il lui en coûterait beaucoup par après pour se redresser et pour reprendre son ascension. C'est là tout-à-fait l'histoire de notre esprit : il a besoin, lui aussi, de respirer ; il lui est bon de s'arrêter là où il ne risque point de glisser ou de prendre à gauche, et il n'en aura que plus de force pour attaquer le second alinéa après le premier.

Lorsqu'un paragraphe est entamé, lorsque les premiers mots de la phrase ont été écrits ou les premières propositions de la période engagées, il faut autant que possible éviter les interruptions et les silences, lesquels n'ont plus la même justification et la même raison d'être qu'au passage d'une considération à une autre. C'est alors qu'il faut avoir recours au procédé justifié plus haut : il vaut mieux, plutôt que de s'interrompre et de se laisser incliner à quelque divagation, consigner sur le papier des expressions volontairement insuffisantes, sauf à les raturer au fur et à mesure qu'on les écrit, de façon à accuser graphiquement, l'un après l'autre, chacun des pas que l'on fait, ou que l'on essaie de faire, dans la direction cherchée. Si l'on se trouvait décidément à court et dans l'incapacité de poursuivre plus avant, je ne conseillerais pas encore de poser la plume et de se mettre à chercher. On n'est que trop porté, dans la pénurie et dans la détresse, à faire flèche de tout bois et à prendre la fausse monnaie pour la bonne. Un jeune auteur dont l'amour-propre se sent humilié d'être impuissant, n'est que trop disposé à se tirer de ce mauvais pas en se raccrochant à la première pensée venue, sans trop se demander si elle continue bien le sujet. Ce serait bien le cas, en pareil rencontre, de mettre en usage le procédé naïf des écoliers, de reprendre la lecture des lignes qui précèdent, depuis le commencement du paragraphe, et en remontant, au besoin, de quelques alinéas : c'est là un moyen sûr de se remettre en haleine, de la même façon qu'on retourne en arrière et qu'on recule volontairement de quelques pas pour reprendre un meilleur élan. On remet ainsi son esprit en mouvement sur ses propres traces et sur sa propre pente pour lui faciliter la reprise du mouvement interrompu et l'achèvement de ses propres idées.

Le fond des conseils qu'on propose se réduit donc, comme on le voit, à tenir en main son esprit d'une façon assez attentive et assez ferme pour faire violence à ses mouvements naturels, et sous ce rapport, il y a, dans l'achèvement du style, une plus grande part de vertu et de force morale qu'on ne s'avise généralement de le supposer. Les caractères vraiment beaux et vraiment supérieurs ne sont point du tout ceux qui s'abandonnent à leurs propensions naturelles, quelque heureusement et quelque favorablement doués qu'on veuille bien les supposer. Comme on l'a dit si excellemment, *les meilleurs d'entre nous ne sont devenus tels qu'en se corrigeant*, et les vertus acquises ont une saveur et une délicatesse dont ne saurait approcher aucune qualité naturelle.

Ces remarques qui portent sur le fond de la vie morale s'appliquent à notre intelligence. De la même façon que le bon Dieu nous a accordé certaines vertus gratuites dont notre faiblesse se fait volontiers honneur sans songer que le mérite en est nul, nous avons aussi, dans l'ordre purement intellectuel, des moments heureux, des phases d'inspiration, des élans de découverte, des abondances de parole. Il nous arrive, la plume à la main aussi bien que dans la conversation, d'avoir envie de parler et de n'avoir qu'à ouvrir la bouche pour en voir sortir, comme le dit Homère, l'essaim des paroles ailées. Pour peu qu'on ait été appelé à écrire, non pas même comme auteur ou comme journaliste mais au titre beaucoup plus modeste de candidat ou d'écolier, on s'aperçoit bien vite qu'on a ses jours et même ses heures, comme aurait pu les avoir une petite-maîtresse du dix-huitième siècle. Il y a des moments où tout est facile, et d'autres, au contraire, où rien ne paraît praticable. La paresse consulte volontiers cette espèce de baromètre intellectuel, et lorsqu'on se sent l'esprit à l'orage ou seulement au variable, on se dispense volontiers d'un labeur que l'on trouve trop onéreux, comme aussi l'on est disposé à tout quitter pour suivre sa veine lorsque l'inspiration vous vient et vous porte.

Je ne voudrais pas passer pour un censeur trop sévère et trop morose. Il est peu agréable de s'entendre, comme il arrive trop souvent, accuser fort à la légère de prendre le contre-pied de la nature humaine. Je m'attends à bien des étonnements, et cependant je dois dire en toute sincérité que cette façon commode d'écrire lorsque les idées vous viennent et de déserter son pupitre lorsqu'elles ne vous viennent pas, me paraît non-seulement une profession de lâcheté, mais, au point de vue purement littéraire, le gage infaillible d'une médiocrité incurable. Lorsque l'électricité se trouve accumulée en quantité trop grande sur un objet quelconque, on la voit s'enfuir par les extrémités saillantes, sous la forme d'effluves phosphorescentes ou d'étincelles capricieuses; mais il n'y a rien là qui ressemble à la production et à l'emploi régulier du magnétisme, tel qu'on peut le voir dans l'éclairage électrique ou dans la transmission des signaux télégraphiques. De même l'esprit qui se livre, qui s'abandonne, qui attend pour produire d'être débordé par un trop-plein, s'épuise vite et ne saurait, en s'échappant ainsi, ni se soutenir ni se renouveler. Lorsqu'on se précipite sur sa plume pour se satisfaire et pour se débarrasser d'une sorte d'obsession qui vous hante, on va sans doute de l'avant aussi longtemps que l'exaltation dure; mais, après ce premier coup de feu, on ne tarde guère à retomber, et l'on n'en a que plus de peine à reprendre et à continuer par la réflexion un discours dont nous n'avions pas même conscience. A ce moment critique, l'auteur a le choix entre deux partis, ou de continuer dans des conditions vraiment bien peu favorables puisqu'il lui faut substituer tout d'un coup la réflexion à la spontanéité, ou de tout laisser là et d'attendre que l'inspiration lui revienne, malgré l'inconvénient de retarder son travail ou le risque de le reprendre tout à côté.

Il faut bien qu'on me permette de le dire, et en particulier que les jeunes gens me le pardonnent, eux qui aiment tant à croire à l'indéfectibilité de leur improvisation, je n'ai aucune confiance dans l'efficacité de cet enthousiasme. Comme on ne pourvoit point aux nécessités d'une guerre avec des volontaires levés au hasard, on ne saurait produire une œuvre, même de la plus courte haleine, avec des fragments éclos à la suite les uns des autres, sans prévoyance comme sans liaison. Je ne suis pas pour ce prétendu travail facile, lequel n'est au fond que le travail sans valeur. J'estime peu, et j'oserai dire pas du tout, ces fruits hasardeux d'un entraînement et d'une paresse qu'on voudrait faire passer pour de l'enthousiasme. La conception de l'esprit, la direction de l'intelligence, la manœuvre des facultés souffrent et appellent la violence, comme il a été écrit du royaume de Dieu. L'homme, pas plus dans l'ordre logique que dans l'ordre moral, ne doit jamais perdre le gouvernement de lui-même s'il veut rester tout à la fois dans le bien et dans le vrai ; et quoiqu'on se plaise à raconter des hasards heureux de la plume, on a toujours regardé comme une sorte de miracle, dans toute l'antiquité, l'histoire de ce peintre qui, pour avoir jeté de dépit contre sa toile son éponge chargée de couleurs, était arrivé à reproduire ainsi, autour du mors d'un cheval, l'écume blanchissante qu'il désespérait de figurer. De même, à part quelques traits qui peuvent briller dans la nuit, l'auteur n'a guère plus de chances de donner par ce procédé à son travail une forme suivie et soutenue, que de gagner avec un seul coupon le lot de cinq cent mille francs au tirage de quelque emprunt.

En dépit de tout ce qu'on pourra leur dire, il ne manquera jamais d'intelligences complaisantes et paresseuses pour ériger la facilité naturelle en méthode et en procédé littéraires. Il suffit qu'on leur ait accordé la possibilité métaphysique de concevoir quelque esprit assez merveilleusement doué pour être en mesure de se livrer à une sorte d'improvisation continue. Chacun, en pareil cas, ne manque point de répéter tout bas le vers fameux de M. Victor Hugo :

Et s'il en est un seul, je serai celui-là.

C'est une chose bien remarquable que, en fait de conseils littéraires ou philosophiques, lorsqu'on en vient à parler de facultés exceptionnelles et de dons privilégiés, on ne voit jamais personne reculer ni se croire en dehors de l'hypothèse, tant on est porté à admettre en principe sa propre supériorité!

Ce qui, indépendamment des faiblesses de l'amour-propre, fait ici illusion, c'est l'exemple qu'on peut citer de beaucoup d'écrivains capables en apparence, dès qu'ils entr'ouvrent les lèvres, de laisser, comme le Mercure antique, tomber les fleurs et les perles de leur bouche. Il semble qu'il leur suffise de mettre la main à la plume pour qu'elle s'anime sous leurs doigts, et pour que leur prose s'aligne d'elle-même en un irréprochable manuscrit.

Les jeunes auteurs feront bien de ne pas trop se fier aux apparences, et de ne pas trop compter, s'ils veulent en essayer autant, sur un succès égal à leur audace. Ils ignorent que, chez ces vétérans de la plume et ces maréchaux de la pensée, la facilité dont on fait honneur à leur inspiration, n'est pas autre chose que la récolte légitime de leur travail. Non-seulement ils ont pratiqué durant de longues années toute la sévérité des règles les plus strictes au point de vue littéraire, non-seulement ils ont préparé par de longs exercices cette aisance générale de leur style; mais, soyez assuré qu'ils ont fait plus encore. Ils n'ont pas manqué, sur ce sujet qui semble parler de lui-même en eux, de se livrer à des recherches, à des pensées, à des méditations qui les en ont mis en pleine possession. Au moment où ils commencent à écrire, ce n'est pas pour eux un travail qui débute et dont le lecteur ait besoin de courir et de partager les hasards; c'est au contraire l'effusion naturelle et la floraison normale d'une maturité achevée. Ce que l'inexpérience jalouse et présomptueuse prend si étourdiment pour une aventure perpétuellement réussie, n'est pas autre chose que la conséquence continue d'une préparation indéfectible; et bien loin que de pareils exemples puissent établir quelque chose en faveur du système de l'improvisation, ils en sont, par les conditions spéciales de leur succès, la réfutation la plus concluante et la plus péremptoire.

Nous n'attendrons pas que personne vienne nous attaquer dans nos affirmations, ni qu'on entreprenne de les réfuter en les poussant à leurs conséquences. Nous oserons dire, pour devancer et déconcerter ici toute espèce de raisonnement par l'absurde, que bien loin de rechercher et de saisir ce que les auteurs inexpérimentés appellent d'une expression quelque peu comique, *l'éclair* de l'inspiration, il faudrait avoir le courage de se dire d'une façon plus résolue et plus ferme, que c'est là, après tout, une lumière peu durable et que, pour avoir été traversées par le sillon de feu, les ténèbres n'en paraissent ensuite que plus épaisses; que le lecteur comme l'écrivain pourra bien être un instant ébloui, mais qu'il ne sera point éclairé. Le vrai système consiste donc, à l'inverse de tout ce que l'on croit, de tout ce qu'on pratique, et, je dirai plus, de tout ce qu'on enseigne, consiste à mettre hardiment la main sur son propre esprit et à le plier aux exigences d'un gouvernement impitoyable.

Il y a, dans le langage populaire des ouvriers, une expression qui, pour n'être pas irréprochable au point de vue de la correction française, n'en demeure pas moins remarquable par sa vérité et son énergie. On dit communément dans ce monde-là qu'un ouvrier est *d'attaque*, pour exprimer ce premier courage et cette première vaillance avec lesquels un homme de cœur sort de son repos pour se remettre au travail. Dans plus d'une profession, ce premier contact a quelque chose de rude ; c'est comme un assaut qu'on aurait à livrer.

Cette loi de l'activité physique nous paraît être pleinement applicable à l'effort intellectuel et moral que demande le labeur de la composition. C'est un procédé détestable, et tout-à-fait irrationnel, que celui qui consiste à attendre, pour prendre la plume, le trop plein et le débordement de son âme. Il se produit alors, en effet, comme une fermentation des idées, un bouillonnement intérieur qui les soulève et qui les amène à s'épancher au dehors. Mais il ne faudrait pas prendre le déversement de cette effervescence pour l'établissement d'une source constante et régulière. Au bout de peu d'instants, cette agitation s'apaise, cette enflure factice retombe, et vous avez beau incliner l'urne, vous ne voyez pas qu'il en sorte rien. Ainsi s'expliquent, dans la littérature, aussi bien dans les œuvres d'inspiration que dans les œuvres de réflexion, tant de débuts heureux, suivis à la seconde page d'une chute profonde. On peut constater le moment où la veine s'est arrêtée, où la verve s'est refroidie. C'était bien, à l'origine, un torrent de feu qui roulait à flots pressés ses ondes étincelantes ; mais à mesure que le courant développait sa carrière, la lave allait en se refroidissant, et elle a fini par s'immobiliser dans des blocs de pierre froids et rigides comme le métal.

Au contraire, lorsque l'inspiration, bien loin de s'offrir complaisamment à nos désirs, se refuse et se dérobe, il faut, de toute nécessité, que la réflexion pourvoie et supplée à ce déficit. L'esprit est mis en demeure de faire des efforts surhumains et de découvrir de sang-froid, par la seule puissance de l'analyse, ce qu'à d'autres moments la spontanéité lui aurait donné d'elle-même. Sans doute une pareille tâche est singulièrement pénible, mais au moins l'esprit ne risque point de s'égarer par son propre entraînement, pas plus que de voir se ralentir une inspiration absolument absente.

C'est alors le phénomène inverse qui se produit. Il se passe, dans l'ordre intellectuel, quelque chose d'analogue à ce que l'on appelle la multiplication de la vitesse par l'accumulation de la force. Tout est fait pour paraître plus facile que ce premier travail : il ne s'agit plus que d'entretenir le mouvement, et, au lieu de cette trombe qui éclate et dont l'inondation va se perdre dans les sables, vous avez un fleuve qui, après avoir eu à sa source d'humbles commencements, poursuit son cours à travers les moissons qu'il abreuve et les villes qu'il dessert, recueillant sur sa route les tributaires qu'il rencontre, jusqu'au moment où il déverse dans l'Océan la masse de ses eaux.

Les personnes qui auraient eu le courage de mettre en pratique le procédé que nous recommandons seraient en mesure d'apporter ici leur témoignage. Elles attesteraient qu'elles n'ont jamais écrit de pages plus heureuses et mieux frappées qu'à la suite de quelqu'un de ces efforts. A de tels moments, l'esprit se possède dans toute sa plénitude ; il ne donne rien au hasard et à cette espèce d'entraînement subalterne qu'on prend souvent pour de l'inspiration : il a la pleine conscience de tout ce qu'il dit, et l'expression elle-même profite du degré de tension et d'énergie auquel a dû se monter la pensée.

Il n'y aura plus ni objection ni méprise sur ce point, lorsqu'on aura ajouté une dernière remarque.

Ce qui pourrait faire regarder les conseils qu'on donne ici comme peu pratiques et peu acceptables, c'est que, dans plus d'une occasion, ce qu'on appelle si mal à propos le défaut d'inspiration et de verve, n'est pas autre chose qu'une ignorance profonde de la question, ignorance causée par la paresse d'en prendre connaissance ou l'incapacité de la traiter. Il est tout naturel que, dans de pareilles conditions, on ne se sente pas en effet très-disposé à prendre la plume et qu'on ne sente rien venir, quelque agitation qu'on se donne à se battre les flancs. Sans doute, il n'est guère opportun, en pareille circonstance, de passer par-dessus cette impossibilité, sous prétexte de mettre en coupe réglée ce néant. Tous les efforts du monde ne sauraient aboutir, et, suivant la vieille maxime féodale : « Là où il n'y a rien, le roi perd ses droits, » les efforts ne seraient plus ici du courage, mais de la pure obstination ; et de cet entêtement à froid et à vide, il ne saurait guère sortir que des déclamations et des divagations.

Chose étrange ! ce n'est pas seulement, comme on pourrait le croire, dans le cas où nous sentons notre stérilité et notre impuissance, que nous éprouvons cette sorte de répulsion pour le travail et que nous sommes portés à le différer jusqu'au moment où l'inspiration sera venue ; cette hésitation de notre esprit peut être attribuée à une cause toute différente.

Il arrive, dans plus d'une circonstance, qu'à force d'avoir multiplié nos réflexions ou accumulé nos documents, nous éprouvons, au moment où nous sommes appelés à la mise en œuvre, l'inconvénient inhérent à l'embarras des richesses, la difficulté si peu sentie et si peu vaincue d'en faire le meilleur usage possible. Nous n'attendons plus, en pareil cas, que la complaisance de notre imagination supplée au défaut de notre pensée ; nous attendrions plutôt qu'il se fasse un jour complaisant dans cet encombrement qui empêche la lumière. Il se passe dans notre esprit quelque chose d'analogue à ce qu'on voit dans les grandes foules, alors que, la représentation finie, on hésite un moment avant d'engager sa personne dans cette issue étroite et dans ce couloir tortueux, par où il est si difficile de déboucher sur un espace plus vaste où l'on puisse se trouver à l'aise.

Ce découragement de l'abondance n'est point, comme on pourrait le croire, un simple acte de lâcheté dont on rencontre au plus quelques exemples individuels : c'est, au contraire, une maladie assez commune chez les esprits délicats. Ils sentent bien, grâce à la susceptibilité et au raffinement de leur tact, qu'il ne leur sera pas donné de se satisfaire aisément ; ils n'ont aucune propension à se montrer indulgents envers eux-mêmes ; et plutôt que d'avoir à supporter tout ce qu'ils pourraient dire ou concevoir de médiocre, ils aiment mieux garder pour eux seuls cette contemplation intérieure dont nulle expression ne vient attester au dehors l'insuffisance ou les défauts.

Il faudrait, pour que ces esprits charmants et discrets consentissent à prendre la parole, qu'il leur vînt un peu plus d'amour-propre et de confiance en eux-mêmes. Ils attendent, pour sortir de leur mutisme, je ne sais quelle occasion qui les fasse céder, tandis qu'ils ne devraient demander qu'à leur propre raison et à leur propre courage l'initiative du devoir qu'on attend d'eux. Le silence de tels esprits constitue une véritable perte pour la fécondité de la littérature et pour le gouvernement de la vie. On le voit bien dans les circonstances trop rares où quelqu'une des intelligences dont je parle est ravie, malgré elle, à sa modestie : elle prend alors son parti avec une résolution égale à sa tâche, et c'est alors que nous voyons éclore les œuvres et les discours les plus étonnants. Il y a ainsi plus d'hommes qu'on ne pense, qui meurent sans avoir eu conscience de leur puissance et de leur grâce dans l'ordre littéraire : ils ne se sont jamais contemplés dans leur propre expression, pas plus qu'il n'a été donné à la jeune vierge des tribus sauvages de se sourire jamais dans un miroir.

CHAPITRE IX.

DE LA RÉDACTION PAR LE PROCÉDÉ DE LA DICTÉE.

Les conseils que nous avons donnés jusqu'ici sur la façon de concevoir un sujet, de l'ordonner en un plan, de l'exprimer en un programme, et enfin de le développer en une composition écrite, sont des conseils qui s'adressent à des lecteurs choisis et exclusifs. Nous ne saurions, sous peine d'imprudence, recommander de telles méthodes à de simples écoliers; elles ne leur sont point applicables, et l'impuissance d'en faire usage les mettrait dans l'impossibilité d'en tirer profit. Il faut absolument être plus avancé dans la vie; il faut être parvenu à une réelle puissance, sinon encore à une complète maturité d'esprit, pour entrer dans les raisons de cette discipline et pour être à même de s'y conformer.

Voilà pourquoi on s'est adressé jusqu'à présent dans ce livre à ce qu'on pourrait appeler la haute adolescence, ce moment unique et précieux qui, dans les carrières les plus abandonnées et dans les destinées les plus perdues, représente un effort sincère de l'âme pour se posséder et pour se conquérir, au moins dans l'ordre littéraire.

Le chapitre qu'on va lire dépasse résolument ce niveau.

On voudrait, malgré la présomption peut-être malséante de l'entreprise, soumettre ici, non plus seulement aux débutants, mais aux auteurs et aux écrivains eux-mêmes, quelques remarques pratiques sur l'expression de leurs pensées.

Il n'en sont plus, bien-entendu, à cette période laborieuse des tâtonnements où la plume reste suspendue devant une expression qui se dérobe, ou hésitant en face d'un mot dont elle ne saurait se satisfaire. Si leur style se trouve parfois soumis à de pareils retardements, ce n'est plus que par intervalles et dans de rares occasions, alors qu'il se présente au courant de la pensée quelque difficulté particulière, un problème plus épineux, une complication plus obscure, une susceptibilité plus ombrageuse. Alors, et sauf une puissance de génie consommée, l'écrivain le plus rompu à son métier éprouve encore le sentiment d'un certain obstacle et, toute différence gardée, se retrouve un peu dans les conditions du débutant, lequel cherche encore sa voie.

En mettant à part ces passages difficiles dont il faut faire une étude spéciale comme d'un trait peu commode à la vocalisation, un auteur exercé finit par écrire à peu près au courant de la plume. Non pas que sa main poursuive d'un mouvement égal une course régulière et mesurée; tout au contraire, vous le voyez, suivant les caprices de son inspiration, suivant les impulsions ou les défaillances de sa verve, tantôt précipiter son écriture et tantôt la ralentir. Ici, les caractères sont à peine tracés; ils s'amoindrissent pour se hâter davantage, et volontiers l'auteur mettrait-il en abrégé ou sous-entendrait-il la fin des mots, pour ne pas perdre de vue l'expression heureuse qui miroite déjà devant lui et par laquelle il va couronner sa phrase ; au contraire, lorsque la pensée offre quelque difficulté, on voit la main se ralentir, et, dans cette écriture tourmentée, on rencontre des passages peints avec une sorte de coquetterie calligraphique.

Il n'est donc pas douteux que le fait matériel d'avoir à tracer sur le papier des caractères à la suite les uns des autres multiplie les difficultés naturelles que nous trouvons tour-à-tour dans la langueur ou dans l'impatience de notre pensée. Lorsque l'inspiration nous vient, nous éprouvons une certaine souffrance, en dépit des facilités de l'habitude, à exécuter un si grand nombre de mouvements mécaniques. Prendre de l'encre, tenir sa plume en état, suivre les lignes, tourner les feuilles du papier, peindre les mots et pour cela employer d'une façon convenable les lettres de l'alphabet de façon à respecter tout à la fois les usages de l'écriture et les règles de l'orthographe et de la grammaire, ce sont là, à dire vrai, de bien grandes difficultés ; et si toutes ces complications demeurent inaperçues à l'homme qui exécute un travail de copie ou qui traduit sur le papier une pensée à peu près insignifiante, il n'en va pas de même assurément lorsque le labeur de la création littéraire accompagne le mouvement mécanique de la main. Pour peu que l'instrument soulève de résistance ou rencontre de difficultés, la vitesse de l'esprit se trouve ralentie, ou sa paresse favorisée : il regrette dans de pareils moments de n'être pas une intelligence pure, de façon à n'avoir qu'à laisser tomber les mots, pour être sûr de conserver ainsi toute l'expression de sa pensée.

Il se trouve que, par une simple comparaison et sans avoir pris la peine d'y songer, je suis arrivé précisément à la méthode même que je me proposais de recommander, à savoir la dictée, laquelle n'est pas autre chose que l'art de composer en parlant, tandis que la main d'un secrétaire recueille et traduit d'une façon durable ce discours plus lent et plus mesuré que les autres discours.

Il est inutile de décrire un genre de travail que tout le monde connaît. On peut même dire que presque tout le monde a eu l'occasion de le pratiquer sous une forme ou sous une autre. A défaut d'une composition dont on soit l'auteur, on n'est pas sans avoir eu l'occasion de dicter une lettre, ou sinon de faire reproduire par l'écriture un texte qu'on désirait conserver et qu'on débite par phrases séparées, en suivant des yeux l'original.

L'impression que nous gardons en général de cet exercice, c'est qu'il serait à la fois téméraire et chimérique de songer à rien de pareil, lorsqu'il s'agit, non plus de dicter un texte dont chacun des mots est sous nos yeux, mais de donner ainsi d'une façon tout à la fois instantanée et continue à sa pensée une expression stable, à l'aide de mots qui doivent se répondre et s'accorder. Tout écrivain qui n'a point encore fait l'essai de cette pratique désespère *à priori* d'y réussir, et trouve qu'il y a encore plus de folie que d'audace à l'entreprendre. Les auteurs se sont fait en général des habitudes de composition littéraire auxquelles ils préfèrent s'en tenir : les préjugés, la paresse, la défiance se réunissent contre eux, et les empêchent de s'imposer à eux-mêmes une méthode à laquelle ils auraient beaucoup à gagner.

Cette méthode de composition dictée représente, en effet, un mode d'action de l'esprit, supérieur à celui auquel s'en tiennent presque tous les écrivains.

Celui qui dicte, malgré une certaine inégalité d'allure, doit s'astreindre à une régularité générale de mouvement. Un secrétaire complaisant, habile, et surtout intelligent, peut sans doute, dans une certaine mesure, précipiter l'impulsion de sa main, conserver dans sa mémoire une certaine accumulation de phrases dont il se débarrassera au premier ralentissement ou au premier arrêt; au besoin, et comme dernière ressource, il peut laisser en blanc la dernière partie d'un mot un peu trop long, lorsque cette dernière partie peut être aisément suppléée et rétablie. En sens inverse, rien ne lui est plus aisé, lorsque la parole de l'auteur demeure en suspens, que d'attendre, la plume à la main, le terme qui demeure en retard. Pourvu que le secrétaire prenne garde de ne point répéter le mot qui appelle la suite, de ne révéler par aucun mouvement l'impatience de son attente, de n'émettre aucun bruit et de ne faire aucun signe qui puisse contrecarrer l'écrivain, augmenter sa fièvre et le jeter dans le découragement et la détresse, l'homme qui dicte ne laisse pas, malgré les apparences et surtout les préjugés contraires, de jouir d'une certaine liberté.

Cependant, il faut le reconnaître, la tâche est difficile : elle demande une rare puissance et une tension extraordinaire de l'esprit ; elle enseigne avec une autorité supérieure le gouvernement intellectuel de soi-même.

Lorsque vous dictez le commencement de votre période et les premiers mots de la première phrase, il faut bien vous garder de l'avoir construite jusqu'au bout, de façon à la débiter par après, au moyen d'un pur exercice de mémoire, comme si vous la teniez sous vos yeux dans un livre. Il faut, pour composer véritablement en dictant et pour obtenir de soi-même quelque continuité et quelque bonheur d'expression, user du même procédé auquel on s'abandonne tous les jours d'une façon inconsciente dans la conversation. Lorsque vous entamez un sujet, lorsque vous rapportez une anecdote, lorsque vous donnez une réplique, vous ne voyez point, dès le premier son qui sort de vos lèvres, les différentes tournures par lesquelles passera l'expression de votre pensée avant d'arriver au dernier mot de votre tirade; et lorsque vous énoncez le sujet de votre phrase, vous vous fiez avec raison au mouvement même de votre intelligence, pour rencontrer tour-à-tour, au courant de la parole, d'abord le verbe et ensuite l'attribut avec ses divers compléments.

L'écrivain qui dicte ne saurait s'y prendre autrement, sous peine de faire de très-mauvaise besogne. Il faut, de toute nécessité, qu'il s'embarque sur la foi de lui-même et qu'il s'en rapporte à son étoile. D'ailleurs, indépendamment des autres difficultés et inconvénients, le système qui prétendrait ne jamais entamer la dictée d'une phrase avant que cette phrase eût reçu son irréprochable achèvement dans la pensée, aurait pour résultat infaillible de hâcher tout le style en petites propositions menues et sans aucune haleine. Comme elles seraient chacune confectionnées à part, elles n'auraient pas non plus de liaison entre elles. Lorsque l'auteur, par une sorte de jeu de casse-tête, aurait achevé dans son esprit l'arrangement de la période n° 1, on voit bien qu'il serait obligé de suspendre son travail, avant de passer à l'édification de la période n° 2. Cette suspension serait motivée par la nécessité de dicter la phrase ainsi construite et par l'effort de mémoire qu'exigerait cette dictée. Une fois la première phrase transcrite, l'écrivain aurait à reprendre son labeur de composition et de création interne, de la même façon que, dans un salon, une femme quitte et reprend le travail de tapisserie qu'elle a placé devant elle.

Une fois les trois ou quatre premiers mots dictés, l'esprit se trouve embarqué dans un effort d'une remarquable intensité. Je comparerais volontiers ce procédé de composition à la peinture à la fresque, où toute retouche est interdite de sorte qu'il y faut réussir du premier jet.

Il y a quelque chose d'analogue dans la composition dictée ; on ne peut guère revenir sur les paroles qui ont été déjà prononcées et que la main du secrétaire a consignées sur le papier. Le travail de complément et de rectification par une série continue de ratures n'est point praticable par le ministère d'autrui. Il faut, pour s'y livrer avec quelque sécurité et quelque fruit, avoir soi-même sous les yeux la trace et le souvenir matériel des essais que l'on a successivement tentés. D'ailleurs, malgré la liberté qu'on peut à cet égard se donner à soi-même, il est très-certain qu'on éprouve quelque répugnance à faire perpétuellement substituer un mot nouveau au mot que l'on avait d'abord prononcé et fait écrire. L'amour-propre, dont on ne saurait se dépouiller entièrement en aucune occasion et vis-à-vis de personne, fait éprouver une certaine souffrance et comme une honte, à l'auteur mal assuré qui hésite et qui passe ainsi d'une première expression à une seconde. Cette terreur est si grande et cette appréhension si invincible, qu'elles suffisent pour interdire le procédé de composition dictée à des esprits très-fermes, très-puissants et très-capables de le pratiquer. J'ai connu un galant homme lequel se tirait fort convenablement de la prose lorsqu'il tenait lui-même sa propre plume entre ses doigts; mais lorsqu'il entendait sur le papier le grincement d'une plume étrangère, mise en mouvement par sa parole, puis ce grincement tout d'un coup suspendu par le retard de sa pensée, il se sentait saisi d'une sorte de paralysie intellectuelle : il éprouvait quelque chose d'analogue à ce qui vous arrive dans le monde lorsque, glissant à demi-voix quelque récit délicat dans l'oreille de votre voisin, vous entendez tout d'un coup le silence se faire autour de vous, et lorsque vous sentez toutes les attentions braquées contre votre discours.

En supposant même qu'on eût la force d'âme nécessaire pour passer par-dessus cet inconvénient, il est certain que cette substitution d'une seconde expression à la première ne saurait se faire sans quelques explications de la part de celui qui dicte et, par conséquent, sans qu'il ajoute à travers le texte de sa composition une série de parenthèses qui n'ont rien à voir avec le sujet. Il semble que cela ne soit rien. Les parenthèses n'offrent pas le moindre obstacle, lorsqu'on donne lecture d'un morceau imprimé; elles n'empêchent point qu'on retrouve le fil, puisqu'il suffit de ramener son regard au point d'où on l'avait d'abord détourné. Au contraire, lorsqu'on dicte, le seul fait de prononcer une parole ou d'émettre un son qui sorte du dessein principal, suffit pour rompre et pour détourner le courant : la pensée vacille, l'hésitation se multiplie en quelque sorte par elle-même; et pour s'être repris une fois, pour avoir fait exécuter une première rature, on est cent fois plus tenté d'en demander une seconde. On s'engage ainsi sur une pente où il devient difficile de se retenir, et, pour peu qu'on cède, le plus simple est encore de reprendre soi-même la plume et d'accomplir de sa main sur le papier toutes ces manœuvres de ratures et de corrections.

Il faut donc s'imposer pour règle de plier d'une façon inexorable la suite de la phrase au commencement que l'on a cru devoir adopter. Si l'on revient sur ce qui a été écrit à l'instant même, il faut que ce retour soit motivé d'une façon absolument exceptionnelle, qu'il y ait eu, par exemple, un mot prononcé par mégarde à la place d'un autre, ou un membre de phrase omis par inadvertance. Alors ce n'est pas une facilité qu'on se donne, mais une nécessité qu'on subit.

On comprend que, pour dicter dans de telles conditions et pour être à même de s'interdire avec cette rigueur la ressource de revenir sur ses pas, il ne faut s'avancer qu'à bon escient et exercer sur son discours une rude surveillance. S'il est absolument indispensable d'aventurer un peu le début, sauf à y raccorder ensuite le reste de la période, il ne faut pas non plus procéder au hasard, ni s'engager à la légère dans une aventure de construction dont on ne saurait plus sortir.

L'esprit accomplit visiblement, pendant tout le cours d'une dictée, ce même travail corrélatif d'élimination et de correction qui est la méthode essentielle du style. Nous voyons s'offrir à notre choix, pour continuer et pour compléter notre pensée, des mots de nuances diverses qu'il nous serait facile, si nous avions la plume à la main, de faire apparaître traduits et fixés sur le papier. Il faut donc que nous ayons en nous-même une force d'évocation et de représentation assez grande pour apercevoir mentalement les termes qui sont à notre disposition, et pour en faire, durant un espace de temps à peine appréciable, une sorte d'essai. Pendant que notre secrétaire couche par écrit les cinq ou six mots que nous venons de prononcer, il faut que nous ayons eu la pensée assez prompte pour ajuster tour-à-tour à ce premier commencement de phrase quatre ou cinq suites différentes dont nous avons tenté et jugé l'opportunité.

A ce travail de création se rattache incessamment un double exercice de la mémoire.

Nous faisons généralement si peu pour développer en nous la faculté de nous souvenir, qu'il faut regarder comme des exceptions les hommes capables de reproduire à première vue une période de quelque étendue ou seulement une phrase un peu compliquée; et cependant ce qui, en toute autre occasion, pourrait être regardé comme une espèce de luxe de la mémoire, devient ici une nécessité. Il n'est assurément pas possible de continuer un développement, si l'on a perdu de vue, je ne dirai pas le détail de tout ce qui a précédé jusqu'à l'endroit où l'on se trouve parvenu, mais tout au moins si l'on n'en a pas conservé une souvenance assez fidèle pour ne pas s'exposer à recommencer un raisonnement ou à reproduire une observation. Il y a plus. En dehors du reste du développement qu'il suffit d'avoir présent d'une façon générale, la phrase même dans laquelle on est engagé doit nous être actuellement visible jusqu'à la dernière syllabe du dernier mot que nous venons de prononcer. C'est à cette condition seulement que nous pourrons éviter d'employer deux fois le même terme à un trop court intervalle, d'user d'une expression affaiblie, lorsque nous venons d'en rencontrer une bien autrement précise et bien autrement caractéristique. Par là, nous n'aurons point à craindre de tomber dans quelque solution de continuité, ni de laisser suspendue et inachevée la construction où nous nous étions engagés.

Cet exercice de la mémoire est double, disions-nous : il ne s'étend pas seulement aux mots qui viennent d'être dictés par nous et dont, à défaut du papier, nous ne pouvons plus nous représenter la présence autrement que par l'action vivante de notre souvenir. La mémoire a encore un autre rôle à jouer, et celui-là plus délicat, plus fugitif, on pourrait dire plus instantané.

Nous n'avons considéré jusqu'à présent que la partie de la phrase dictée par l'auteur et transcrite par le secrétaire; mais au point où nous sommes et au moment même où nous dictons un membre de phrase de cinq ou six mots pour continuer, il est bien évident que ces cinq ou six mots ne se présentent pas seuls et soigneusement détachés de tout ce qui va suivre : notre discours se continue de lui-même dans notre pensée; et si, au lieu d'avoir à attendre une reproduction graphique qui demande un certain temps, même au secrétaire le plus expérimenté, nous n'avions qu'à nous laisser aller à notre propre parole, nous aurions, au bout de quelques minutes, prononcé assez de mots pour en couvrir une page entière.

On comprend donc que nous soyons obligés de nous imposer à nous-mêmes une sorte de temps d'arrêt : nous coupons en deux cette continuation de la phrase qui nous vient aux lèvres, et contraints de nous plier aux nécessités matérielles de la transcription, nous dictons les cinq ou six premiers mots dont il était question tout-à-l'heure, tandis que nous retenons momentanément dans le souvenir de notre pensée tout l'achèvement de la période et quelquefois le début déjà tout prêt de la période qui doit suivre. Il y a donc bien là, comme l'expérience le montre, un second exercice de la mémoire, plus particulièrement délicat et dont il faut savoir se tirer, sans faire de confusion. Lorsque la suite de votre phrase a trouvé dans votre esprit son expression arrêtée de telle sorte qu'elle n'ait plus qu'à être prononcée pour être écrite, il faut bien se garder de rendre aux chances du hasard, à l'incertitude d'une seconde recherche et d'une seconde rencontre, cette première formule une fois trouvée. Il faut donc faire, avec une grande décision et une grande fermeté, deux parts dans ce moment précis de la pensée : il faut garder pendant quelques minutes, par une action particulière de la mémoire, le membre de phrase qui se trouve déjà construit, et en même temps se détacher de ce résultat désormais acquis, pour regarder dès maintenant au-delà, et pour suivre le travail simultané d'invention et d'élocution qui doit continuer la phrase immobilisée mais non écrite.

On pourrait dire, sans trop forcer la comparaison, que ce procédé de la rédaction anticipée permet à celui qui dicte de se constituer une espèce de petit capital de réserve. Dans cette hypothèse, peut-être un peu fantaisiste, on peut considérer le secrétaire qui vous écoute et qui vous suit, l'oreille et la main tendues, comme représentant ces impitoyables besoins matériels dont notre pauvre humanité est sans cesse poursuivie et obsédée. C'est un bien mauvais calcul, pour gagner son pain, que de se laisser acculer aux dernières limites de la détresse, et, pour la combattre, d'attendre au lieu de prévenir la famine. L'homme prévoyant s'abrite toujours derrière quelques ressources et par là se conserve la sécurité de son esprit et la liberté de ses mouvements. Il en va de même, toute proportion gardée, de celui qui a entrepris de dicter sa composition. S'il n'a pas, entre lui et la pénible nécessité de tomber dans le silence par impuissance et par épuisement, la provision de quelques phrases déjà faites et présentes à son imaginative, il est plus que probable qu'il se sentira saisi par l'appréhension et dominé par la terreur. Une fois qu'il aura été réduit à s'arrêter, il lui deviendra incomparablement plus difficile de se remettre en marche; toute la vitesse acquise se trouvera perdue. Au lieu de n'avoir plus qu'à entretenir un mouvement déjà commencé, il sent qu'il lui faut s'ébranler à nouveau et passer du repos perfide qui l'a saisi, à une initiative nouvelle.

Il faut donc, autant qu'on le peut, mettre tous ses efforts à garder devant soi une sorte d'approvisionnement flottant. Il vaudrait mieux, à toute force, si vous sentiez venir malgré vous la nécessité de vous arrêter, ralentir le mouvement de la dictée et porter d'avance tout l'effort de votre esprit au-delà des huit ou dix mots dont vous êtes encore muni. Vous évitez par là cette angoisse pénible d'un dernier son tombant, sans se raccorder à autre chose qu'à une lacune et à une défaillance de votre pensée.

La pratique de ces différentes règles n'est point aussi difficile qu'on pourrait se l'imaginer. Sans doute elle ne serait pas à recommander au premier venu. Il faut suivre, ici comme ailleurs, la maxime de l'Apôtre, qui prescrit de donner le lait aux enfants et de garder pour des tempéraments plus achevés une nourriture plus vigoureuse. Bien que la modestie et la défiance d'eux-mêmes ne soient pas, la plupart du temps, les défauts les plus familiers aux hommes, il est très-certain qu'en dépit de leur présomption, ils ne savent pas eux-mêmes la plupart du temps de quoi ils seraient capables. Leur paresse, ou peut-être leur timidité, est encore plus grande que leur orgueil, et il ne manquera pas d'écrivains, même consommés, qui reculeront à la seule pensée des obstacles qu'on vient ainsi de détailler sous leurs yeux. Cependant s'ils voulaient prendre sérieusement sur eux d'entamer ce progrès de leur esprit, il est hors de doute qu'ils réussiraient dans leur entreprise. Ils arriveraient, au bout de très-peu de temps, contrairement à ce qu'ils redoutent, à dicter d'une façon égale et continue, sans précipiter leur parole lorsque l'inspiration leur arriverait avec plus d'abondance, et sans la ralentir jusqu'à l'immobilité lorsqu'il leur surviendrait quelque obstacle.

Cet heureux résultat peut être singulièrement favorisé par quelques précautions très-faciles à prendre.

Avant tout, il faut absolument que le secrétaire ne fasse connaître par aucun signe qu'il est parvenu au bout de la phrase déjà prononcée et qu'il en attend la suite. Il y a là, dans cette voix indifférente et impitoyable qui répète le dernier mot avec une intonation toujours semblable et toujours la même, une sorte de cauchemar et comme un glas funèbre qui provoque l'agonie de votre pensée. Les intelligences les plus fermes et les plus maîtresses d'elles-mêmes ne sont pas capables d'y résister. Même en supposant que l'habitude vous vienne en aide pour le supporter, il en résulte pour les âmes les plus aguerries, une espèce de trouble contre lequel il leur est pénible de lutter.

Le secrétaire devra donc garder un silence absolu, et j'irai jusqu'à dire que, dans les courts intervalles de repos qu'on lui laisse ou qu'il se ménage, il est tout-à-fait souhaitable qu'en changeant d'attitude ou de point d'appui, il ne mêle pas des bruits étrangers et inouïs aux bruits familiers qu'entraînent d'ordinaire les mouvements de son occupation. Vous comprendrez ainsi que l'intervalle de votre parole s'allonge et lui procure une suspension pleine et entière, pendant laquelle il se livre, si l'on peut ainsi parler, à une sorte de récréation. Dès que la solution de continuité est ainsi accusée, elle se trouve par là même agrandie. C'est justement pour éviter ce même inconvénient, que l'auteur doit se placer de façon à ne point voir celui auquel il dicte. Les mouvements du corps, du bras et de la main ont aussi leur signification et leur langage; et l'immobilité à laquelle le secrétaire aboutirait, à la fin de chaque phrase, aurait infailliblement sur les nerfs et sur la pensée de l'auteur le même effet que cette dernière parole renvoyée en écho, comme un reproche et comme une sommation.

C'est pour agir conformément à ce même principe et pour ne point introduire un élément de trouble dans l'esprit déjà tendu et surmené de l'auteur, que le secrétaire doit s'abstenir, en règle générale, même de se faire répéter un mot qu'il n'aurait pas entendu. A moins de circonstances tout-à-fait exceptionnelles dans lesquelles la minute elle-même est appelée à figurer sans qu'on y puisse faire aucune espèce de correction, rien de plus simple que de laisser en blanc un mot imparfaitement saisi. Encore bien que l'oreille n'en ait pas recueilli toutes les intonations de façon à pouvoir se le représenter dans son entier, elle finit, avec un peu d'habitude et d'intelligence, par apprécier la dimension totale du mot et le nombre de syllabes qu'il peut contenir. On laissera donc vide un espace sensiblement proportionné au nombre de syllabes qu'on aura conjecturé. Rien n'est d'un plus facile emploi que cette pratique. Ajoutez-y que, dans l'intervalle ainsi ménagé, on peut très-bien, même avec une main médiocrement habile, resserrer ou espacer à son gré les caractères du mot rétabli après coup.

Indépendamment de ses autres avantages et du ressort qu'elle donne à l'esprit, la composition dictée évite absolument au style deux défauts de premier ordre.

En premier lieu, elle empêche un écrivain de tomber dans la complication et dans l'embarras des phrases enchevêtrées les unes dans les autres. C'est peut-être là le défaut dans lequel il est le plus facile de donner, lorsqu'on se trouve la plume à la main devant le papier qui souffre tout. Les phrases s'allongent les unes après les autres, elles s'ajustent, s'emboîtent, se pénètrent, sans que l'écrivain ait d'autre souci que celui de ne point porter atteinte aux règles fondamentales de la grammaire. Rien de mieux sans doute, au point de vue de la correction; et avec ce système, pour peu que le texte soit étudié à fond, il faut absolument qu'il finisse par être compris. Le malheur est que ce sont là de pures possibilités logiques, et que le lecteur ne met pas tant de complaisance ni d'efforts à la disposition de l'écrivain. En vain la syntaxe lui donnerait-elle la clef de cet arrangement et lui permettrait-elle de suivre la pensée à travers les incidentes, les parenthèses, les relatifs, l'auditeur trouve beaucoup plus simple de laisser aller son attention au moment même où elle deviendrait le plus nécessaire; et pour se venger de n'avoir pas compris du premier coup, il a tout intérêt dorénavant à faire passer l'auteur pour obscur et pour inintelligible.

Ces allongements et ces enchevêtrements du style, auxquels on se laisse si facilement entraîner dans le travail de la rédaction écrite, ne sont guère concevables dans une dictée de vive voix, et il est à peine besoin de dire pourquoi ce défaut se trouve écarté. L'auteur en effet n'a plus sous les yeux un commencement de phrase écrite dont il se soit ainsi soulagé d'une façon entière et absolue : il faut qu'il garde dans sa mémoire le début de la période entamée, et qu'il la garde d'une façon assez précise pour la pouvoir terminer. C'est ce qui deviendrait absolument impraticable, si l'auteur qui dicte se laissait aller aux *qui* et *que*, aux circonlocutions, aux incidentes, aux parenthèses, dans lesquelles s'égarent tant d'écrivains. Pour lui qui n'a pas la ressource d'avoir sous les yeux tous les contours du commencement de la phrase, il est évident qu'il se perdrait et ne saurait arriver jusqu'au bout. Il y a donc pour lui, non-seulement intérêt, mais nécessité à se montrer sobre de détails, discret dans ses tournures et modéré dans ses développements. Dès lors ces proportions et ces allures plus familières aux esprits, n'offrent pas de difficulté qui puisse provoquer l'hésitation ou le découragement du lecteur.

Le second défaut que la composition dictée évite à un auteur n'est pas de ceux que les écrivains paraissent redouter beaucoup. Ils ne s'en préoccupent guère, s'il est permis d'en juger par ce que je lis tous les jours.

L'harmonie des sons est, à mon gré, une des grandes qualités du style. Elle est plus indispensable qu'on ne le croit généralement. On s'imagine volontiers que l'éloquence parlée est faite pour en avoir le monopole, comme si l'harmonie était seulement saisissable dans l'audition d'un discours. Rien n'est plus inexact. Non pas que dans une assemblée les oreilles ne se montrent délicates et ne supportent malaisément les difformités d'une cacophonie : dans une pareille rencontre, on peut saisir, même à des signes imperceptibles, le froissement marqué de l'auditoire. Ce qu'il y a de curieux, c'est que, contrairement à ce qu'on croirait devoir arriver, cette même impression désagréable se produit même sur celui qui lit sans parler. Nous avons tous vu des hommes mal habitués à l'écriture qui, pour lire, marmottent entre leurs lèvres les mots répondant aux caractères qu'ils ont devant les yeux. C'est pour eux le seul moyen de se représenter suffisamment le texte et d'en saisir le sens continu. Sans doute nous ne sommes pas, pour la plupart, réduits à cette piteuse extrémité, et presque tous nous lisons du regard, sans que les organes de la voix aient un mouvement à exécuter ou même un tressaillement à subir. Il n'en est pas moins vrai que, si nous entrons d'une façon profonde dans l'examen de ce qui se passe dans notre esprit, nous reconnaîtrons que d'ordinaire notre intelligence ne va pas tout droit des caractères graphiques aux idées mentales : elle passe instinctivement par son chemin habituel, par les mots, par la représentation phonétique dont, en vertu du principe de l'association des idées, les syllabes sont l'image inévitable.

Voilà comment, encore bien qu'aucun son ne soit produit matériellement, il arrive que le lecteur même silencieux, se trouve choqué d'une rencontre de sons désagréables et d'une succession de difficultés vocales.

Alors même que sa parole n'y est aucunement engagée, il suffit que sa faculté imaginative se représente, comme il arrive si souvent pour la musique, une sorte de verbe intérieur. Il éprouve alors un malaise inconscient et une répugnance secrète ; le style de son auteur lui déplaît, sans qu'il se sente en mesure ni qu'il se mette en peine de dire pourquoi. C'est le manque d'harmonie, le brisement des phrases, la rencontre des hiatus, la répétition des mêmes assonances qui le fatiguent et qui l'énervent.

Il faut beaucoup d'attention et beaucoup d'art pour amener son style à devenir tout-à-fait exempt de ce défaut. L'auteur est trop préoccupé de sa pensée pour pouvoir, la plume à la main, la contempler du dehors, et pour en entendre l'écho en même temps qu'il en peint les phrases. Il n'en va pas de même lorsqu'il dicte au lieu d'écrire ; il est bien obligé, en effet, d'émettre d'une façon distincte, sonore et avec la plénitude de leur son propre, chacune des syllabes qu'il destine forcément à être entendue. Ici, il se trouve averti par la nature même des choses, indépendamment de toute attention. Comme il faut que les inflexions de sa voix soient nettement marquées pour venir en aide à l'attention et prévenir la fatigue de son secrétaire, l'intervalle obligatoire mis entre chacun des membres de phrase en grossit et en prolonge le bruit à la façon d'un écho ; aussi le heurt de deux sons ressort-il pour l'auteur avec plus de force et de désagrément que le lecteur lui-même ne saurait en trouver. C'est ainsi que la correction se fait d'elle-même : l'auteur, prévenu par sa propre susceptibilité, s'arrête spontanément pour remédier, séance tenante, à un défaut dont il est si énergiquement averti.

La dictée n'évite pas seulement a un auteur les assonances malheureuses, les chocs, les répétitions ; elle va jusqu'à lui assurer les qualités les plus délicates et les plus exquises de l'harmonie, par exemple ce balancement heureux de chacun des membres de phrase qui établit entre eux un parfait équilibre de sons et de dimensions.

Il faut nous reporter ici à ce qui a déjà été dit plus haut.

On s'imagine volontiers que la lecture seule met en évidence le défaut de proportion ou d'harmonie qui peut exister entre les différents membres d'une même période. Rien de moins exact. L'œil n'est pas moins susceptible que l'oreille. Lorsque la première partie de la période renferme une longue énumération et d'amples développements, on ne peut pas supporter de la voir échouer dans le second membre, et de n'y rencontrer, au lieu du parallélisme auquel on s'attend, que des indications à peine esquissées et tout-à-fait au-dessous de l'attente qu'on y apporte.

L'écrivain qui dicte est aidé dans cette tâche de l'ordonnancement général par un juste sentiment de la durée. Sa parole mesure le temps. Sans qu'il soit besoin d'avoir sous les yeux le nombre de mots que comprend ou le nombre de lignes qu'occupe la première partie d'un développement, il finit, avec le temps, par s'en faire une idée très-exacte ; il se sent aidé, indépendamment de tout art littéraire, par un certain instinct du temps écoulé.

Je ne sais si ces remarques sur la composition par la dictée seront bien suffisantes pour triompher des appréhensions et des répugnances que provoquent toujours de semblables conseils. La question est délicate et en quelque façon contradictoire. Il faut déjà être un écrivain pour songer à mettre en œuvre cette façon d'exprimer sa pensée; un novice ne pourrait pas même en faire l'essai. Or, lorsqu'on a publié des ouvrages, on s'est habitué soi-même à un certain régime de travail, de la même façon qu'on se procure pour ses minutes du papier de tel grain et des plumes de telle forme. Cette coutume une fois prise devient une espèce d'aide tant qu'on y persévère, et l'on éprouve vis-à-vis de soi-même une véritable résistance à en changer. En vain m'assure-t-on qu'un nouveau papier et qu'une nouvelle plume me procureraient des facilités dont je n'aurais qu'à me louer, je ne tiens pas du tout à faire cette expérience, et je redoute avant tout, même pour un détail aussi insignifiant, le risque de me dépayser.

Il n'est donc pas bien étonnant qu'un auteur recule devant la pensée d'aller courir de nouveau les aventures du style. Passé une certaine époque de la vie, on ne fait plus guère d'apprentissage, et je voudrais pouvoir reproduire ici tous les arguments qui me furent donnés lorsque, dans une conversation intime et prolongée, j'exposai au R. P. Gratry, si connu par ses travaux de philosophie, la théorie et les avantages de la composition dictée. Les écrivains qui, comme lui, ont le sentiment littéraire poussé jusqu'à la plus exquise délicatesse, ne peuvent pas se représenter sans une incrédulité pleine d'effroi cette dictée continue et égale, qui ne permet à l'auteur ni une rature, ni un arrêt, ni une hésitation. Il semble qu'il y ait là quelque chose de tellement contradictoire à tous les procédés reçus et autorisés, qu'on n'ose ni en espérer la réussite, ni même en tenter l'essai.

Le P. Gratry est lui-même le plus remarquable exemple du progrès auquel cette méthode de la dictée peut conduire les esprits. Après avoir épuisé, dans une discussion plusieurs fois renouvelée, les arguments abstraits que peut suggérer le raisonnement pur, il n'avait pas pu résister plus longtemps à l'ardeur, et, il faut le dire aussi, à l'inquiétude de son propre génie : il avait voulu essayer cette méthode nouvelle, contre laquelle il s'était montré si prévenu et si défiant. Le volume intitulé : *la Morale et la Loi de l'histoire*, écrit peu de temps avant son entrée à l'Académie française, fut pour lui le premier essai de ce nouveau procédé.

Pour peu qu'on ait entretenu quelque familiarité avec les œuvres de cet écrivain, on n'aura pas de peine à constater les différences de style qui séparent ce dernier ouvrage de tous ceux qui l'ont précédé. Malgré tout le mérite littéraire du P. Gratry, il faut bien reconnaître qu'à travers son éclat et sa force, l'expression de sa pensée ne laisse pas de traverser des obscurités et de subir des défaillances ; il y a certains moments où la pensée est plus claire en dedans qu'au dehors : elle resplendit à la façon de ces lumières renfermées dans un vase d'albâtre et dont on aime le doux reflet, sans pouvoir cependant préciser la forme de la flamme. Dans *la Morale et la Loi de l'histoire*, au contraire, les vues de l'écrivain se détachent avec une vivacité inaccoutumée. Il y a d'un bout à l'autre quelque chose de précis et de net qu'on chercherait vainement dans tout le reste de son œuvre, même dans son *Essai sur la Sophistique contemporaine*, lequel est pourtant un livre de controverse logique.

Il n'est pas besoin sans doute d'ajouter que le caractère particulier qu'on signale dans *la Morale et la Loi de l'histoire*, tient à l'usage de la dictée. Il faut bien que ce procédé comporte une véritable discipline de l'esprit, puisqu'un écrivain déjà formé, déjà en possession, non pas d'une individualité quelconque mais d'une originalité propre, a pu y trouver un renouvellement de sa manière et un progrès de son esprit.

Il n'est pas même besoin d'avoir recours à des exemples aussi considérables pour saisir la différence qui sépare les produits de la composition personnelle et de la composition dictée. Il ne manque pas de gens qui tantôt font écrire une lettre, et tantôt l'écrivent eux-mêmes. Il y a là-dessus un préjugé fort accrédité. On écrit de sa main les lettres auxquelles on attache une certaine importance, et l'on se contente de dicter celles qui paraissent d'une importance moindre. Laissons de côté, bien entendu, la question de la politesse, qui, dans le plus grand nombre des cas, ne permet pas d'utiliser la main d'un secrétaire. Il n'en est pas moins certain que la lettre dictée présente pour ainsi dire, à coup sûr, des qualités qui manquent à l'autre : elle est plus nette, plus précise, plus finement nuancée ; il n'est pas jusqu'aux impressions les plus délicates du sentiment qui n'y soient marquées avec plus de puissance et de bonheur.

C'est là, en effet, une dernière objection dans laquelle on se réfugie volontiers, pour se créer à soi-même une raison de ne point entreprendre le labeur de la composition dictée. Lorsqu'on consent à reconnaître les qualités incomparables d'analyse, de netteté et de précision que donne l'effort de la dictée, on est tout porté à croire que l'imagination et le sentiment n'y trouvent pas les mêmes avantages. On se figure, je ne sais pourquoi, que le fait de parler ainsi sa pensée l'expose à une sorte de refroidissement, comme si le travail de la plume, dans l'exécution individuelle, ne créait pas à la conception de l'esprit de bien autres retardements et de bien autres obstacles.

Sans vouloir discuter la question au point de vue philosophique, sans prendre la peine d'établir, comme la réflexion le montrerait aisément, que l'inspiration et la spontanéité fonctionnent plus à l'aise dans la dictée que dans l'écriture, il n'est point de littérature qui n'ait à citer d'incomparables chefs-d'œuvre dus au mode de composition qu'on préconise. Ne s'est-il pas trouvé chez tous les peuples des auteurs complètement aveugles, et réduits, par conséquent, à emprunter un secours étranger, non-seulement pour peindre les mots mais encore pour corriger le texte. On n'a jamais entendu dire que ces auteurs aient eu besoin de faire excuser leur style et d'expliquer leur infériorité par la dureté de cette condition. Il y a plus : ce n'est point trop s'avancer que de maintenir l'impossibilité absolue de deviner chez un auteur quelconque cette particularité de situation en dehors des renseignements historiques. Comment soutenir que l'inspiration soit refroidie et la sensibilité diminuée par la nécessité de dicter à autrui, lorsqu'on lit de notre temps les pages étincelantes d'Augustin Thierry ou les beaux récits de l'historien américain Prescott. Il n'est pas besoin, comme on le voit, de remonter aux souvenirs de Milton et d'Homère; et pour peu qu'on ait été honoré de la correspondance de quelqu'un de nos grands hommes de lettres, obligé sur la fin de sa vie de se servir d'un secrétaire pour parer à l'affaiblissement de la vue ou à l'impuissance de la main, on n'aura pas manqué de s'apercevoir, au jour même où les lettres commencent à être dictées, qu'elles accusent tout de suite, quelque hauteur que soit situé l'écrivain, un véritable progrès et un redoublement d'élévation.

En dehors des objections qu'on peut apporter et des appréhensions qu'on peut ressentir relativement aux difficultés d'un ordre purement littéraire, il ne saurait absolument pas y avoir de différend relativement aux avantages incomparables que présente pour la conduite de la vie ce genre de composition.

Lorsqu'on tient la plume, il semble, dans l'ardeur du travail, que toute la fatigue se réfugie dans l'esprit et que le corps n'ait rien à démêler avec cette tension exclusivement intellectuelle. Il est loin cependant d'en être ainsi, et la lassitude des organes entre pour une large part dans la fatigue générale. En dépit d'une habitude telle que les caractères s'alignent pour ainsi dire malgré nous, il ne faudrait pas croire qu'au bout d'un certain temps la volonté n'ait pas à intervenir d'une façon énergique et finalement pénible, pour soutenir et pour gouverner ce mouvement régulier et continu des doigts et de la main. Quelque habileté qu'on puisse avoir et quelque abandon qu'on sache y mettre, il ne manque pas de se répandre dans le poignet et l'avant-bras, quelquefois même jusque dans l'épaule, un engourdissement douloureux, assez ordinairement mêlé de crampes aiguës. A ce moment-là, il faut, ou que l'écrivain s'arrête pour calmer ce malaise par un repos momentané, ou qu'il dépense un surcroît d'efforts afin de le surmonter. Il n'est pas besoin de faire observer que, dans un cas comme dans l'autre, le travail de l'esprit n'a rien à y gagner; une interruption le déroute, comme un excès de peine physique le surmène et l'affaiblit. D'ailleurs, l'économie générale du corps est entraînée à prendre sa part de cette fatigue qui semble locale. Ce n'est pas impunément qu'on demeure assis à la même place, qu'on conserve pendant de longues heures une attitude à peu près invariable, qu'on prend son appui sur les mêmes points, sans pouvoir se permettre ni mouvement ni repos. Il y a là, pour les personnes nerveuses et inquiètes, un tel malaise et une telle souffrance, qu'au risque d'inventer une fatigue nouvelle, celle de rester debout sur les pieds, beaucoup de personnes ont supprimé l'usage du siége et écrivent appuyées sur un pupitre élevé. Cette disposition leur permet une certaine mobilité, et par conséquent une certaine détente. Elles peuvent, sans passer par l'obligation de se relever et de se rasseoir, arpenter en long et en large leur cabinet. Ces façons d'agir rentrent tout-à-fait dans les habitudes intimes sur lesquelles il est bien difficile de se prononcer d'une façon absolue. Toutefois il est à craindre que cette promenade ne se prolonge et ne ralentisse parfois d'une façon étrange l'avancement du travail. Un auteur sera bien tenté de construire de tête toute sa période pendant la durée de sa pérégrination, sauf à la coucher sur le papier au moment où il jugera à propos d'arrêter sa promenade. Nous avons eu l'occasion de faire ressortir plus haut tout ce que ce procédé-là présente de défectueux.

Au lieu d'insister sur cette véritable torture d'une rédaction trop prolongée, jetons nos regards au contraire sur l'abandon corporel, la liberté et la variété d'attitude que permet si complètement la dictée. Regardez cet homme auquel il n'est demandé absolument aucun emploi physique de lui-même, si ce n'est la prononciation si peu coûteuse d'un petit nombre de sons. Délivré de son esclavage, l'auteur peut, s'il le veut, dicter son œuvre, de la même façon que Platon entretenait ses disciples dans les jardins d'Académus, Aristote au Lycée et Zénon sous les colonnades du Portique. Une marche lente et régulière, sans interruption et sans précipitation, finit, à l'insu même de celui qui compose, par instituer une sorte d'harmonie secrète entre les allures extérieures du corps et le progrès interne de la pensée. Dès que ce besoin de mouvement est un peu calmé, dès que l'instinct de la locomotion se trouve satisfait, rien de plus facile à celui qui dicte que de s'étendre tout de son long, comme pour le repos du sommeil. Dans cette posture qu'on peut se ménager aussi commode qu'on voudra, il n'y a plus un seul muscle tendu; le corps est absolument dénoué et épars; l'âme s'appartient tout entière, et la pensée n'a pas à s'occuper d'autre chose que d'elle-même. Dans ces conditions vraiment heureuses, l'activité intellectuelle que rien ne divertit, se dépense avec une tout autre efficacité et une tout autre économie; elle se concentre dans l'ordre intellectuel et y atteint le maximum de son effet. Aussi n'est-il pas rare de voir un seul et même auteur venir successivement à bout de deux secrétaires qui se remplacent.

A tous ces avantages de la composition dictée, il faut en ajouter un dernier, qui n'est pas le moindre de tous.

Il ne suffit pas d'avoir découvert les idées que comporte le sujet, d'en avoir effectué la distribution la plus logique, d'en avoir arrêté l'expression la plus satisfaisante; il faut, à quelque perfection relative que l'on ait pu aboutir, avoir le courage de se dire qu'il reste encore dans son style bien des défauts et bien des imperfections. On ne peut ni parler ni écrire un peu convenablement, sans exercer sur soi-même une surveillance vigilante, sans se soumettre à une critique qui dédouble en quelque sorte l'écrivain. Il faut, non pas qu'il s'écoute, mais qu'il s'entende; non pas qu'il se lise, mais qu'il se juge. Ce travail s'accomplit de deux façons : au moment même où l'on crée son œuvre, puis, d'une façon toute particulière, au moment où l'on prend la peine de la revoir. La composition dictée, en vous affranchissant du travail matériel, garantit une beaucoup plus grande aisance au mouvement de l'esprit; et à mesure qu'on prononce les paroles destinées à être écrites par un autre, on en devient en quelque sorte le témoin en même temps qu'on en reste l'auteur.

Quoi qu'il en soit de cet avantage, la composition dictée, pas plus que la composition personnelle, ne saurait se passer du secours de la critique, non pas seulement de cette critique extérieure, faite plutôt pour irriter les amours-propres que pour éclairer les facultés, mais de cette critique salutaire, laquelle apprend à l'homme à se juger lui-même. La dernière partie de notre travail a précisément pour but de marquer les conditions de cet examen de conscience littéraire.

LIVRE IV.

LA CRITIQUE
OU DES RÈGLES A SUIVRE POUR SE CORRIGER SOI-MÊME.

CHAPITRE PREMIER.

QU'IL EST TOUT A LA FOIS TRÈS-DIFFICILE ET TRÈS-NÉCESSAIRE DE SE CRITIQUER SOI-MÊME.

Il semble que lorsqu'on a donné tous ses soins, d'abord à l'invention pour découvrir les idées les plus essentielles et les plus favorables à un sujet, en second lieu à la disposition pour les ordonner les unes par rapport aux autres de la façon la plus convenable, en troisième lieu à l'élocution afin de donner aux pensées ainsi découvertes et organisées une expression suffisante, il semble que tout soit fini, et que l'œuvre de l'écrivain puisse être regardée comme achevée.

Il n'en est rien cependant : il faut, là comme ailleurs, tenir compte de la faiblesse humaine. Il est impossible qu'il n'y ait pas, dans la pensée la plus forte quelques défaillances, dans l'expression la plus correcte et la plus exquise quelques imperfections et quelques taches. Plus l'intelligence s'est élevée haut, plus elle est sujette à fléchir. Il est bien difficile à une âme humaine de soutenir toujours la grandeur de sa pensée et la perfection de sa parole.

Si nous ne sommes pas assez modestes pour nous en apercevoir ou d'assez bonne foi pour en convenir, si nous n'avons pas le courage d'être à nous-mêmes notre propre critique, le public n'a point avec nous la même complaisance; il ne nous ménage guère dans ses jugements, et il n'a pas besoin de faire grand effort pour arriver au sentiment le plus juste et le plus net de nos défauts. Si nous pouvions acquérir vis-à-vis de nous-mêmes cette finesse de tact, cette susceptibilité d'impressions, cette juste rigueur, ce sentiment du meilleur en toutes choses, il est trop visible que notre œuvre aurait beaucoup à gagner et qu'aux qualités de premier jet il nous serait ainsi donné d'adjoindre tous les bénéfices de la réflexion.

Cette action de la critique extérieure s'exerçait jadis sur les jeunes écrivains comme une sorte de magistrature ou de sacerdoce. Il y avait, dans ce que l'on appelait alors la *République des Lettres*, des critiques autorisés qui se croyaient tenus aux conseils vis-à-vis des jeunes auteurs. Ceux-ci, de leur côté, n'étaient point libres de toute obligation envers leurs critiques, et le public aurait trouvé très-mauvais que des débutants n'eussent point égard aux avertissements qu'on prenait la peine de leur donner. C'était un état de choses dont il n'est pas facile aujourd'hui de se faire une idée. Chacun sait qu'à l'heure présente, à part un petit nombre d'exceptions qu'on pourrait compter sur ses doigts, les analyses ou les comptes-rendus d'ouvrages, tels qu'on les publie dans les journaux, n'ont rien à démêler avec la véritable critique littéraire. Peu importe à un jeune écrivain qu'on le blâme ou qu'on le loue, l'important n'est pas pour lui qu'on lui trouve des qualités, et il n'a aucunement peur qu'on mette en relief ses défauts. Il n'y a pour lui qu'une chose essentielle, c'est qu'on prononce son nom. Volontiers paierait-il, si la législation était plus complaisante et le gendarme moins farouche, quelque assassin intelligent pour lui tirer un coup de pistolet sur le pont des Arts, sous la condition de le manquer.

Voilà de ces moyens qui font réussir un livre et qui posent un auteur auprès de la renommée ! Après cela, les journaux les plus hostiles à votre opinion ne sauraient se dispenser de parler de vous. Autrement vous aurez beau faire : à moins que vous ne connaissiez personnellement quelque rédacteur ou quelque prote de l'imprimerie, l'article que vous sollicitez ne sera point composé, ou celui que vous avez apporté sur vous-même demeurera enseveli dans les cartons.

De ce que le rôle de la critique est à peu près perdu dans la presse, il ne s'ensuit pas qu'un lecteur de quelque science et de quelque goût cesse d'apprécier l'œuvre qu'il a entre les mains. Il ne serait donc pas impossible à un auteur un peu soucieux de se corriger et un peu jaloux de mieux faire, d'entendre de bons avis et de recevoir de sages conseils, pourvu qu'il voulût mettre quelque empressement à les rechercher et quelque déférence à les recevoir.

Les choses, malheureusement, ne se passent point ainsi. On ne peut pas s'imaginer quel épais brouillard l'amour-propre de l'écrivain et la courtoisie du lecteur s'entendent pour soulever autour d'une œuvre nouvelle. C'est une convention si décidément arrêtée qu'elle finit par en être à l'abri de tout reproche. Elle consiste à ne jamais laisser soupçonner ce qu'on pense à l'auteur quelconque d'un écrit. Il est admis qu'on le traite à l'instar de ces petites pensionnaires dont le papa et la maman exhibent dans leur salon le premier talent de pianiste. Quelque fantaisie que l'enfant puisse apporter dans ses accords, quelques accrocs qu'elle rencontre dans son jeu, votre compliment obligé d'auditeur et de convive sera, à bien peu de chose près, le même : bien plus, quelque violence que vous preniez sur vous de faire à la rigoureuse vérité, il n'est pas sûr que vous satisfassiez les parents et qu'ils ne vous en veuillent pas de votre froideur ou de vos réticences.

Il faut dire aussi, à la décharge de ce pauvre public, condamné à d'aussi rudes mensonges ou tout au moins à un silence qui a un air malhonnête d'approbation, il faut dire que les auteurs, à leur tour, ne se montrent guère désireux des observations. Sans doute, ils veulent bien qu'on les entretienne de leurs ouvrages, et je n'ai point rencontré encore d'auteur capable de trouver qu'on en parlait trop. Sur ce thème, ils ne sont pas gens à se lasser, et ils vous prêteront du matin au soir une oreille complaisante. Toutefois, gardez-vous de laisser soupçonner ou de donner à entendre qu'il y aurait eu moyen de faire mieux ; que, dans ce passage, il y aurait une lacune à combler, ou dans cet autre un retranchement à faire. Vous êtes tout surpris, au premier mot que vous en touchez, de voir la physionomie de votre interlocuteur qui se rembrunit, son regard qui se voile, son sourcil qui se fronce; il n'est pas jusqu'à sa voix qui ne prenne tout-à-coup des allures saccadées, un ton sec et presque malhonnête, des intonations aigres et tranchantes. Tandis qu'on écoutait avec tant de complaisance les tirades d'éloges par lesquelles vous débutiez, au moment où vous marquez votre réserve, la conversation tourne tout d'un coup à la controverse; l'auteur est tout prêt à entamer un plaidoyer en sa faveur, et il reprend pour son compte, sous forme de panégyrique, les éloges que vous lui adressiez à titre de politesses. Dès que la conversation a pris ce tour nouveau, elle ne peut plus guère durer; le critique malavisé n'a plus que deux partis à prendre : celui de couper court à l'entretien et de laisser là ses observations malencontreuses; ou, s'il est tout à la fois plus habile et moins sincère, de revenir sur ses pas et de recommencer ses éloges : son interlocuteur ne se plaindra pas de le voir se répéter.

La morale de tout ceci, c'est qu'à l'heure présente, l'écrivain ne rencontre guère de conseils, ni dans la critique littéraire, laquelle n'existe presque plus, ni même dans les effusions d'un entretien où la vérité n'a pour ainsi dire plus de place.

Il ne faudrait pas croire cependant que, pour ne plus entendre d'observations, tous ceux qui tiennent la plume soient devenus, par une transformation magique, des auteurs de génie. Dieu sait s'il manque, dans notre littérature contemporaine, de négligences ou d'ignorances de style, de défaut ou de faiblesse de composition, de répétitions, de lacunes, de trivialités, d'obscurités et d'équivoques; Dieu sait si la plupart des auteurs, lorsqu'ils ont achevé, disent-ils, la composition et la rédaction de leur œuvre, n'auraient pas tout intérêt à la remanier, à la reprendre sur un plan nouveau et peut-être à la récrire d'un bout à l'autre. Ce sont là, sans doute, des humilités qu'on persuadera bien difficilement aux auteurs, et des extrémités auxquelles ils auront bien de la peine à se résoudre. Mais enfin, sans en venir à ces remèdes héroïques qui, heureusement, sont loin d'être toujours nécessaires, il n'est pas douteux qu'il y a toujours à améliorer, que c'est une grande supériorité de savoir saisir en soi-même son propre défaut, et que l'art d'écrire comporte, à cet égard, des conseils et une méthode dont il nous reste à enseigner la pratique.

CHAPITRE II.

LA CRITIQUE QU'ON PEUT FAIRE DE SES PROPRES ÉCRITS, EN LES REPRENANT APRÈS UN CERTAIN INTERVALLE.

Lorsqu'il s'agit d'exercer notre propre critique sur ce que nous avons écrit, nous pouvons, pour accomplir cet office, nous placer, à notre gré, à deux points de vue bien différents.

— 1° Il nous est loisible de relire la page, dont l'encre est encore fraîche, même avant de l'avoir tournée.

— 2° Nous pouvons, au contraire, introduire un intervalle entre le moment où nous avons achevé notre travail de rédaction et celui où nous en prenons connaissance à titre de simple lecteur, dans le but d'en faire la critique.

Laissons de côté, pour le moment, la première hypothèse, et voyons ce que nous devons penser de la seconde.

Comme il est difficile de se dessaisir en quelque sorte de soi-même au moment où l'on se sent encore tout tremblant des émotions que l'on a exprimées et tout enflammé pour les vérités que l'on a découvertes, il devient tout simple et tout naturel d'appliquer à la composition littéraire le procédé même dont nous usons dans la conduite ordinaire de notre vie. Lorsque nous voulons apprécier de sang-froid une démarche ou une situation, nous mettons volontiers en pratique le conseil donné par le fameux proverbe : « La nuit porte conseil. » Nous laissons se refroidir et se calmer cette effervescence qu'emporte toujours avec elle la réalité. Nous faisons comme l'artiste qui, pour se rendre compte du coup de pinceau qu'il vient de donner, est obligé de changer de point de vue : il se recule et se ménage une espèce de perspective pour se juger sainement.

Ces exemples fort sages s'appliquent pleinement au travail de réflexion littéraire par lequel nous essayons de nous rendre compte de la valeur de notre inspiration, de la logique de notre raisonnement, de la propriété de notre style. Il nous est bien difficile, lorsque nous nous imposons à trop bref délai ce rôle nouveau du lecteur impartial, de ne pas continuer un peu notre office d'écrivain. Nous faisons comme cet acteur des Français, qui, chargé, dans la comédie de l'*Avare*, du rôle de maître Jacques, ajoutait à l'effet comique, en gardant sur la tête son bonnet de chef de cuisine au moment où il endossait sa casaque de cocher. Tout de même, nous avons beau vouloir opérer en nous la transformation de l'écrivain en critique, cette métamorphose ne s'accomplit pas à notre commandement : il ne suffit pas de le vouloir, pour se dérober instantanément au mirage de sa propre inspiration.

Il fallait que cette fièvre de la composition fût bien persistante et bien tenace, pour qu'Horace, dans son *Art poétique*, recommandât, comme il le fait, aux jeunes poëtes, de serrer leur manuscrit pendant neuf ans, avant de l'exposer au jugement du public.

..... nonumque prematur in annum.

Il est vrai qu'Horace parle ici des poëtes, et que si la vanité des écrivains ordinaires dépasse toute mesure, celle des poëtes va communément jusqu'à la férocité.

Par ce temps de production rapide et de consommation dévorante, les neuf ans de stage prescrits par le poëte latin ne peuvent que nous faire sourire. Avec une intelligence un peu active et une existence un peu occupée, il est probable que l'écrivain se serait complétement oublié lui-même, et peut-être au point de ne pouvoir plus s'intéresser à cet enfant de sa propre pensée. Nous ne sommes pas gens d'ailleurs, avec nos habitudes contemporaines, à placer notre gloire à si long terme. Sans vouloir assigner aucun espace de temps déterminé à l'intervalle qui peut séparer raisonnablement la composition de la critique, il est permis de dire d'une façon générale, que le meilleur et le plus sûr est encore d'avoir commencé un travail nouveau par lequel nos idées se trouvent tout à la fois détournées et renouvelées.

Dans ces conditions, il est bien certain que notre première effervescence et notre première passion ont dû subir un temps d'arrêt et ressentir quelque apaisement, au moment où les forces actives de notre intelligence ont été décidément reportées sur une création nouvelle.

Alors il se produit une condition qui paraît à peu près indispensable à la critique. Il est bien nécessaire que l'auteur ne soit pas frappé de sa forme et de son style, au point d'être capable de réciter en quelque sorte ses phrases sans s'être donné la peine de les apprendre. Lorsque les mots du texte sont restés ainsi agrégés dans la mémoire au point de faire corps et de se reproduire spontanément les uns les autres, il y a là un phénomène d'association purement verbale, qui ne laisse pas de place à l'intervention de la pensée, et, à plus forte raison, à l'office de la critique. Vous voyez alors l'écrivain, et en particulier le jeune écrivain, se complaire et se sourire à lui-même dans la sonorité silencieuse de ses phrases. Bien qu'il ne prononce pas une parole, bien que ses lèvres demeurent absolument immobiles, il ne laisse pas, à parcourir seulement du regard le texte qu'il a écrit avec tant complaisance, de l'entendre chanter au dedans de lui, comme une musique délicieuse dont les sons lui seraient déjà familiers. On comprend de reste qu'en pareil cas, l'auteur, bien loin de faire un retour sur lui-même, se contente de savourer une seconde fois les impressions qui l'ont déjà satisfait une première.

Il est donc souhaitable, pour échapper commodément à cette difficulté, que le texte dont il est l'auteur ait, dans une certaine mesure, disparu de la mémoire de l'écrivain. Il faut à tout le moins que les mots ne s'enchaînent pas dans son souvenir, de façon à précipiter la lecture et à devancer l'action de la pensée.

Cet intervalle suffit, et je ne voudrais pas, même sans aller jusqu'aux neuf années d'Horace, qu'il fût inconsidérément agrandi. Que l'intelligence travaille ou qu'elle demeure oisive, qu'elle prenne son vol vers les régions supérieures ou qu'elle se laisse aller à des retardements et à des faiblesses, il est d'expérience qu'aucun homme ne s'immobilise de façon à rester stable dans son individualité. Le fond de notre nature ne change pas : nous sommes bien toujours ce même homme que nous connaissons et que nous avons éprouvé en nous. Mais nos facultés sont trop puissantes et trop mobiles, trop promptes aux chutes comme aux efforts, pour n'avoir pas fait du chemin en avant ou ne pas s'être laissé rejeter en arrière. Sans vouloir répéter, au sens matérialiste, la sentence du vieux philosophe grec Héraclite d'Ephèse, que le *même homme ne se baigne pas deux fois dans le même fleuve*, on peut, sans compromettre en aucune façon l'identité de la personne humaine, reconnaître qu'au point de vue littéraire, notre nature est assez riche et assez variée pour ne pas reproduire deux fois le même aspect.

Ce changement de point de vue qui s'est inévitablement opéré entre le moment où l'on a écrit son œuvre et celui où l'on entreprend de la juger, entraîne tout à la fois un avantage et un péril.

C'est un avantage incontestable, au point de vue de l'impartialité comme de l'efficacité de la critique, de trouver au dedans de soi une sorte de deuxième homme, placé en dehors et à distance du premier, et capable par conséquent de le juger. Il y a là un dédoublement réel, cette séparation du subjectif et de l'objectif qui fait le tourment et le désespoir de la philosophie allemande. Rien de plus facile que d'admettre l'action par laquelle la réflexion nous saisit nous-mêmes, puisque nous avons sous les yeux l'homme d'hier et que nous le soumettons à la pensée d'aujourd'hui. C'est ainsi qu'une personne âgée et respectable discute, sur un portrait resplendissant de fraîcheur et de jeunesse, les conditions et les mérites de sa beauté désormais évanouie.

Cet avantage d'un détachement réel doit être mis résolûment à profit; mais il ne faut pas qu'il devienne l'occasion tentante d'un péril auquel serait exposée la critique.

Il ne faudrait pas, sous prétexte de porter un jugement sur nous-mêmes et de nous traiter avec une juste sévérité, s'exagérer ce devoir, et prétendre recommencer sur nouveaux frais ce que nous avons créé de toutes pièces une première fois.

Il y a ici des précautions délicates à prendre.

On a écrit, à la grande joie des consciences larges, le vers fameux :

> L'homme absurde est celui qui ne change jamais.

Il y aurait un mot à remplacer, si l'on voulait appliquer cette sentence au monde de la littérature. Ici, l'homme qui ne change jamais, celui qui ne fait pas de progrès, c'est l'homme médiocre, incapable de pousser plus avant. Celui-là, confiant dans son étroite personnalité, regarde volontiers ce qu'il a pu écrire comme le dernier mot de l'esprit humain ; et comme tout esprit qui se croit stationnaire est en réalité un esprit en décadence, le temps qui s'est écoulé depuis sa dernière création, l'a fait descendre en réalité à un niveau inférieur. Il n'est donc pas bien surprenant que de tels esprits soient portés à s'admirer eux-mêmes, et par conséquent à apprécier avec trop de complaisance une œuvre dont ils ne seraient probablement plus capables. Rien de plus naturel que leur satisfaction ; mais aussi, il faut le dire, rien qui témoigne avec plus d'évidence de leur abaissement continu.

Le phénomène inverse se produit chez toute personne à qui une incurable médiocrité ne persuade point ce sot amour-propre. Comme leur esprit a fait des progrès, comme il a marché en avant, complété ses connaissances et poursuivi ses réflexions, il n'est pas étonnant qu'il devienne ainsi médiocrement satisfait de son propre travail. Depuis que l'auteur l'a arrêté et qu'il lui a donné cette forme, ses vues se sont éclaircies, ses recherches ont continué, ses raisonnements ont abouti ; il se sentirait prêt aujourd'hui à reprendre la même question avec de bien autres lumières ; il y apporterait des idées plus nettes, des convictions plus énergiques, des sentiments plus achevés. Il n'est pas étonnant, d'après cela, que ses expressions lui paraissent faibles, sa marche embarrassée, ses résultats indécis. Il est pris alors, toute proportions gardée, d'un découragement semblable à celui qui conseillait à Virgile de livrer l'*Enéide* aux flammes. Il y a là, quelque mince que puisse paraître l'occasion et quelque réduite que se trouve l'œuvre, une certaine nostalgie de l'idéal, dont il ne faut parler qu'avec respect, une aspiration qui ne saurait se satisfaire, et qui entraîne les esprits délicats à ensevelir dans une ombre inexorable des productions que chaque jour nouveau les entraîne à juger plus sévèrement.

Si l'on a la sagesse de ne point prendre le parti désespéré du silence et du renoncement, on demeure pleinement exposé à la tentation de reprendre son œuvre par la base et de la recommencer sur nouveaux frais, comme si l'on n'avait rien écrit encore. Il faut un certain courage pour la livrer au public telle qu'elle est, et ce courage ne se rencontre pas toujours. Par là s'explique l'avortement de tant d'œuvres qui ne parviennent jamais à arriver sous les yeux d'un lecteur. Ce qu'il y a de plus malheureux, c'est que de tels scrupules sont réservés, bien entendu, aux natures d'élite. Ce sont elles, et elles seules, qui s'imposent ces tâches extraordinaires, qui se soumettent à ces critiques rigoureuses et s'exposent ainsi, par un excès malencontreux de bonne volonté, à gâter, en les remaniant, leurs œuvres les plus réussies.

La sagesse est donc, lorsqu'on veut user convenablement de la critique à échéance, de se replacer, dans une certaine mesure, au point de vue où l'on était au moment de cette première composition. Il ne s'agit ni de reprendre toutes les idées, ni de remplacer toutes les expressions. Vous ne pouvez changer ni la couleur générale du tableau, ni les dimensions du cadre, ni les proportions des personnages. Il faut de toute nécessité vous borner à adoucir certains tons, à modifier quelques accessoires, à faire ressortir certaines intentions; mais le fond de la peinture est condamné à rester le même, et vous auriez meilleur compte à recommencer une autre esquisse sur une toile neuve, qu'à vouloir remanier l'ensemble tout en profitant de certains détails.

C'est là, en dépit de la malléabilité beaucoup plus grande du style, l'image exacte de la mesure dans laquelle doit être retouchée une composition littéraire. Ce ne serait point du tout l'améliorer que de vouloir la faire profiter tout d'un coup et sans aucun ménagement des progrès que l'auteur a pu accomplir. On verrait ainsi détonner des pensées fortes et éclatantes au milieu d'une diction molle et abandonnée, et l'esprit surajouté à froid viendrait mêler de fausses enjolivures aux traits les plus hardis et les plus crûs du sentiment.

Non-seulement il ne faut point entreprendre de remanier son œuvre phrase par phrase et mot par mot, mais, sans sortir de la loi discrète d'une retouche prudente, lorsqu'on se trouve amené, dans l'intérêt de l'œuvre, à remplacer une expression par une autre, à retourner une proposition, à ajouter une épithète, il faut encore veiller d'une façon toute particulière à ce que cette modification soit faite dans le sentiment primitif du morceau; autrement, si elle ne s'y adapte pas de façon à le continuer et à le compléter tel qu'il a été pensé d'abord, le lecteur sentira bien vite la présence d'un corps étranger qui encombre le courant de sa pensée. Il faut absolument que cette seconde révision n'introduise rien dans le texte de ce que la première association des idées n'aurait pas pu y amener naturellement. On fera bien de s'arranger pour que la pensée devienne plus rigoureuse, le trait plus vif, l'accent mieux marqué et mieux soutenu ; mais il faut pourtant de toute nécessité que la gamme des sentiments demeure la même, que les facultés se meuvent dans la même direction et ne sortent pas de leurs anciennes limites.

Il y a donc beaucoup de préjugés dans cette opinion si accréditée que, pour se corriger sans peine et avec fruit, il suffirait presque de mettre un intervalle entre la première exécution de son œuvre et le moment où on la revoit. Il est certain que, là comme ailleurs, les choses ne vont pas d'elles-mêmes, et que, faute des précautions conseillées par la méthode, ces remaniements sont loin d'être toujours heureux. Il ne manque pas d'auteurs contemporains, tels que M. Victor Cousin, dont les dernières éditions peuvent être prises à bon droit pour un ouvrage nouveau, et quelquefois avec l'inspiration de moins. Il serait plus sage en pareil cas, d'imiter tel grand écrivain, saint Augustin par exemple. Ce grand docteur, ce maître de la pensée et du style, n'a pas cru nécessaire, même lorsqu'il s'agissait des intérêts sacrés de la foi, de refondre ou d'anéantir l'œuvre qui était sortie de sa plume. Il s'est contenté, comme chacun le sait, d'écrire l'ouvrage intitulé : *Retractationes*, titre qu'on pourrait traduire en français par le mot révision. Il a ainsi résolu le problème de laisser intacte dans sa forme littéraire la première pensée qui lui était venue, et en même temps de pourvoir, dans une juste mesure, au respect de la vérité et à l'intégrité de la foi.

Après avoir exposé les difficultés et les avantages de la critique à distance, il convient de faire les mêmes réflexions pour l'autre espèce de critique, à laquelle nous pourrions donner le nom de critique instantanée.

CHAPITRE III.

DE LA CRITIQUE INSTANTANÉE EN GÉNÉRAL.

La critique instantanée n'est au fond qu'une des applications de la réflexion. La réflexion qui est la possession de soi-même dans toutes les circonstances de la vie, est tout à la fois plus rare et plus nécessaire qu'on ne saurait le dire.

Il y a bien peu d'hommes qui aient, par rapport à eux-mêmes, ce qu'on pourrait appeler le don de l'extériorité.

Le propre des natures incultes, lesquelles sont restées ainsi le plus souvent des natures inférieures, est de se précipiter tout entières dans l'action, dans la parole, dans le sentiment, sans pouvoir devenir jamais les juges de cette impression, les auditeurs de ce discours, les témoins de cet acte. Il n'est pas étonnant que, dans de telles conditions, un orateur soit incapable de se gouverner, ou un individu quelconque de juger sa propre initiative; tout ce qu'il fait, malgré la passion qu'il y apporte, ou plutôt en raison même de cette passion, redevient inconscient et instinctif, et il ne faut plus parler ni d'art, ni de méthode, ni de progrès.

Quel que soit l'ordre de manifestations dans lequel on produit une œuvre, il n'est pas possible de la conduire à son achèvement et de lui donner tout le prix qu'elle peut avoir, si l'on n'ajoute pas à l'inspiration qui l'a créée cette espèce de retour de la pensée sur elle-même au moyen duquel nous nous en détachons, pour l'apprécier comme une œuvre étrangère.

La difficulté de ce contrôle personnel n'éclate pas seulement dans les œuvres d'art proprement dites. Il n'est personne d'entre nous qui ignore jusqu'à quel point il est difficile de se rendre compte de ses propres actions. Lorsque l'auteur de la *Théorie des sentiments moraux*, le célèbre Adam Smith, parla de prendre pour règle et pour critérium de la valeur morale de nos actes l'impression qu'en éprouverait un spectateur impartial, lorsqu'il nous propose sérieusement de devenir nous-mêmes ce spectateur impartial de notre propre conduite, les historiens de la philosophie, les uns après les autres, n'ont pu se défendre d'un sourire d'incrédulité, tant il paraît difficile aux esprits les plus complaisants de faire reposer la morale sur une fiction aussi invraisemblable et sur une pratique aussi difficile.

La même passion et le même amour-propre qui nous préviennent et nous empêchent d'apprécier à leur juste valeur les actions de notre vie, viennent également troubler notre critique, lorsqu'il s'agit de porter un jugement sur ce que nous avons pu écrire. Encore tout émus de l'effort que nous avons dû faire pour découvrir notre raisonnement et pour l'exprimer, l'imagination encore vibrante, nous ne sommes guère en mesure de retrouver notre sang-froid. Nous ressemblons à ces pères ou à ces maîtres que leur devoir a mis en demeure d'adresser quelque grave reproche à leurs enfants ou à leurs subordonnés. Les derniers mots de l'admonestation ne se sont pas fait entendre, que le même homme est appelé ou à accueillir son égal, ou à paraître devant son supérieur. C'est en vain qu'il fera effort pour rendre le calme à sa voix, pour éteindre le feu de son regard, pour rendre à ses gestes et à son attitude cette désinvolture d'aisance et de paix qui lui est familière. Il a toutes les peines du monde à y réussir, et encore n'en vient-il à bout que très-imparfaitement : il y a dans son accent un tremblement et une émotion qui subsistent. Il n'est plus lui-même. Au lieu de ce sang-froid irréprochable avec lequel il abordait la conversation, il n'est plus qu'imparfaitement le maître de son esprit; il écoute les voix intérieures grondant au fond de sa pensée.

C'est tout-à-fait la situation qui se reproduit, lorsqu'on entreprend, après l'enthousiasme et la fougue de la création, de se placer au point de vue plus calme et plus raffiné de la critique. On ressemble un peu, pour évoquer ici un souvenir grotesque, au maître de philosophie du *Bourgeois gentilhomme*. Lorsqu'il s'est bien et dûment gourmé avec les deux maîtres de danse et de musique, et gourmé non-seulement de paroles mais de gestes, il *rajuste son collet,* pour m'exprimer comme la rubrique du théâtre, et, sans plus songer à tout cela, il se remet bravement à sa doctrine. Ce contraste ne manque pas de faire sourire; car le public, coutumier de ses propres colères et de ses propres emportements, ne croit guère à la soudaineté de cette sagesse et à l'instantanéité de ce sang-froid.

Cette transformation de l'auteur en critique est rendue plus difficile par la nature même du travail auquel il faut, de toute nécessité, se livrer.

En effet, il ne s'agit pas seulement, comme à l'arrivée d'une visite ou à la question imprévue d'un tiers, de reprendre possession de soi-même au moment où l'on s'échappait, d'écarter par un acte énergique les sentiments et les paroles dont on était occupé l'instant d'auparavant; il faut, ici, revenir sur ce qu'on a dit et sur ce qu'on a pensé; il faut, malgré qu'on en ait, y rentrer pleinement et repasser par les mêmes sentiers que l'esprit et le cœur ont déjà parcourus. Il est donc bien difficile, pour ne pas dire impossible, que l'auteur ne sente pas revivre en lui tout son ancien état intellectuel, c'est-à-dire l'ensemble des pensées qui se sont déjà présentées à lui. Il en résulte qu'au moment où il veut prendre lecture, à la façon d'un étranger, des phrases qui sont sorties de sa plume, afin de se rendre compte de la clarté du style, les mots qui sont devant ses yeux ne réveillent pas seulement dans son esprit les idées qui y sont naturellement attachées, mais encore d'autres idées qu'il n'a pas su transporter dans son style et qui ne sont en aucune façon sorties de son esprit. Qu'arrive-t-il alors? C'est que, tandis que le premier lecteur venu est absolument incapable de deviner dans cette prose ce qui ne s'y trouve pas en effet, tandis qu'il lui paraîtrait chimérique d'y songer, l'auteur qui se relit, complète malgré lui le sens inachevé de la phrase par des éclaircissements tirés du souvenir de ses propres pensées, éclaircissement qu'il a été inhabile à faire passer dans son texte.

Cette impuissance de l'auteur, à comparer ce qu'il a mis avec ce qu'il a voulu mettre, explique les effets de haut comique auxquels aboutit plus d'un écrivain, lorsqu'il lui prend fantaisie de donner lui-même lecture de ses ouvrages. Il n'est pas rare de le voir, en vers comme en prose, tout passionné de ce qu'il dit : il tremble d'indignation, il éclate de rire, il fond en larmes, pendant que les assistants, ensevelis dans une froideur de marbre, le regardent avec un sourire d'indulgente pitié ou de compatissante ironie. La vérité est qu'il ne pleure ou ne tremble pas de ce que le morceau exprime en effet, mais bien des sentiments qu'il a eu la louable intention d'y mettre, sans avoir eu la chance ou le pouvoir de les faire sortir. Il a fait, toutes proportions gardées, comme ces voyageurs qui, pour vous donner une idée des pays qu'ils ont parcourus et des sensations qu'ils ont éprouvées, se répandent en exclamations, sans prendre la peine de raconter ni de décrire. On ne demanderait pas mieux, autour d'eux, que de partager un peu leurs souvenirs et d'entrer dans la vivacité de leurs sentiments. Le malheur est que ces exclamations ne font revivre leur enthousiasme que pour eux seuls, et ne sauraient en aucune façon initier l'auditoire à des spectacles qui ne lui sont nullement dépeints.

Tant qu'un écrivain se complaît ainsi dans la contemplation interne et inaccessible de ce qu'il a voulu dire et de ce qu'il n'a pas dit, il n'est guère possible qu'il s'avise de beaucoup corriger et de beaucoup reprendre dans sa propre composition. Il est tout entier à l'illusion d'une sorte de mirage. Comme son texte lui remémore suffisamment ce qui se trouvait dans son propre esprit au moment où il essayait de rendre sa pensée, il ne s'aperçoit point que cette association d'idées lui est tout-à-fait personnelle, que le lecteur n'a pas la clef de cette énigme; et tandis qu'il sourit à cette pensée que lui seul aperçoit, le reste des hommes n'y voit guère que des mots indifférents et sans couleur.

La critique littéraire ne peut donc être exercée par chacun de nous sur lui-même, qu'à une seule condition : c'est que l'auteur accomplira, dans l'ordre intellectuel, cet acte de détachement et de renoncement vis-à-vis de lui-même, qui, dans l'ordre moral, constitue un des commencements les plus visibles de la perfection. Ce pouvoir merveilleux de se placer en quelque sorte en face de soi-même, ce don de l'extériorité peut être considéré à bon droit comme le complément nécessaire du pouvoir créateur. C'est une grande chose que le ciseau de Pygmalion donne naissance à la statue de Galathée ; mais il faut, en outre, que l'artiste ne tombe pas amoureux de l'œuvre de ses mains. Autrement, si la statue s'anime, si elle devient femme, si elle jette ses bras autour du cou de l'artiste, celui-ci est vaincu d'avance, et il ne lui reste plus rien de son jugement ni de sa liberté.

D'autres critiques, pour éviter cet écueil, se lancent à

corps perdu vers l'extrémité opposée. Ils se détachent de leur œuvre avec tant d'emportement et de violence qu'ils dépassent la mesure, et, sous prétexte de n'y point mettre de faiblesse, ils finissent par y apporter une sorte d'hostilité dont l'œuvre n'est pas sans souffrir.

Au lieu de se mirer dans les phrases qu'ils ont construites et d'y apercevoir complaisamment tout ce qu'ils n'ont pas su y mettre, ils évoquent, avec une sorte de parti pris de dénigrement contre eux-mêmes, toutes les idées qu'au moment de la composition définitive, ils avaient cru devoir écarter. Ils y ajoutent, par une flagrante injustice, toutes les considérations qui, depuis lors, ont pu se présenter à leur esprit. Ils voudraient tout dire, tout faire tenir dans leur travail, de telle sorte que, sur ce sujet, il ne leur restât pas le moindre petit bout de pensée, sans l'utiliser et sans lui trouver une place. Au lieu de voir tout dans les phrases qu'il prend la peine de se relire, il lui semblerait volontiers qu'il n'y a rien et que tout en est à remanier et à reconstruire. Cette illusion chagrine n'est pas beaucoup moins dangereuse qu'un excès de complaisance, et elle ne va à rien moins qu'à remettre perpétuellement en question tout ce qu'on a pu dire et tout ce qu'on a pu penser. Ce n'est plus alors une simple correction, mais une refonte pleine et entière de l'œuvre ; et comme il est impossible que l'esprit de l'auteur, au moment de sa critique, se retrouve d'une façon mathématique au même point qu'au moment où il écrivait sa composition, il en résulte qu'aucun remaniement ne peut jamais être considéré comme achevé, ni aucune version devenir définitive. Les auteurs qui donnent dans cet excès de susceptibilité et de travail finissent souvent par perdre d'une façon complète le discernement du beau dans leurs propres écrits. C'est l'histoire du romancier Honoré de Balzac, s'apprêtant à livrer aux flammes les meilleures pages d'*Eugénie Grandet*, parce que, à force de retouches sur les marges immenses de ses feuilles en placards, le style avait fini par papilloter à ses yeux ; il n'était plus capable de faire dans son texte la part du vrai et du faux goût.

Oserai-je dire ici, pour compléter par un trait de plus le parallélisme tant de fois indiqué entre les qualités intellectuelles et les vertus morales, que de tels esprits sont beaucoup moins les victimes de la faiblesse de leur intelligence que du défaut de leur caractère? Ce sont des âmes qui ne savent pas vouloir ni se résoudre, pas plus dans la littérature que dans la vie. De la même façon que toutes leurs résolutions conservent en elles quelque arrière-pensée d'incertitude et quelque tournure de provisoire, ces auteurs ne réussissent jamais à trouver une forme où leur esprit puisse s'arrêter pour y goûter le repos et la paix de la conquête. Ce qui les tourmente, ce n'est point, comme chez les auteurs de grand vol, le besoin et le tourment de l'idéal, car le génie, une fois qu'il a atteint la perfection, a le don de la sentir et le courage de la respecter dans l'incarnation qu'il en a produite. Ces facultés débiles auraient plutôt besoin du mouvement, même d'un mouvement sans raison suffisante et sans but avouable. Il faut, lorsqu'on écrit comme lorsqu'on est appelé à agir, avoir un sentiment arrêté de ce que l'on veut faire, et ce n'est point du tout améliorer les pages de son livre ou la conduite de sa vie, que de toujours tout recommencer sur nouveaux frais, comme si l'on n'avait rien à absoudre et rien à continuer.

Il y a donc là, par rapport à la critique instantanée, deux écueils à éviter avec un soin égal : l'inconvénient de se lire soi-même et de dépasser par la vigueur de ses souvenirs tout ce qu'une plume insuffisante est à peine parvenue à produire à l'état d'esquisse pour le commun des mortels, et secondement la faiblesse non moins grande de tout reprendre et de tout recommencer, sans paix ni trêve, sous le prétexte de se satisfaire et de faire entrer dans la composition tout ce qui n'y était pas.

Entre ces deux extrêmes, la vraie critique doit garder un milieu prudent. Il faut que, dans une certaine mesure, elle s'en tienne au dicton célèbre : *Alea jacta est!* Oui, lorsque le dernier mot d'une composition laborieuse et méditée a été jeté sur le papier, il n'est plus temps de rêver un autre ouvrage, ni de le recommencer sur un plan nouveau. Cela ne serait pas raisonnable, pas plus qu'il ne serait raisonnable de regarder ce premier texte comme inviolable et de craindre d'y porter la main pour y faire des suppressions ou des retouches. On ne demande pas à un auteur qu'il entreprenne un autre travail, ni qu'il change l'esprit dans lequel il a conçu son œuvre. Les critiques du dehors le sentent si bien, qu'ils ne s'attendent point à voir un écrivain tenir compte de leurs observations fondamentales dans l'édition subséquente du même livre : ils se contentent de lui adresser leurs recommandations pour un autre ouvrage. Ils savent bien qu'il n'est point de travail ni de remaniement capable de rendre bon un livre mal conçu et mal exécuté : tous ces habits qu'on rajuste pour les remettre à la taille du client après une coupe manquée, ne sauraient jamais donner ce vêtement élégant et bien pris qu'un ciseau habile a su découper en plein drap.

Il ne faut donc pas se méprendre sur les avantages ni sur la portée de la critique. Il faut reconnaître ses services sans les exagérer, et ne rien lui demander au-delà de ce qu'elle peut. Il est bien difficile d'en attendre beaucoup en ce qui concerne la distribution et la conception de l'ouvrage, tandis que son efficacité peut être regardée en quelque sorte comme illimitée, lorsqu'il s'agit d'améliorer les détails de l'expression et de les conduire dans le proche voisinage de la perfection.

Il conviendra donc d'examiner à part les procédés de la méthode critique, au moyen desquels on peut améliorer soi-même soit le fond, soit la forme de son travail.

CHAPITRE IV.

DES CORRECTIONS QUI PORTENT SUR LE FOND, ET EN PARTICULIER SUR LES REMANIEMENTS QU'ON PEUT FAIRE SUBIR A UN TRAVAIL ÉCRIT.

Il n'est pas d'auteur, quelque mince et inconsistant qu'il puisse être, qui ne répète avec une susceptibilité honorable cette parole tant de fois redite : « Je ferai » toutes les concessions qu'on voudra sur la forme,

» mais je ne puis absolument rien changer au fond de
» ma pensée. »

De pareils sentiments ne sauraient être blâmés, et il est bien certain que, du moment où l'on met la main à la plume pour défendre une thèse quelconque, on ne saurait, sous peine de se mentir à soi-même et d'avouer une sorte de mépris pour sa propre pensée, rien changer à la substance même de son idée.

Toutefois, il est certain que plus d'un jeune auteur, au moment où il mettait la main à la plume, ne s'est pas trouvé assez fort pour prévoir le vrai résultat auquel il allait être conduit. Il ne se doutait pas qu'une opinion engagée et même développée d'abord à tel point de vue, irait en se modifiant, et se présenterait bientôt à l'écrivain lui-même sous un aspect tout opposé. Il n'y a pas là, si l'on veut, de contradiction, et surtout cette contradiction n'est point dans l'intention de l'auteur; il n'en est pas moins vrai que, dans le court espace d'un livre ou même d'une composition plus réduite, il s'est passé dans cet esprit quelque chose d'analogue à ce que présente chaque jour le spectacle même de la vie. Nous ne sommes plus guère, à cinquante ans, ce que nous étions à vingt-cinq, et nous sommes les premiers à sentir jusqu'à quel point nos anciennes impressions se sont modifiées. C'est là le fruit de la réflexion, et c'est ainsi qu'avec le temps on arrive à la maturité et au plein épanouissement de la vie. Il suffit souvent d'un grand effort intellectuel pour aboutir dans ses jugements à des résultats semblables. L'esprit parvient ainsi à franchir en quelques pages un intervalle que la réflexion naturelle mettrait peut-être plusieurs années à parcourir. Cette variation de la pensée qui se marque si souvent du commencement à la fin du même travail, n'est point, comme l'affirment avec trop de légèreté l'ignorance ou la malveillance, le signe de la débilité de l'esprit, mais plutôt, dans un très-grand nombre de cas, le résultat d'un essor, d'un élan par lequel l'auteur s'est trouvé tout d'un coup transporté, pour ainsi dire, à une certaine distance de lui-même. Sa pensée a suivi un progrès naturel dont il est très-concevable qu'il n'ait pas conscience. Comme c'est le même courant de pensées qui l'a entraîné jusqu'à ces rivages situés en dehors de ses pressentiments et de ses prévisions, il trouve tout simple d'y aborder et de profiter de la bonne fortune de sa découverte. Le malheur est que ses lecteurs ne perdent point aussi aisément de vue le premier dessein qu'il leur avait annoncé en commençant. Les esprits méthodiques et attentifs se sont fait, sur les indications du premier chapitre, une espèce de plan de campagne; ils ont mesuré la distance qui les séparait du but ; et pour ne point s'écarter de la route qu'on leur traçait d'avance, ils ont pris note avec le plus grand soin des indications qui leur étaient fournies.

Un écrivain doit faire tous ses efforts pour épargner à de tels lecteurs l'impression pénible d'un égarement ou d'une solution de continuité. Le meilleur serait sans doute d'avoir l'esprit assez puissant pour embrasser du premier coup d'œil la totalité de l'ensemble, et pour apercevoir, dès le premier pas, à l'extrémité de la perspective, le dernier sommet sur lequel doit être orientée l'ascension. Toutefois, on peut bien souhaiter à un esprit d'être supérieur ; mais il n'est guère raisonnable de lui en donner le conseil. Le meilleur est donc de juger sa propre œuvre avec une entière bonne foi, et, s'il est possible, avec un sincère détachement. Ici, plus aisément qu'ailleurs, l'amour-propre vient au secours de la critique. On ne fait pas trop difficulté de s'avouer à soi-même qu'on a été capable de faire en quelques bonds un chemin aussi prodigieux. Seulement, il faut bien revenir sur le début, pour le relever au niveau de tout le reste. On y parviendra quelquefois sans avoir besoin de faire autre chose qu'ajouter quelques traits rapides destinés à servir de pressentiment au lecteur, ou que retrancher quelques phrases trop modestes, trop prudentes, quelques restrictions peu en harmonie avec l'ampleur dans laquelle on s'est jeté.

Toutes ces retouches doivent être faites d'une main délicate, autrement il est bien à craindre qu'on n'aperçoive la surcharge. Il s'agit après tout de faire croire au lecteur, contre toute vérité, qu'à ce moment là on avait déjà dans l'esprit des idées dont on était à cent lieues. On en conviendra, cette illusion n'est pas très-facile à produire : plus l'auteur est heureusement doué sous le rapport de la verve et du naturel, plus on voit transparaître dans son style la transformation graduelle qui s'est en effet opérée dans son esprit.

Voilà pourquoi, encore bien qu'il ne faille conseiller qu'à la dernière extrémité des remaniements d'ensemble, dans la crainte d'avoir toujours à recommencer un nouveau travail sous couleur d'améliorer le précédent, il est certain que le plus simple et le plus sûr est encore, en mainte occasion, de récrire sur nouveaux frais la première page ou le premier chapitre. Alors vraiment un écrivain, même novice et inexpérimenté, sait ce qu'il veut dire exactement, puisqu'en effet il l'a déjà dit. Dans cette nouvelle condition, il devient pour le lecteur l'égal des talents les plus consommés. On sent qu'il parle en homme qui connaît son sujet, et qui a déjà arrêté le dernier mot au moment même où il écrit le premier.

Ce progrès dans la conquête de sa propre pensée impose quelquefois à l'écrivain, lorsqu'il en est venu au moment de la critique, des exigences plus rudes encore et plus difficiles à satisfaire.

Lorsqu'un jeune auteur n'est pas complètement maître de son sujet et lorsqu'il en est réduit à lutter encore contre ce sujet par l'analyse et par le raisonnement, il est bien difficile, pour ne pas dire impossible, que la rédaction ne porte pas, dans une certaine mesure, la trace de son incertitude et de ses efforts. Il se représente à lui-même par écrit les idées qu'il lui faut écarter, les digressions contre lesquelles il doit se mettre en garde, les difficultés particulières dont il est nécessaire de tenir compte. Cette espèce d'examen de conscience est sans doute fort salutaire; c'est un préservatif efficace contre les erreurs et un avertissement dont il se fait à lui-même une méthode. Il est très-bon qu'il ait présentes à sa pensée de telles recommandations, et meilleur encore qu'il ne cesse pas de les pratiquer. Il n'en est pas moins certain que, si son esprit était plus vigoureux et son talent plus expérimenté, il se garderait bien de mettre ses lecteurs dans la confidence de cette gymnastique. Il se contenterait d'en apporter les résultats. Nous n'avons pas besoin de savoir comment l'acrobate a préparé ses exercices, ou le Vatel son festin. De même nous n'éprouvons que de la fatigue, et plus souvent encore de l'ennui ou de la répugnance, lorsqu'un jeune auteur, plein du reste des intentions les plus louables, nous répète à satiété qu'il n'abordera point telle partie du sujet, qu'il écarte tout d'abord un côté de la question; ou bien, par une précaution contraire, qu'il croit nécessaire de bien définir chacun des termes qu'il va employer, qu'il lui semble indispensable de remonter aux principes les plus lointains ou de se fortifier par les digressions les plus inattendues. C'est confondre, comme il n'arrive que trop souvent, ce qu'on doit connaître avec ce qu'on doit dire. Un honnête homme applique sans cesse dans sa conduite des principes qu'il se garde de formuler en apophtegmes. Ce sont là, suivant le mot de Figaro, retourné, des choses qu'on se dit à soi-même mais qu'on ne dit pas aux autres.

Le premier soin qu'on doit prendre, quand l'œuvre est achevée et que l'heure de la critique est venue, est donc de débarrasser son édifice des charpentes et des échafauds qui ont dû servir à le construire. Avec un peu de réflexion et de sincérité, on sera le premier à reconnaître que, si l'on s'est attardé et répandu ainsi en recommandations, c'est qu'on avait besoin de dissimuler son embarras, de masquer le vide de sa pensée et d'appeler à soi l'inspiration. Il ne sera peut-être pas mauvais de diriger contre soi-même, si l'on est capable de ce sang-froid, une légère pointe de ridicule. Il y a, en effet, à le bien prendre, quelque chose de comique à voir un candidat, auquel les heures sont si rigoureusement comptées, s'évertuer à faire l'énumération de tout ce qu'il ne dira pas, ou, au contraire, la revue de tout ce qu'il doit préalablement connaître avant d'aborder proprement son sujet. Il est vrai, comme compensation, qu'il ne manque guère, en terminant, d'indiquer avec une accent plaintif et élégiaque ce qu'il aurait pu dire, si la marche inexorable du temps ne lui avait fermé la bouche.

Il faut que les jeunes auteurs en prennent leur parti et qu'ils aient le courage de s'y résigner : il leur est absolument impossible d'espérer, durant un certain temps, qu'ils réussiront du premier coup le commencement de leurs travaux, de quelque nature ou de quelque dimension que ces travaux puissent être. Encore bien qu'en suivant la méthode indiquée jusqu'ici on puisse, jusqu'à un certain point, prévoir à l'aide d'un plan la marche et l'issue de ses recherches, il faut une vigueur d'esprit bien particulière et une éducation de l'intelligence bien consommée, pour que le travail du développement s'accomplisse tout entier sans rien ajouter à la conception primitive; et cependant l'idéal serait de pénétrer sa propre pensée par une intuition intérieure, à ce point que l'expression par le style n'aurait plus qu'à resplendir de cette clarté.

On peut donc conseiller hardiment à la jeunesse de revoir avec un soin particulier toute œuvre nouvellement produite, et de la revoir surtout dans ce que j'appellerai d'un nom de bonne foi, la partie préliminaire. Malgré tous les efforts de la réflexion, et à moins que l'esprit ne soit arrivé à une maturité tout-à-fait exceptionnelle, il est bien peu d'écrivains qui ne se herchent pas un peu dans les premières pages. Cette indécision n'a rien de trop pénible pour l'auteur, et il y a, dans l'anxiété même avec laquelle il se met en quête de la vérité, une sorte d'intérêt qui le soutient et qui l'anime. Le malheur est que le public n'est pas en situation d'éprouver rien de semblable. Ce que le lecteur demande avant tout, c'est d'être saisi et dominé, à la condition que cette domination s'exercera sur lui par un redoublement de clarté et d'autorité. Si l'auteur ne lui fait pas l'effet, dès les premiers mots, d'en savoir plus que lui sur la question, d'avoir une décision plus sûre et des idées mieux conduites, ce n'est guère la peine de lui prêter l'oreille et de courir avec lui les hasards de son ignorance.

Tout au contraire, avec un exorde remanié et repris postérieurement à une étude complète de la question, on sent, dès la première parole, que les idées de l'écrivain sont fortement assises : c'est un homme qui connaît le pays et aux indications duquel on peut s'en remettre. L'impression qu'éprouve le lecteur n'est plus celle d'une inquiétude un peu aventurée : c'est une sécurité profonde, et comme une satisfaction à la pensée, que, sur un problème de cette importance, tant de travail va vous être épargné, que des solutions si claires et si satisfaisantes vont vous être fournies.

Voilà pourquoi les précautions oratoires, les apprêts, les définitions préliminaires, tout cet appareil enfin par lequel s'accuse la rigueur même de la méthode, doivent être écartés au même titre et avec le même soin que les obscurités et les incertitudes. Non-seulement l'esprit n'est pas assez vaillant pour pénétrer de son propre effort jusqu'à la lumière, si cette lumière ne lui est point montrée; non-seulement il n'est pas assez résolu pour entreprendre une recherche, sans être certain de se voir payé de ses peines; mais il ne faut même pas qu'avec la certitude complète d'aboutir et de passer par des chemins frayés, on lui laisse entrevoir des difficultés trop grandes et des précautions trop multipliées. L'égoïsme et la paresse humaine vont si loin qu'il nous répugne, non pas seulement de faire pour notre compte des efforts trop prodigieux, mais, ce qui est peut-être le comble de notre épicuréisme, de les voir faire à autrui, même pour nous plaire et pour nous servir. C'est ainsi que, dans un cirque ou dans une exhibition athlétique quelconque, nous ne supportons point que les Hercules et les Atlas semblent livrer une lutte trop pénible contre les poids qu'ils soulèvent; nous ne voulons pas qu'Atalante arrive au bout de sa course sans pouvoir se tenir debout, et lorsqu'une ballerine achève son pas de caractère, il faut encore qu'elle ait de la force de reste pour nous faire la révérence et pour nous sourire.

Le jeune auteur fera donc sagement d'en prendre son parti et de renoncer à poser pour le travail. Il vaut mieux ne point se donner pour accablé de besogne, car tout l'effet qu'on en obtient est de paraître inexpérimenté. Au lieu d'insister sur ces difficultés par amour-propre ou de les avouer par naïveté, un écrivain habile mettra tout son art à les laisser dans l'ombre. Il prendra pour accordé ce que personne ne lui conteste, et lorsqu'il lui paraîtra à propos de laisser dans l'ombre telle ou telle partie du sujet, il estimera avec raison que le silence est le meilleur moyen de les faire oublier : une prétérition n'aurait d'autre effet que d'y attirer l'attention et d'en provoquer le regret.

Pour peu qu'un jeune auteur veuille faire une application un peu sévère de ces règles, il arrivera bien rarement que, pendant la période de ses débuts, il n'ait pas à revoir sérieusement, et même à remanier ou à reprendre en partie les premières pages de ses écrits. Cette prévision devrait toujours entrer dans les calculs des candidats qui ont à traiter un sujet dans un intervalle de temps donné. Ce n'est point ainsi malheureusement que les choses se passent. Lorsqu'on a été appelé par ses fonctions à voir de près l'épreuve d'une composition écrite en vue d'un concours, on sait très-bien qu'au lieu de s'être ménagé un certain temps pour se remettre et pour faire sur leur prose un retour prudent, la plupart des candidats paraissent saisis, pendant la dernière heure ou la dernière demi-heure, d'une sorte de fièvre, pour ne pas dire de convulsion. Ils écrasent leur plume sur le papier et leur encre coule à flots si pressés que, bien loin d'aboutir à se revoir, ils ont à peine le loisir d'avoir conscience de ce qu'ils disent. Il n'est cependant pas bien difficile, avec un peu d'intelligence et surtout avec un peu de fermeté, de retrancher par la pensée une heure par exemple au temps règlementaire. On peut très-bien se dire, par une fiction volontaire et par une contrainte exercée vis-à-vis de soi-même, qu'on a, non pas huit heures à sa disposition, mais sept seulement, et de cette façon on se ménagera le temps nécessaire à une révision sérieuse.

Lorsque le jeune auteur revient ainsi sur les premières pages de son œuvre, lorsqu'il substitue à un début embarrassé et indécis des vues nettes et fermes par lesquelles il a l'art de faire pressentir ce qui va suivre, il arrive en plus d'une occasion que cette espèce de tâtonnement auquel il en était réduit a entraîné quelque indécision dans la méthode. Il lui est arrivé, dans son inexpérience, d'attacher dans son plan trop d'importance et trop d'intérêt à telle preuve qui ne s'est point montrée ensuite complaisante au développement ; au contraire, tel autre argument sur lequel il lui semblait ne pas pouvoir compter, a pris tout d'un coup une extension et une valeur extraordinaires ; il est devenu le centre et comme la clef de voûte de tout l'édifice.

Aussi longtemps qu'un jeune auteur ne sera point parvenu à une force de conception suffisante pour ne rencontrer aucun imprévu dans le développement écrit de sa pensée, il ne sera pas hors de propos qu'au moment de la révision, il vérifie avec soin l'opportunité de l'ordre qu'il a pu suivre. Lorsqu'un argument perd une aussi notable partie de son importance, il est utile qu'il ne figure plus à part et au premier rang ; et réciproquement, lorsque quelque considération prise d'abord pour secondaire, devient la cheville ouvrière de tout le raisonnement, il convient que, dans la hiérarchie des idées, elle soit mise en évidence et qu'on lui garde une place digne de son effet.

Il ne faut pas se le dissimuler : ces deux premiers

devoirs de la critique sont rudes à accomplir, et lorsqu'on s'impose de s'en acquitter, on fera bien de se proposer à soi-même, pour encouragement et pour récompense, l'heureuse perspective de s'en affranchir. Ce n'est pas une petite affaire que de recommencer d'un bout à l'autre toute une page, de façon à la raccorder et à la fondre avec ce qui doit suivre. Il y a là un disparate que les plus habiles ont souvent bien de la peine à sauver. Les experts, dit-on, connaissent, par la seule différence de l'encre, l'âge et l'intervalle des écritures : sans être aussi habile, le lecteur sera bien plus aisément choqué de la différence de ton dans le style, lorsque, revenant sur les débuts de votre exposition, vous mêlez ainsi au langage un peu hésitant de la première heure un discours plus affermi et plus maître de lui-même. Il y a là des contrastes à prévoir et des nuances à ménager. De même, lorsque vous remaniez un ensemble d'arguments disposés une première fois dans un certain ordre, il ne suffit pas, bien entendu, de leur assigner un rang nouveau dans votre seconde distribution ; il faut encore prendre garde aux transitions qui doivent être ménagées et à la gradation qui doit être observée. Je ne connais pas de travail plus ingrat et, si j'osais dire le mot, plus rebutant que cette tâche de manœuvre absorbé dans l'exécution d'un raccord. L'écrivain est tenu de se montrer ici impitoyable envers lui-même, plus qu'en toute autre occasion. Il serait trop maladroit d'appeler l'attention du lecteur sur le remaniement ou la correction qu'on veut dissimuler ; et c'est précisément ce qui ne manquerait point d'arriver, s'il y avait là quelque nuance douteuse, faite pour retenir le regard, ou quelque aspérité capable, comme le disait la critique grecque, d'arrêter l'ongle promené sur la surface du marbre.

Une fois que l'auteur aura obtenu de lui-même le courageux accomplissement de cette première besogne, une fois qu'il aura conduit jusqu'au bout cette tâche amère et sans dédommagement, où il est si facile de gâter ce qu'on améliore, les autres corrections qui portent sur le fond de la pensée n'ont plus la même importance et ne demandent plus les mêmes efforts.

Il nous reste à parler des digressions à élaguer, des lacunes à remplir, des coupures à pratiquer.

CHAPITRE V.

DES AUTRES CORRECTIONS QUI PORTENT SUR LE FOND : LES DIGRESSIONS, LES LACUNES, LES COUPURES.

On ne saurait s'observer avec trop d'attention et se reprendre avec trop de fermeté en ce qui concerne les digressions. C'est là une des corrections de fond sur lesquelles on doit porter avec le plus de vigilance sa critique, non-seulement lorsqu'on est encore jeune et inexpérimenté, mais durant toute sa carrière littéraire, même lorsqu'on dispose d'un talent déjà consommé.

Toute digression n'est pas une faute à reprendre et ne constitue pas un passage à supprimer. Il faut distinguer entre la digression volontaire, sollicitée par le sujet, proportionnée à ses dimensions, et la digression involontaire, par laquelle nous proclamons d'une façon si désagréable au lecteur l'insuffisance de nos méditations ou l'incontinence de notre pensée.

La digression volontaire se reconnaît à cette marque infaillible, que l'auteur n'en a pas besoin pour lui-même et qu'il en fait en quelque sorte une concession gracieuse pour son auditoire. Il sait très-bien, et mieux que personne, que telle vérité, établie dans son texte par des preuves robustes, n'a pas besoin d'être confirmée par tel ou tel rapprochement contemporain ; que tel détail incident sur la vie ou les écrits d'un auteur n'ajoute rien au mérite et à l'exactitude de la citation ; et cependant il est certain que le lecteur goûtera ce renseignement accessoire, qu'il y trouvera un certain charme et comme un repos au milieu du flot incessant de la pensée. Dans de telles conditions, il n'y a aucune méprise entre l'écrivain et ceux auxquels il s'adresse. La digression est présentée franchement pour ce qu'elle est, c'est-à-dire pour un épisode qui se rattache au dessein principal, mais qui n'en fait point essentiellement partie. L'auteur vous le propose comme un soulagement et comme une diversion, sans pour cela interrompre la suite et le progrès de sa démonstration, et sans en attendre, pour cette démonstration elle-même, aucun bénéfice ni aucun secours.

Tel n'est point, tant s'en faut, le caractère de la digression que, par opposition, nous appellerons la digression involontaire et inconsciente.

Vous la reconnaîtrez avant tout à ce signe, c'est que l'écrivain, au moment même où il s'y abandonnait, était dans la conviction pleine et entière que cet épisode, souvent si éloigné et si malencontreux, faisait partie intégrante de son sujet et ne pouvait absolument pas s'en détacher.

Voyons le rôle que joue cette sorte de digression dans une composition inexpérimentée.

Un esprit faible et mal pourvu se trouve exposé, dans le développement et l'expression de ses idées, à ce cruel embarras de rencontrer sur son chemin des vues qu'il n'a point éclaircies, des aspects qui ne lui sont pas familiers, des faits qu'il n'a point eu l'occasion d'apprendre ni de vérifier. C'est bien là, comme il le démêle avec beaucoup de justesse, qu'il faudrait aller chercher la force de ses arguments et la preuve de ses assertions; c'est bien là que se trouve le fond de science dont il faudrait être pourvu, et quiconque serait parfaitement maître de ses idées se trouverait tout-à-fait en mesure de passer outre et de dominer le sujet entrepris.

Voilà précisément pourquoi l'auteur, arrêté par le manque d'idées précises et par le défaut de parti pris, exécute, sans s'en douter, une manœuvre semblable à celle de l'écolier, qui va vérifier dans un dictionnaire l'orthographe ou l'authenticité du mot dont il est sur le point de se servir. Tout de même, ne se trouvant pas suffisamment pourvu de réflexions sur un sujet, il entame à son profit une petite dissertation accessoire, au moyen de laquelle il compte obtenir ce complément d'idées qui lui manque. Il a toutefois ce désavantage, en ce qui regarde la digression, que vérifier une date, consulter une autorité, interroger la syntaxe ou la grammaire entraîne sans doute un délai dans le travail de la rédaction, mais non point un allanguissement ou un détour dans l'expression écrite de la pensée. Lorsque le lecteur finit par avoir sous les yeux, entre différentes versions admissibles ou tolérables, la plus universellement autorisée et acceptée, personne ne se doute, lorsqu'on suit du regard le contexte, qu'entre la cinquième et la sixième ligne, vous avez peut-être remué toute votre bibliothèque pour confronter entre eux les lexiques les plus recommandables, ou consulté, dans les sociétés les plus délicates, les rares personnes qui continuent encore à parler français.

Au contraire, il est dur pour un lecteur, alors qu'il est saisi et passionné pour une idée, de se sentir tout d'un coup abandonné par l'écrivain qui le guide. Vous vous êtes chargé de servir devant lui un festin, et déjà une première fois la table s'est couverte de mets auxquels il a été heureux de faire honneur. Tout d'un coup, je vois entrer dans la salle du festin, non plus l'amphytrion qui présidait à l'ordonnance du repas, mais le cuisinier qui, penché sur ses fourneaux, travaillait à leur confection : il m'invite à descendre dans le sous-sol, pour expérimenter avec lui les condiments et les apprêts de ses sauces. Il me paraissait bien entendu cependant que j'étais, non pas le collaborateur du marmiton mais l'invité du maître, que je devais me contenter de goûter et non pas de prendre la peine de préparer les plats.

Tout de même, la digression n'est pas seulement un aveu de l'incertitude et de l'incapacité de l'auteur, de son manque de réflexion et de la défaillance de sa pensée ; c'est, dans toute la force du terme, un travail de cuisine qu'on exécute devant lui et auquel il se trouve forcément mêlé. Il en éprouve, suivant les dispositions dans lesquelles il se rencontre, ou une contrariété et une irritation, ou du découragement et du dégoût. Si le sujet l'intéresse, s'il le suit et s'y associe de toute l'action de sa pensée, s'il a confiance dans l'auteur auquel il s'abandonne, on se figure aisément combien il lui est pénible de venir tout d'un coup buter contre une digression jetée en travers du chemin. Il n'en faut pas davantage pour qu'il se cabre et qu'il se refuse ; et lorsqu'il plaira à l'écrivain de se remettre en route après cette halte désagréable, il n'est pas bien sûr d'être suivi, soit qu'on l'ait abandonné par dépit, soit qu'on le quitte par paresse, soit même qu'on le perde de vue par impuissance.

Il se passe donc, comme on le voit, dans la digression, absolument le même phénomène qu'au début d'un travail mal préparé. La pensée de celui qui compose éprouve une défaillance, une langueur, une hésitation ; il ne sait pas bien au juste ce qu'il veut soutenir et à quelle nuance il s'arrêtera : il cherche, et lorsqu'il a trouvé, il reprend le fil de son discours avec une allure plus vive et une fermeté plus accentuée.

Voilà précisément ce qui permettra à un écrivain attentif et sincère vis-à-vis de lui-même d'opérer ici d'habiles amputations dans son discours. Quels que soient l'amour-propre et l'obstination qu'on puisse mettre à en admirer et à en défendre toutes les parties, l'homme le plus prévenu ne saurait se refuser à la supériorité de certains passages, à l'éclat de certaines idées, à la force de certains raisonnements. Ces bons endroits dans un écrivain jeune et intermittent, sont ordinairement précédés d'alinéas moins heureux, où sa pensée ne lui apparaissait encore que par à peu près et n'était pas vraiment décidée. Voilà justement ce qu'il faut faire disparaître, cette espèce de petit travail préliminaire dont le succès seul peut avoir du mérite et de l'intérêt. Nous n'avons pas besoin de savoir ce que ce résultat a pu vous coûter, et si nous sommes tout disposés à admirer la décoration que vous avez suspendue, encore vaut-il mieux ne pas tourner la ficelle du côté du public.

Il n'est peut-être pas trop malaisé de pratiquer l'ablation d'un hors-d'œuvre : le difficile est de rétablir le raccord de façon à ce qu'il n'apparaisse pas de cicatrice. Encore bien que la digression, telle que nous la définissons ici, manque tout à la fois d'agrément et d'opportunité, il n'en est pas moins certain que le paragraphe suivant en bénéficie dans une certaine mesure, et que l'auteur a fini par se mettre, tant bien que mal, en possession d'idées qui lui manquaient. Aussi faut-il prendre garde, quand on a mis de côté l'épisode, à ne point laisser d'intervalle entre les deux phrases et à ménager à l'esprit un passage pour aller de l'une à l'autre. Il n'est presque pas possible que les deux sections se raccordent directement. Il faut donc prendre l'habitude, toutes les fois qu'on expulse de son travail ces sortes de corps étrangers, de relier entre elles, avec un artifice soigneux, les deux parties qui se trouvent maintenant à une certaine distance. C'est ce dont on vient à bout en métamorphosant avec une dextérité convenable la digression elle-même en deux ou trois phrases de transition. Le lecteur ainsi n'a plus sous les yeux un travail étranger au dessein principal de l'œuvre, mais seulement une indication rapide, suffisante toutefois pour assurer et pour éclairer ce qui va suivre. Ainsi le lecteur comprend que l'auteur de la dissertation a eu à cet endroit un travail particulier à faire, et il lui sait gré de lui en avoir épargné la peine pour lui en donner seulement les résultats.

La digression est donc, comme on le voit, un effort de l'écrivain pour vaincre son ignorance, pour éclaircir ou pour raffermir ses idées : elle peut être importune et détruire l'harmonie de l'ensemble, mais il est assez rare qu'elle soit complètement oiseuse et qu'elle n'ait pas pour prétexte quelque lointaine raison d'être. Il est cependant des cas où le motif de hors-d'œuvre de cette sorte est tout différent des raisons que nous avons pu signaler. On voit fréquemment des écrivains à court d'idées se jeter dans quelque chemin de traverse, pour regagner d'instinct les pays qui leur sont déjà connus. Ils ont des thèmes tout faits, des développements qui leur ont servi, des tirades qu'ils ont répétées. Avec un peu de bonne volonté, il n'est pas impossible de faire verser une dissertation de ce côté et de substituer ainsi à la difficulté d'aborder un sujet par ses côtés inconnus, l'aisance avec laquelle on répète ce qu'on a déjà dit. C'est ainsi que les écrivains finissent par avoir, à l'instar des orateurs, des tirades à effet qu'ils ne perdent guère l'occasion de placer, et qu'à force de complaisance ils finissent par loger tout-à-fait à contre-temps.

On ne saurait imaginer rien de plus pénible et de moins supportable que cette espèce de bavardage de la plume. On se résigne encore, à la grande rigueur, à subir dans une conversation ou dans un discours ces déviations de la parole : l'orateur, sentant bien qu'il a besoin de la complaisance de son auditoire ou de la patience de son interlocuteur, met d'ordinaire une certaine coquetterie au débit de ce passage, et souvent il réussit par ce moyen à sauver ce qu'il y a de déplacé et d'étranger au sujet. Ces compensations ne sont point praticables lorsqu'il s'agit de la prose écrite : plus le morceau introduit ainsi par force se trouve avoir d'éclat, de puissance et de valeur, plus il jure avec l'ensemble et détourne le lecteur du dessein principal. C'est ainsi que ce même lecteur se trouve entraîné forcément à l'une ou à l'autre de ces deux alternatives, ou de supporter avec impatience un épisode qui le fatigue et le rebute jusqu'à lui faire peut-être quitter le livre, ou de donner en plein dans la digression au point de ne plus se sentir le courage de revenir au sujet qu'il a quitté.

Il est trop visible qu'ici on ne demande point à l'esprit l'usage d'un conseil littéraire, mais la pratique d'une vertu morale. Lorsqu'on introduit ainsi dans son travail quelque troisième ou quatrième édition d'un morceau à effet, éprouvé par de longs succès et de longs services, ce qu'on cherche avant tout, c'est de faire renaître ces applaudissements dont l'oreille entend encore le bruit flatteur. On ressemble un peu à l'invalide qui, bon gré mal gré, trouve moyen de recommencer pour la trois centième fois le récit de la bataille où il a gagné sa jambe de bois. Sans doute, la narration ne manque pas absolument d'intérêt et elle garde encore quelque saveur pour ceux qui n'en ont pas été saturés; mais il arrive en plus d'une occasion que les spectateurs non prévenus échangent entre eux des regards ébahis, ne comprenant pas bien à quel propos tombe tout d'un coup dans la conversation ce souvenir inattendu de guerres et de batailles.

Il ne faut donc point que les jeunes auteurs, lorsqu'ils en sont au travail de la critique, prennent pour critérium de leur appréciation la valeur intrinsèque de la page sur laquelle ils ont à se prononcer. Considérée en elle-même, cette page peut être excellente et témoigner de fortes qualités littéraires; mais parce qu'une chaîne est en or ou un bracelet en émeraude, ce n'est point là une raison suffisante pour les accrocher sur son vêtement au premier endroit venu. Il faut avoir le courage de renoncer au succès de mauvais aloi que vous feraient peut-être des esprits sans goût, comme on renonce à une parole trop vive devant des jeunes filles, ou à une pensée trop profonde devant des ignorants. C'est seulement au prix de pareils sacrifices que peuvent s'obtenir des mérites durables en littérature, et ce qu'on écrit ressemble plus qu'on ne le pense à une construction monumentale où, avant toute beauté, doivent régner, comme suprême loi, des proportions inexorablement définies.

Les coupures que l'on conseille ne doivent pas porter seulement sur les digressions d'une certaine étendue. Celles-là sont trop visibles pour être discutées, et elles constituent trop évidemment un hors-d'œuvre pour qu'on éprouve la moindre difficulté à les faire disparaître; mais il y a en grand nombre, surtout chez les jeunes auteurs, des digressions bien autrement perfides et bien autrement dissimulées. Ce sont celles qui ne dépassent pas deux ou trois lignes, et qui cependant trouvent moyen, dans un aussi court développement, de reproduire tous les motifs et tous les défauts des digressions plus étendues que nous venons d'étudier. Lorsque, par suite d'une connaissance insuffisante de la langue française, un auteur rencontre un mot dont la signification lui échappe en partie et dont il ne se sent pas une parfaite possession, il ne manque guère de le définir et parfois de le commenter. Ce commentaire et cette définition dont il voudrait que ses lecteurs lui sussent gré, n'est au fond qu'un aveu de son ignorance, et qu'un moyen tout à la fois honnête et maladroit de s'en tirer. Il ne résistera pas non plus à la tentation d'introduire, en passant, quelque périphrase heureuse, quelque épithète brillante, quelque rapprochement spirituel dont sa mémoire le fait souvenir à propos. Seulement ces traits, qui avaient leur prix le jour de leur première création alors qu'ils étaient vraiment tirés des entrailles du sujet, ne sont plus entièrement à leur place, lorsqu'ils interviennent ainsi suggérés par la réminiscence et entraînés par l'association des idées.

Sans doute, l'esprit du lecteur n'éprouve pas, au contact de ces légers accidents, la même révolte et la même antipathie que peuvent lui causer des digressions plus amplement accentuées; mais il n'en résulte pas moins de cette série continuelle de froissements quelque chose qui fatigue l'esprit et qui lasse la patience. Ce n'est pas là, sans doute, entre le lecteur et l'écrivain, un de ces différends marqués et irrémissibles, sur lesquels il ne reste plus qu'à rompre : mais ce sont de ces petits mots fâcheux, de ces répliques mal courtoises, de ces insinuations qu'on supporte mais dont on souffre, et c'est ainsi qu'interrompre une lecture finit par devenir une délivrance au lieu d'un regret.

Voilà comment la plupart des écrivains fatiguent et découragent leurs lecteurs. Le manque de sobriété, qu'on pourrait appeler à bon droit le bavardage écrit, ne paraît plus tolérable comme dans le contact d'homme à homme. Dans une conversation, les habitudes de la politesse prêtent un certain secours à notre patience; il est bien plus facile d'avoir des égards pour les personnes que pour les écrits. Avec le papier nous n'avons plus de ménagements à garder, et nous trouvons franchement insupportables ces périphrases qui retardent la pensée, ces parenthèses qui la détournent, ces traits de bel esprit qui la surchargent sans la parer.

Le jeune écrivain doit appliquer à son œuvre l'impitoyable proverbe : « Rien de trop, » proverbe plus vrai et plus rigoureux peut-être en littérature que partout ailleurs. Il ne faut pas s'y tromper : ces sortes de corrections sont, après tout, les plus faciles à faire. Pour peu que nous imposions silence à notre amour-propre, notre goût est facilement averti. Il en va des sacrifices littéraires comme de tous les autres sacrifices : la difficulté n'est pas de les discerner, mais de les résoudre; ce qui nous manque, ce n'est pas le bon sens d'en apercevoir l'obligation, mais le courage d'en acquitter le devoir.

Il faudrait, pour bien faire, persuader aux débutants que, pendant la première période de leurs essais littéraires, ils ne sauraient, quand vient le moment de la critique, retrancher moins du dixième de leur texte primitif. Il est impossible, quelque avenir que le travail promette à leur esprit, à leur talent, et, si l'on veut, à leur génie, il est impossible qu'il n'y ait pas, dans cette fécondité et cette richesse de la première heure, ce que la sagesse de Quintilien appelait déjà des *juvénilités*, c'est-à-dire une certaine prodigalité de paroles, des admirations intempestives, des ralentissements de la pensée, des banalités qui semblent nouvelles et des détails qui sentent leur pédantisme. Il est bien étrange que la jeunesse semble garder le privilège de semer ses discours de traits vieillis et de connaissances usées. Au reste, les sacrifices dont on donne ici le conseil sont d'une utilité si incontestable et si apparente, qu'après avoir accompli sur son œuvre ces salutaires amputations, l'écrivain est le premier à s'en féliciter : il n'éprouve aucun regret, et il reconnaît avant tous les autres combien sa marche a été allégée et sa perspective agrandie.

Si les critiques ont été unanimes pour recommander de préférence la méthode si efficace du retranchement, il ne faudrait pas cependant renoncer d'une façon absolue au procédé inverse. Boileau lui-même, le sévère Boileau qui recommande d'une façon expresse *de souvent effacer*, ne laisse pas de dire qu'il faut *ajouter quelquefois*. Ainsi, de même qu'il y a dans les dissertations une exubérance dont il faut se défaire, il y a aussi des lacunes à apercevoir et à combler.

Il y a, à proprement parler, deux sortes de lacunes : les lacunes proprement dites, qui font un trou dans le tissu et qui exigent impérieusement une reprise ; puis ce qu'on pourrait appeler les lacunes d'insuffisance, où il s'agit, non plus d'un défaut à réparer mais d'une perfection à atteindre, non plus d'une défaillance à reprendre mais d'une amélioration à réaliser.

Les lacunes proprement dites peuvent elles-mêmes être distinguées en deux espèces.

Un passage peut laisser à désirer pour deux raisons bien différentes.

Ou l'auteur ignore réellement ce qu'à ce moment même nous attendons de lui, et il n'est pas en mesure de le savoir.

Ou il le sait, et il ne prend pas la peine de nous l'expliquer.

Il y aurait lieu peut-être de se demander si cette division n'est pas plus apparente que réelle.

Comme l'ignorance est après tout le point de départ de nos intelligences et la condition de la plus grande partie de l'humanité, on ne demande pas à un auteur de tout savoir et on ne regarde pas comme une lacune l'aveu qu'il peut faire de son insuffisance. Mais s'il ne lui est pas donné d'arriver à la solution d'un problème, il faut au moins qu'il ne paraisse pas ignorer ce problème lui-même. Le lecteur se contentera, à défaut d'une réponse pleine et entière, de constater que l'écrivain a pris la peine d'y réfléchir.

Il ne faut donc point qu'un auteur inexpérimenté et complaisant pour lui-même compte, comme il arrive souvent, sur l'inattention de ses lecteurs. Il ne faut pas s'imaginer qu'on glissera comme lui et qu'on n'apercevra pas, quelque agilité qu'il mette à franchir l'intervalle, la solution de continuité qu'il laisse derrière lui. Le lecteur ne sait plus s'il doit se plaindre de la légèreté ou de l'irrévérence de l'écrivain; mais, dans tous les cas, il sent bien qu'on le regarde comme un personnage de peu de conséquence, incapable d'apercevoir ce vide ou de comprendre cette difficulté.

Ces défaillances dans la pensée ou dans la science de l'auteur sont d'autant plus choquantes qu'il y a entre le lecteur et l'écrivain comme une sorte de sous-entendu qui plane sur leurs rapports et qui, en les fondant, les explique.

Evidemment, si vous vous mêlez de prendre la parole et d'écrire *ex professo* sur un sujet, il est bien entendu que ma résignation à vous écouter provient de ce que vous avez quelque chose à me dire. Quelle que puisse être d'ailleurs notre valeur réciproque, il est bien constant que, par la force des choses, le livre joue le rôle du magister, et moi qui le tiens, celui de l'écolier. Je consens de tout mon cœur à ce que vous n'ayez pas la science infuse, et j'ajoute même de bonne grâce qu'il serait puéril de vous la demander; mais enfin au moins est-il juste que vous ayez produit sur le sujet en question une certaine somme de labeur, que vous ayez par-devers vous l'avantage des réflexions et des recherches. Votre discours est alors un moyen de me faire partager votre acquit, et c'est là le côté le plus honnête et le plus avantageux sous lequel je puisse considérer votre travail.

Si donc vous vous trouvez aux prises avec une

ignorance invincible et telle que votre unique ressource soit le silence, si vous n'avez pas même une réflexion à faire pour vous justifier de passer outre et pour me faire toucher au doigt les difficultés du sujet, il serait peut-être plus opportun de ne point prendre la plume; il y a beaucoup à parier que le lecteur, préoccupé de ce que vous taisez, n'accordera que peu de prix à ce que vous dites.

Le lecteur est d'autant plus choqué de ces lacunes fondamentales, qu'il n'est pas disposé à admettre d'ignorance invincible. Dès qu'il ne regarde pas l'auteur comme un esprit impuissant et borné, il est tout simple qu'il en accuse la paresse plutôt que l'ininelligence. Pourquoi, avant de prendre la plume, l'écrivain n'a-t-il pas achevé ses études? Pourquoi n'a-t-il pas pris la peine et le temps nécessaires pour débrouiller ce chaos? On ne lui demandait compte ni de la durée, ni du labeur de sa préparation. Le lecteur ressemble au riche qui voit paraître des fruits mûrs sur sa table et qui ne s'enquiert ni d'où ils viennent, ni de ce qu'ils ont pu coûter. Ce n'est pas sans raison que la sévérité du lecteur se déploie ainsi contre l'écrivain, et il faut avoir vu de jeunes auteurs à l'œuvre pour se rendre compte de la place que la paresse occupe dans leur façon de composer. Il faut un esprit bien ferme et bien discipliné pour ne pas se jeter tout d'abord à corps perdu sur les banalités du sujet qu'il aborde. Tandis qu'on devrait mettre tous ses soins à écarter les lieux communs qui nous envahissent et nous encombrent, on se plaît au contraire à les appeler et à les accueillir; on ferme volontairement les yeux sur les côtés nouveaux et inexplorés des questions. On pousse si loin cette indolence et cette apathie, qu'on en vient à chasser comme des pensées importunes les idées neuves qui se présentent à l'esprit. Il arrive alors que la lacune du texte porte en quelque sorte avec elle son enseigne. L'écrivain touche un sujet, une question, un détail, où son intelligence s'émeut visiblement; il lui vient, comme il vient aussi au lecteur, une pensée intéressante dont on aimerait entendre la discussion, et c'est à ce moment précis que l'auteur se dérobe, pour nous retenir sur ce que nous savons peut-être mieux que lui.

La paresse tient dans la vie humaine plus de place qu'on ne le croirait. Il ne faudrait pas s'imaginer qu'un écrivain recule seulement devant une recherche à faire ou une étude à entreprendre. C'est une particularité bien étrange que, dans un très-grand nombre de cas, ces lacunes contre lesquelles on s'élève ici, portent sur des points où l'écrivain serait parfaitement en mesure de s'expliquer. C'est précisément là-dessus qu'ont porté ses méditations et ses recherches, et c'est justement parce qu'il a eu l'occasion de toucher du doigt la difficulté qu'il cède à la tentation et à la faiblesse de passer outre. Il sent qu'il lui faudrait une certaine peine et un certain effort pour se satisfaire lui-même. Comme il n'a plus, pour se soutenir et s'animer, l'heureuse confiance d'un esprit que rien n'aurait averti, il lui répugne de courir ce hasard et de travailler à cet achèvement. Il aime cent fois mieux poursuivre sa course et entrer de plain-pied dans les régions qui lui sont déjà familières.

Il ne faut pas se le dissimuler : si la coupure des digressions demande un véritable esprit de renoncement et souvent une abnégation voisine de l'humilité, il faut de bien autres qualités pour entreprendre de combler les vides et les défaillances d'une dissertation. Le courage que réclame une tâche aussi ingrate dépasse de beaucoup la résolution qui aurait suffi au moment de la rédaction première. Il est difficile d'imaginer quelque chose de plus pénible et de moins attrayant que la tentative de reboucher ce trou et de réussir ce raccord. Il faut, pour enfanter un bien petit nombre de lignes, reprendre tout ce qui précède et avoir présent tout ce qui suit. Ajoutez que le passage à rétablir porte précisément sur ce qu'il y a d'essentiel et de définitif. Il en résulte que, la plupart du temps, c'est ce passage lui-même qui sera en vue et qui concentrera sur lui l'attention.

Cette circonstance explique comment, pour de certains esprits à la fois inexpérimentés et excessifs, ce travail de remaniement et d'addition se change volontiers en une refonte générale et en un second travail, ne rappelant plus le premier que de fort loin. C'est même ce manque de modération dont ils ont conscience, qui empêche certains auteurs de se livrer à une révision quelconque de leurs écrits. Ils appliquent fort mal à propos la vieille maxime : « tout ou rien, » et dans leur frayeur ou leur impuissance de recommencer sur nouveaux frais leur œuvre depuis la première ligne, ils prennent le parti, plus commode que sage, de ne pas même y regarder. Il y a là quelque chose de la faiblesse qui nous fait détourner nos yeux et notre pensée de nos grands maux et de nos grands malheurs, comme si l'oubli faisait disparaître le danger ou retardait l'imminence de la catastrophe. Ce n'est pas parce que nous refusons de le vérifier, que notre style aura moins de taches ou notre composition de défauts. Il faut donc, ici encore, savoir se faire violence et se maintenir avec fermeté dans les limites de la critique, sans se laisser aller mal à propos à la tentation beaucoup plus séduisante de tout recommencer. On prend ainsi trop aisément son propre découragement pour de l'énergie, et, sous prétexte de mieux faire, on finit par ne rien faire du tout. C'est peut être là le secret de bien des âmes.

Avant d'aborder les remarques qui portent sur les détails du style et qui ont pour but d'en faire disparaître les menues imperfections, j'ai encore une remarque à faire sur ce qu'on pourrait appeler le mouvement général du texte.

On reconnaît l'inexpérience, et, dans une certaine mesure, la faiblesse d'un auteur à ce détail caractéristique, que ses périodes sont en quelque sorte interminables. Vous avez beau dévorer avec courage et rapidité les lignes serrées de ce texte inexorable, vous êtes obligé de poursuivre de page en page une course haletante, que ne soulage aucun repos et que ne coupe aucun alinéa. Non-seulement l'auteur n'a point pris la peine d'aller à la ligne, mais c'est à grand'peine si, à des intervalles énormes, vous rencontrez quelque phrase définitivement terminée par un point. Partout ce ne sont, la plupart du temps, que des virgules, tout au plus le point et virgule ou les deux-points, et encore chaque phrase est-elle d'ordinaire reliée à la précédente par quelque conjonction, quelque adverbe, quelque locution grammaticale, de telle sorte qu'on ne trouve jamais l'occasion ou le moyen de reprendre haleine. Il faut toujours marcher, toujours marcher, dût-on, comme il arrive, succomber à la lassitude et tomber dans une indifférence qui ne laisse plus au lecteur l'envie ni le loisir de rien discerner.

Le défaut qu'on signale ici est peut-être celui qui met un écrivain dans le plus grand de tous les périls, le péril d'être abandonné au milieu de son récit et laissé sur le carreau par son lecteur. Il ne faudrait pas croire que la complaisance de ce dernier soit inépuisable. La plupart du temps, si le livre ne lui avait rien coûté et s'il ne tenait pas à en avoir pour son argent, ou bien encore si la politesse ne lui imposait pas l'obligation de pouvoir s'en entretenir avec la personne qui le lui a obligeamment prêté, il fermerait le volume et se mettrait peu en peine de ce qui peut en rester encore. Il y a, sans qu'on s'en doute, une espèce de lutte invisible établie entre l'auteur et ceux qui l'écoutent. Il faut absolument que l'écrivain retienne auprès de lui ses auditeurs, et que, s'il n'est pas assez heureux pour les contenter tout-à-fait, à tout le moins il ne leur demande pas de sacrifices trop considérables et trop continus.

C'est précisément ce qui arrive lorsque l'écrivain ne prend pas la précaution d'offrir à son patient une occasion bien choisie de s'arrêter. Sans interrompre précisément sa lecture, on sait qu'on arrive à un moment de transition. On peut, sans préjudice pour la pensée, respirer entre la considération qui s'achève et celle qui va recommencer à l'instant. On sait gré à l'écrivain de compatir à notre faiblesse et de venir au-devant de notre fatigue. Ces coupures, qui nous permettent quelque repos, marquent en même temps les évolutions de la méthode, indiquent les transitions, et deviennent un signe, un instrument de lumière et de clarté.

Les jeunes auteurs sont ici la dupe de leur bonne volonté, en même temps que d'un désir assurément fort louable.

Ils savent bien que le premier mérite d'un écrivain est l'esprit d'ordre et de suite. Si un enchaînement impitoyable et continu vous lasse, la solution de continuité vous déroute, et vous ne savez plus de quel côté vous tourner. On ne manque donc point, pour peu qu'on ait reçu le moindre conseil, d'enchaîner fortement les unes aux autres les différentes parties de son sujet, de façon à former de ses idées un véritable tissu où toutes elles s'appellent et se tiennent.

Voilà précisément comment il arrive que, de ces préoccupations fort légitimes et fort naturelles sortent, sans qu'on y prenne garde, des tirades absolument interminables. Le jeune écrivain ne connaît point l'art gracieux et hardi de lâcher le premier trapèze pour rattraper le second dans l'espace, sans avoir besoin, pour passer de l'un à l'autre, d'autre chose que de la force d'impulsion qui tout à la fois le soutient et l'emporte. Il sent, de proposition en proposition, qu'il n'a pas fini, et qu'il lui reste encore quelque chose à dire afin de compléter ce qui précède. Lorsqu'il arrive à une considération nouvelle, cette considération ne lui vient qu'à titre de complément, d'éclaircissement, de rapprochemement, de conséquence, et il est naturellement porté à marquer ce rapport de connexité par l'emploi d'un mot ou d'une locution spéciale. C'est ainsi que les phrases s'ajoutent aux phrases et les périodes aux périodes, sans qu'arrive jamais le repos toujours attendu et toujours différé de l'alinéa. Cette impuissance à se gouverner est telle que, s'il s'arrêtait pour franchir l'intervalle d'un paragraphe à un autre, il lui semblerait avoir perdu le fil conducteur de son discours.

Si le jeune auteur était plus maître de son sujet et s'il le dominait de plus haut, il saurait discerner les idées mères des considérations accessoires. Chacune des idées principales peut être regardée à bon droit comme une espèce de système solaire où gravite toute une série de pensées soumises à un même centre d'attraction qui en constitue l'unité : encore bien que chacun de ces systèmes séparés rentre dans le magnifique ensemble de l'univers, il n'en constitue pas moins, dans les limites de sa sphère d'action, un monde distinct, et c'est ainsi qu'un corps égaré dans l'espace peut entrer d'un orbite dans un autre. Telle doit être une composition littéraire bien ordonnée : il est impossible que tout y ait la même importance et le même relief ; et pour peu que l'auteur ait su manier sa pensée, il est bien certain qu'à son insu, l'organisation dont on parle se retrouve dans son écrit.

Le jeune écrivain doit donc marquer par les signes usuels de la langue les intervalles et les distinctions qu'il n'avait pas su d'abord apercevoir, et qui cependant existent dans le développement de sa théorie. Comme exécution matérielle, il lui suffira presque toujours de retrancher une conjonction, de changer une virgule ou un point, ou même, sans aucun changement, de mettre à la place du point, entre la phrase qui finit et celle qui recommence, l'intervalle d'un alinéa.

Dans ce dernier cas cependant, il peut être prudent d'avoir recours à une légère retouche. Lorsque deux phrases cessent ainsi d'être juxta-posées et de se prononcer, pour ainsi dire, tout d'une haleine, encore bien que la première achève et conclue un développement tandis que la seconde le recommence, il est peut-être préférable de donner à la fin de la première phrase, lorsqu'elle forme la terminaison du paragraphe, une tournure plus arrondie et plus achevée. Il suffira, la plupart du temps, de quelques mots bien choisis et bien placés.

Les débutants ne tarderont pas à s'apercevoir de la facilité et de l'à-propos avec lesquels on peut supprimer un certain nombre de conjonctions et de locutions conjonctives. L'insistance avec laquelle un auteur s'acharne à l'énonciation de ces rapports grammaticaux, témoigne le plus souvent de l'absence ou de l'affaiblissement des rapports logiques. Au contraire, lorsque la pensée est bien gouvernée, les raisonnements bien conduits, les conclusions bien amenées, nous n'avons que faire d'être avertis du rôle que joue chacune des parties dans le raisonnement total. Nous nous sentons portés par le flot, et nous abordons, sans nous inquiéter du sillage qui marque derrière nous notre direction.

Au reste, cette suppression de mots parasites n'appartient déjà plus, à proprement parler, aux corrections de la première espèce, qui portent sur le fond même du travail ; elle nous conduit aux règles que la critique doit suivre pour améliorer à son tour le détail de la forme.

CHAPITRE VI.

DES CORRECTIONS QUI PORTENT SUR LA FORME, ET EN PARTICULIER DES NÉOLOGISMES.

Lorsqu'au lieu de considérer le fond même du sujet et la façon générale dont il a été compris, distribué, rendu, on entreprend de donner la dernière main à son style, de telle sorte qu'il puisse résister à tout examen et se trouver à l'épreuve de toute attaque, les principaux points sur lesquels on doit porter son attention sont les suivants :

— Premièrement : tous les termes qu'on a employés appartiennent-ils bien à la langue française et sont-ils suffisamment autorisés ?

— Secondement : n'aurait-on pas employé deux fois le même mot, ou deux mots appartenant à la même racine, à une trop courte distance l'un de l'autre ?

— Troisièmement : les expressions dont on s'est servi ne comporteraient-elles pas quelque vague ou quelque ambiguïté ?

— Quatrièmement : ne risqueraient-elles pas, pour une raison ou pour une autre, de paraître triviales et malsonnantes ?

— Cinquièmement : ces expressions ne pourraient-elles pas être arrondies de manière à présenter un effet d'éclat, d'harmonie ou de contraste?

Chacun de ces points mérite une étude à part.

En premier lieu, s'est-on servi toujours d'expressions suffisamment françaises, et suffisamment autorisées?

Il faut avouer, pour me servir du mot de Molière, que *cette matière est délicate*.

Nous vivons, il faut bien le reconnaître, dans un temps où se rencontrent beaucoup de décadences, mais où s'accuse surtout, d'une façon bien éclatante et bien rapide, la décadence de la pauvre langue française. Les écrivains déploient à son égard la même activité de désorganisation dont, sous tant d'autres rapports, notre société porte les traces. Tandis que, autrefois, on se faisait un point d'honneur de n'employer que les mots reçus et accrédités, tandis qu'on soumettait à cette loi sévère, non pas seulement son style mais jusqu'à son langage, on semble aujourd'hui prendre je ne sais quel plaisir malin et trivial à se jeter sur les néologismes dont le premier venu s'est fait le père ou le parrain. Il suffit qu'un auteur quelconque ait jugé à propos de fréquenter de mauvais lieux et de mauvaises compagnies pour que nous nous croyions obligés, non pas seulement à prêter l'oreille à ces vilains propos, mais tenus de les redire et d'en faire le langage habituel de notre plume. Chose singulière! nous éprouverions peut-être une répugnance plus marquée à les placer dans notre entretien où ils pourraient nous avoir échappé et trahir ainsi des habitudes fâcheuses, tandis que le langage écrit, plus réservé et plus maître de lui-même, ne risque pas de nous compromettre et atteste seulement, de notre part, l'intention de mettre en œuvre ces nouvelles richesses.

Je veux faire à mon lecteur l'honneur de croire qu'il aura laissé comme moi échapper un sourire d'amère ironie à cette expression de *richesses!* N'est-ce pas une chose bien singulière et bien digne de remarque, que ceux-là se plaignent particulièrement de la pauvreté de notre langue, qui en ignorent le plus les ressources et en connaissent à peine les mots. S'ils ont entendu prononcer vaguement un adjectif ou un substantif de façon à n'être point tout-à-fait étrangers à la signification qu'on veut leur attribuer, ils n'en possèdent absolument pas la synonymie, n'en distinguent pas les nuances et sont absolument incapables d'en faire un usage suffisamment prompt et suffisamment sûr. Alors, il leur faut des mots nouveaux; ils demandent à cor et à cri la permission d'en fabriquer, alors que notre langue en possède un assortiment bien autrement varié et bien autrement complet qu'ils ne sont capables de l'imaginer. Ils ressemblent ainsi à ce digne bibliothécaire de province auquel je demandais un jour, pour une recherche, les Œuvres complètes de saint Augustin, et qui me répondit avec le plus imperturbable sang-froid : « Monsieur, nous n'avons que ses *opéras.* » C'est le même homme auquel je demandais un jour Etienne Dolet, et qui ne pouvait pas, disait-il, me satisfaire, parce qu'il avait seulement Stephanus Dolet. Il en va de même, hélas! de tant de prétendus écrivains et orateurs; leur génie ne saurait aujourd'hui se contenter d'une langue qui, grâce à sa souplesse et sans rien perdre de sa merveilleuse unité, a trouvé moyen, par un phénomène véritablement inouï, d'avoir véritablement quatre siècles littéraires à la suite les uns des autres, puisque nous avons nos auteurs du seizième, du dix-septième, du dix-huitième et du dix-neuvième siècle. Voilà ce qui ne leur suffit pas! Pourquoi? C'est qu'au lieu de se mettre par l'étude en possession de ces merveilleuses richesses, ils trouvent plus court et plus commode d'inventer ce qui existe déjà et de découvrir ce qu'ils devraient savoir.

Cette méthode imaginative est tout-à-fait conforme à la promptitude, à la fécondité et, il faut le dire aussi, à la présomption française. J'entends un Monsieur se répandre en indignation parce que le mot *balnéaire* manque à notre idiome. Il approuve fort le *reporter* de son journal, lequel s'applaudit de passer le temps de sa *villégiature* dans une station *balnéaire*. L'insigne *reporter* est sans doute de ceux qui sourient de pitié et qui lèveraient volontiers les épaules, lorsque Argan du *Malade imaginaire* apprend à sa fille Angélique que son maître de musique, se trouvant indisposé, est *allé aux champs*. Le jeu de mot lui paraît pitoyable et absolument tiré par les cheveux. Cet important petit Monsieur, ignorant des classiques, presque autant du français, ne connaît point le vers fameux :

O rus, quando ego te aspiciam!

Il ne sait pas du tout que *les champs* veulent dire *la campagne* et qu'aller aux champs veut dire en bon français ce que l'on exprime en mauvais français par *aller en villégiature*. Pour lui, comme pour les bestiaux, les champs sont l'endroit où l'on trouve la nourriture végétale, et il ne lui vient pas à la pensée d'en élever le sens jusqu'à l'ordre moral.

De même pour le mot *balnéaire*, qui lui paraît si indispensable. Il voudrait pouvoir dire et écrire avec sécurité : « une station balnéaire, » ainsi qu'on l'imprime chaque jour à la quatrième page des journaux. La nécessité chimérique de ce mot ne tiendrait-elle pas à l'ignorance où se trouve le requérant des deux nuances du mot bain, suivant qu'on l'emploie au pluriel ou au singulier. Lorsque Marat reçut Charlotte Corday, il était *dans son bain*, c'est-à-dire dans une baignoire remplie d'eau, où il était immergé. — Vous demandez une personne qui est sortie, et son domestique vous apprend qu'elle est allée *aux bains*, c'est-à-dire dans un endroit où l'on prend des bains. Il est donc tout simple et tout naturel de dire une station de bains, et non pas une station balnéaire.

Est-il besoin d'un exemple encore? Un jeune abbé voudrait qu'il lui fût permis de dire la méthode *catéchistique*, pour éviter l'emploi du génitif, *la méthode des catéchismes*. Pourquoi ne demande-t-on pas de même, lorsqu'il s'agit, dans un appartement, de désigner le côté de la porte ou de la fenêtre, le piano qui se trouve au salon, pourquoi ne demande-t-on pas à reprendre les épithètes des langues synthétiques qui ont précédé notre français? Pourquoi pas le côté *portal*, le côté *fénestral*, le piano *salonnien*? Ce seraient là autant de mots nouveaux que personne assurément ne refuserait de comprendre, et qui pourtant ne manqueraient pas de conduire plus vite qu'on ne pense notre idiome à son agonie et à sa mort.

L'avantage des langues fixées, c'est que, grâce à des définitions invariables, appuyées sur l'autorité des meilleurs auteurs, chacun des mots employés opportunément par un écrivain apporte avec lui son contingent de clarté par rapport à la pensée totale. C'est une lumière continue, et à mesure que la phrase se poursuit, l'intensité de la lumière s'accroît et se distribue d'une façon égale sur tous les points de la surface où se promène notre regard. Au contraire, si les usages de la langue permettaient d'avoir ainsi recours aux néologismes, encore bien que chacun de ces mots inouïs fût dérivé suivant certaines règles de racines connues, il n'en est pas moins vrai qu'en pareil cas, par une relation inverse, ce sont les mots précédents ou suivants qui auraient pour mission d'éclairer ce barbarisme. Ce mot inattendu n'apporte donc point à la phrase une lumière et une clarté qui lui soient propres; il se trouve, au contraire, vivre aux dépens de ce qui l'environne, et si de tels mots allaient en se multipliant, on sortirait bien vite du langage pour tomber dans l'argot, c'est-à-dire dans ce patois misérable où chaque expression demande une étude à part.

Les jeunes auteurs feront donc bien de se conformer rigoureusement à tous les scrupules de la langue française. Le mieux serait, non pas même de ne rien écrire sans avoir pour soi l'appui du dictionnaire ou l'excuse de la coutume, mais de s'étudier à prendre les mots dans ce qu'on pourrait appeler leur grande signification, dans leur acception native, large, dans le sens qui inspire aux esprits toute confiance et toute sécurité.

Notre temps est loin d'être aussi sévère et d'imposer

aux écrivains des règles aussi rigoureuses. Les auteurs les plus rigides ne se refusent pas à cet endroit quelques douceurs, et l'on croit être resté suffisamment dans la règle, lorsqu'on a, pour excuser telle nouveauté ou telle licence, l'autorité d'une certaine coutume ou l'appui de quelques exemples assurément fort certains de ne jamais devenir classiques. Il semble alors que ce soit là une raison suffisante et qu'on n'ait rien à demander de plus. Dût-on me trouver intolérant et rétrograde, je ne saurais me résigner à ces aisances malheureuses, à ces facilités compromettantes de parole, dont on n'est que trop porté à se faire un mérite et une qualité littéraires. On n'ignore pas que, dans l'ordre de la conversation, c'est là une plaisanterie de mauvais goût, fort usitée dans les sociétés de bas étage. Il suffit que quelque malappris laisse échapper, souvent sans en avoir conscience, un mot trivial ou estropié, pour qu'on se fasse un jeu de le redire et une sorte de point d'honneur d'en multiplier les occasions. Ce même phénomène de puérile faiblesse se retrouve aussi dans un monde plus élevé. Il y a aussi des mots à la mode, qui ont leur existence éphémère et leur moment rapide de popularité. Les écrivains sans lettres, auxquels manque la possession des véritables beautés de la langue, s'empressent, à défaut d'autre mérite, de ménager à leur style ce prétendu agrément, semblables par là à un peintre qui, incapable de concevoir et de reproduire la beauté, pourrait se vanter au moins de vêtir ses modèles à la dernière mode. Le malheur est qu'au bout de peu de temps ces modes passent et sont remplacées; ces termes, qu'on préférait si mal à propos, ont disparu de la langue où ils ne représentaient rien.

Si donc on se laisse aller à faire usage d'un mot qui ne soit pas dans le Dictionnaire de l'Académie française ou dans des lexiques autorisés, il faudrait tout au moins l'avoir vu dans quelque auteur de renom, l'avoir trouvé dans un acte officiel, le justifier par une nécessité scientifique deux et trois fois démontrée. Il faut bien se persuader, il faut se répéter à soi-même, comme règle générale de conduite littéraire, que ces prétendues facilités dans le choix ou dans l'usage des termes se réduisent à bien peu de chose, que ce sont là, après tout, des secours onéreux ; et particulièrement les candidats que leur situation appelle à affronter les regards inquiets d'un juge, doivent bien se persuader d'avance qu'on ne relâchera rien de la règle et qu'on ne leur passera aucune fantaisie.

Le néologisme cherche un dernier refuge et une dernière excuse dans ce qu'on appelle de notre temps la spécialité des sujets. A mesure que les sciences accumulent leurs richesses, il est tout simple qu'elles voient s'augmenter le nombre des mots destinés, pour ainsi dire, à emmaganiser ces idées. Le plus souvent elles ont recours à la création franche et ouverte de termes techniques, empruntés aux langues étrangères et formés suivant les règles normales de l'étymologie ; mais il arrive aussi que ces mêmes sciences confisquent à leur profit un certain nombre de mots qu'elles dépouillent de leur acception reçue pour se les approprier et leur imposer une signification nouvelle et toute particulière. Alors il arrive ceci, c'est que les savants ou, comme on le dit de nos jours, les *spécialistes*, au lieu de lutter contre eux-mêmes pour imposer à leur propre pensée le vêtement familier de la langue universelle, semblent, au contraire, se piquer d'employer de plus en plus cet argot du métier. Ils réussissent ainsi à n'être compris par personne, pas même souvent par leurs propres confrères; car, bien qu'ils soient du même métier, il arrive pourtant qu'on tient à honneur de ne pas parler le même langage que dans la boutique à côté. Les jeunes savants feront donc bien de ne pas se montrer non plus trop complaisants à eux-mêmes. Tout effort qu'ils voudront bien faire dans le sens de la langue générale et classique les établira de plus en plus dans une véritable supériorité de style et de pensée, et ce n'est malheureusement pas de ce côté-là qu'ils risquent de trouver beaucoup de concurrents.

De même qu'il y a des néologismes dans l'emploi des mots toutes les fois qu'on sort des limites de la langue, il y en a aussi dans la construction des phrases, toutes les fois qu'on contrevient aux règles de la grammaire. Il y a une façon molle et négligée d'obéir à la syntaxe.

On se laisse aisément aller à croire qu'il suffit, en fin de compte, d'être entendu, et qu'on peut bien se permettre quelques complaisances dans le maniement si compliqué des tournures et des relations. C'est bien le cas de rappeler ici le mot si profond de Vaugelas : « Monsieur, je vous entends, mais je suis obligé de ne pas vous comprendre. » Ces formes négligées de construction et de syntaxe dépaysent le lecteur beaucoup plus encore que ne le font les néologismes. On peut, à la rigueur, passer sur un mot que les circonstances imposent et qu'une prétendue nécessité excuse. Tous les latinistes vous diront qu'on peut, dans un jury d'examen, prendre la défense d'un barbarisme, tandis que pour les solécismes, un véritable grammairien n'admet pas de miséricorde. Le solécisme, en effet, est un attentat aux règles fondamentales de la langue, alors que ces règles fondamentales expriment son génie et l'ordre logique que cette langue impose à l'expression de la pensée humaine. Il y a donc là une contradiction flagrante, et, si l'on peut parler ainsi, comme une rupture et un renversement dans la série des idées. Ce genre de correction est donc impérieusement exigé de quiconque se mêle de tenir une plume. On peut dire d'une façon générale, et pour résumer d'un mot cette première espèce de recommandation, que cette tenue irréprochable du style produit plus d'effet sur le lecteur qu'elle n'étale d'apparence au dehors. Pourquoi certains écrivains sont-ils lus d'une façon égale et suivie, sans qu'il vienne à la pensée de personne de fermer le volume et de laisser la page inachevée? Pourquoi n'éprouve-t-on jamais, en les écoutant, cette espèce de lassitude, née d'un effort qu'on exerce et d'une résistance qu'on combat? C'est précisément parce que le style n'impose pas à ceux qui suivent le courant du livre l'embarras d'une expression imprévue et la difficulté d'une tournure incorrecte. Le lecteur ne se sent point arrêté : il entend le langage de tout le monde, et il ne se trouve provoqué à aucune réflexion, en dehors des limites et de l'intention du sujet.

CHAPITRE VII.

SUITE DES CORRECTIONS QUI PORTENT SUR LA FORME, ET EN PARTICULIER DES RÉPÉTITIONS.

Après les incorrections proprement dites, lesquelles portent atteinte au dictionnaire ou à la grammaire d'une langue, il y a une faute de style sur laquelle les plus éprouvés, comme les plus novices, doivent veiller avec une attention infatigable : il s'agit des répétitions.

Il semble que ce soit bien peu de chose qu'une telle négligence. On ne voit pas qu'il y ait aucune atteinte portée à la pensée, aucune ombre jetée sur son expression, parce qu'un mot déjà entendu dans la ligne précédente viendra de nouveau frapper l'oreille dans la ligne qui suit. Il n'y a rien là qui empêche, ou le sentiment d'éclore, ou le raisonnement de conclure; et cependant nous sommes si susceptibles à cet endroit, si peu disposés à passer à personne ce défaut, que, même dans la conversation la plus abandonnée, nous cherchons d'instinct à l'éviter. Volontiers, dans l'aisance de l'entretien, reprenons-nous notre phrase dès le commencement, avec une autre tournure, ou même la laissons-nous définitivement suspendue et inachevée, plutôt que de redire deux fois de suite le terme qui nous était d'abord venu.

Cette susceptibilité, sans être particulière au français, ne se retrouve cependant pas dans toutes les langues. On sait, par exemple, que le latin était loin d'être aussi chatouilleux à cet égard. Il suffisait, dans le génie de la langue romaine, qu'un mot fût exprimé à un cas ou à un nombre différent, pour que la répétition n'en eût rien de négligé ni de choquant. Le latin avait ainsi des exigences de clarté dont rien au monde ne l'aurait fait départir, et les oreilles un peu rudes des Romains ne trouvaient point leur délicatesse compromise, lorsque le même radical se représentait ainsi avec une simple différence de terminaison.

La tolérance de la langue latine se justifiait par une raison qui est encore applicable au français. La répétition était acceptée, parce qu'elle était presque toujours indispensable à la clarté du texte. En pareil cas, l'esprit, bien loin d'être choqué de cette espèce d'écho, s'y complaît en quelque sorte, et trouve rationnelle une insistance qui met en relief le fond de la pensée. On ne saurait concevoir une intelligence assez barbare pour blâmer l'éternelle répétition du *Sans dot* de la comédie de *l'Avare*, ou, dans *les Fourberies de Scapin*, de la phrase devenue proverbe : *Qu'allait-il faire dans cette galère ?* Ce sont là de si grandes et de si incontestables beautés, que l'esprit en oublie ses susceptibilités et ses froissements à l'endroit de la reproduction des mêmes termes. Aussi ne faudrait-il pas, sur cette matière, se hasarder à donner mal à propos une formule générale. Il serait injuste de dire que le fait matériel de la répétition suffit pour constituer un défaut et pour provoquer un blâme. Rien ne serait moins exact qu'une pareille assertion. Toutes les fois que l'auteur répète un mot parce qu'il a bien voulu le répéter, et avec l'intention avouée de produire un certain effet en le répétant, il n'y a plus rien là qui ressemble à une négligence ou à une incorrection. La particularité même de la redite n'est plus qu'un moyen efficace de prévenir et d'arrêter le lecteur; ce dernier ne s'y trompera jamais. L'insistance de l'écrivain sur telle ou telle partie, ou bien sur telle ou telle intention de sa pensée, cette figure du style que les Grecs appelaient *emphase*, est peut-être ce qui échappe le moins, même à l'auditeur le plus médiocre; et pourvu qu'on n'en abuse point, c'est un des moyens de produire de l'effet qui sont le plus à la portée du vulgaire des écrivains comme des lecteurs.

C'est précisément ce même vulgaire forcé d'user pour lui-même et même d'abuser de la répétition, qui est le premier à s'en apercevoir et à s'en choquer dans les discours d'autrui. L'homme illettré s'aperçoit bien de son indigence et il en rougit comme de la simplicité misérable de ses vêtements : la plupart du temps, cette pauvreté des termes est la véritable contrainte qui paralyse ses discours; il sait bien ce qu'il pense, mais il n'a pas de termes pour le rendre, et voilà pourquoi l'homme du peuple demeure taciturne. S'il arrive que son émotion l'emporte, si quelque sentiment violent le fait éclater en paroles, vous remarquerez que sa douleur, son indignation, sa joie, ne manquent pas de rencontrer tout d'abord une formule dominante qu'il se contente de répéter par après, sans avoir en rien conscience de cette monotonie; le même sentiment se reproduit, ou plutôt se continue dans cette

âme naïve et uniforme; et comme ce sentiment y demeure sans aucune variété et sans aucune nuance, il donne toujours le même reflet. C'est ainsi que l'inspiration du peuple tourne au refrain. Ecoutez le langage que tient Pierrot à Charlotte, au second acte du *Don Juan* de Molière. Voyez comme la jalousie s'échappe et comme la continuité du même sentiment entraîne la continuité des mêmes paroles : « Mon Dieu! » dit Charlotte, « tu viens toujours me dire la même chose, » et Pierrot : « Je te dis toujou la même chose, parce
» que c'est toujou la même chose; et, si ce n'étoit pas
» toujou la même chose, je ne te dirois pas toujou la
» même chose. » Dans cette même scène, à quelques reprises plus haut, le même Pierrot veut raconter à Charlotte comment le bateau monté par Don Juan a chaviré; et comme cette narration embarrasse la pesanteur de son esprit, il piétine, pour ainsi dire, sur place et redit à satiété ce qui n'intéresse personne. Il n'y a peut-être pas d'exemple d'une imitation aussi naïve et aussi parfaite de cette fluctuation et de cette inconsistance intellectuelles. « Aga, quien, Charlotte, je m'en
» vas te conter tout fin drait comme cela est venu;
» car, comme dit l'autre, je les ai le premier avisés,
» avisé le premier je les ai. Enfin donc j'étions sur le
» bord de la mar, moi et le gros Lucas, et je nous
» amusions à batifoler avec des mottes de tarre que je
» nous jesquions à la tête; car, comme tu sais bian, le
» gros Lucas aime à batifoler, et moi, par fouas, je
» batifole itou. En batifolant donc, puisque batifoler
» y a, j'ai aperçu de tout loin quenque chose qui
» grouilloit dans gliau, et qui venoit comme envars

» nous par secousse. Je voyois cela fixiblement, et pis
» tout d'un coup je voyois que je ne voyois plus
» rian. »

Sans vouloir comparer en rien un écrivain un peu novice avec le paysan Pierrot, on ne saurait nier cependant que les meilleurs esprits et les intelligences les plus nettes perdent une partie de leurs qualités, lorsqu'il faut en venir, la plume à la main, à trouver dans une phrase écrite l'expression totale et définitive de leur pensée. On sent, à la lecture, que le jeune auteur s'attarde et qu'il oublie d'aller en avant. Tantôt c'est une idée qui lui a coûté et dans laquelle il se complaît; il la tourne, la retourne; il la goûte et la savoure sous toutes ses faces. Tantôt, au contraire, c'est un ordre nouveau de pensées dans lequel il lui faut entrer; et comme il est loin d'être encore en possession de son propre jugement, il se répète à lui-même les difficultés qu'il entrevoit et prolonge les premières tentatives qu'il a essayées. C'est ainsi que les écrivains inexpérimentés procèdent par un courant inégal et sans art, tantôt se précipitant par une chute invincible, tantôt tournant et revenant sur eux-mêmes, de façon à repasser par les mêmes chemins et à redire par conséquent les mêmes paroles.

Rien de plus facile à apercevoir dans le style que ce phénomène des répétitions; mais aussi, il faut le dire, rien de plus malaisé à bien corriger. Les jeunes auteurs, sans doute, n'y font souvent pas tant de façons; ils mettent la main, un peu au hasard, sur le premier synonyme venu et l'introduisent vaillamment à la place du mot qu'ils enlèvent. Pour eux, la nouvelle expression est toujours assez claire et ils ne sont pas disposés à se montrer difficiles à cet endroit; en effet, ils sont tellement pleins de leur propre sens, que le terme nouvellement introduit par eux s'éclaire de toute cette lumière, sans qu'ils y soupçonnent aucune difficulté. La vérité est qu'un lecteur ordinaire est bien loin d'être arrivé à cette surabondance de clarté; il est tout simple qu'il attende de chaque mot un sens propre, destiné à apporter une valeur de plus à la somme totale de la phrase. Ce n'était donc pas le premier terme venu qu'il fallait employer ici, sous prétexte de synonymie, mais au contraire une expression choisie entre toutes, pour répondre à la pensée première, encore que cette expression n'ait point pris naissance et qu'elle n'ait point apparu d'abord avec elle.

L'inexpérience de la critique se trahit en cette circonstance que, lorsqu'un même mot est répété deux fois, à un très-court intervalle, un auteur novice est en quelque sorte porté d'instinct à le remplacer dans le second emploi et non point du tout dans le premier. C'est un mouvement naturel de la paresse qui s'épargne ainsi le labeur de reprendre la phrase tout entière depuis son premier commencement.

Rien de plus maladroit que cette préférence. On ne s'aventurerait guère en disant, contrairement à cette façon de procéder, que, lorsqu'une même expression est ainsi employée à deux reprises, elle doit être effacée la première fois et conservée la seconde. Cette règle a la raison logique. En effet, il est bien évident qu'à la seconde apparition l'esprit en est plus maître, et qu'il est par conséquent en mesure de la placer avec beaucoup plus d'opportunité et d'effet. Au premier moment, elle s'est offerte à lui, sinon au hasard, au moins d'une façon beaucoup plus inopinée; mais lorsqu'elle lui revient pour la seconde fois, c'est en poursuivant son travail qu'il s'en est mis pleinement en possession et elle reparaît sous sa plume précisément parce qu'elle répond d'une façon exacte à ce qu'il veut dire. Il est donc raisonnable de poser en principe que, dans deux emplois consécutifs du même mot, c'est toujours le premier, et non le deuxième, qui doit être l'objet de la retouche et de la substitution.

Il ne suffit pas d'avoir opéré l'échange; il faut de plus vérifier le raccord. Il arrive neuf fois sur dix, si l'on n'y prend pas garde, que l'expression substituée à celle que l'on supprime, se trouve déjà employée dans le texte primitif et qu'elle y figure à une très-courte distance du passage sur lequel on opère. On n'évite ainsi, la plupart du temps, une première répétition que pour en constituer soi-même une seconde. C'est alors que, pris de mauvaise humeur, un écrivain jette le manche après la cognée, et que, fatigué de cette difficulté qui le rebute et l'humilie, il se laisse aller au premier terme venu, ou bien coupe un membre de phrase nécessaire. Une pareille mutilation ou une semblable faiblesse sont bien à regretter et bien à prévenir; car ce travail, si peu attrayant qu'il soit, rend, lorsqu'il est bien exécuté, les plus grands services à la pensée; il la complète, la précise, l'éclaircit. Comme la phrase et la période subsistent déjà absolument achevées dans le texte, tout l'effort et toute la complaisance de l'esprit peuvent se porter librement sur la recherche et l'agencement de l'expression qu'il s'agit de découvrir. Au lieu d'avoir, comme il arrive à un critique malhabile et paresseux, une expression pâle et effacée sur laquelle on soit heureux de voir les esprits glisser, on introduit, au contraire, quelque terme bien choisi et vigoureux qui fait corps avec le texte et lui prête ses avantages. C'est ainsi qu'après la construction du monument, l'architecte revient sur son œuvre et qu'il transforme en volutes délicates, en gracieuses arabesques, ces saillies de pierre informes qui débordaient et qui coupaient la ligne de l'édifice.

On ne saurait pousser trop loin la susceptibilité à l'égard des répétitions. Indépendamment de l'effet littéraire, il y a là un effet moral. Le lecteur n'est jamais disposé à croire que vous avez fait trop pour lui. Les exigences qu'il avoue sont la mesure de l'importance qu'il s'attribue, et les moins lettrés eux-mêmes prendraient volontiers des nausées, pour montrer leur susceptibilité et leur compétence littéraires, lorsqu'ils aperçoivent ce genre de défectuosité. Il faut donc proscrire de son style non pas seulement le redoublement du même mot, mais encore un emploi trop voisin de sa racine, de son dérivé, de son composé. Il faut d'autant plus y prendre garde, que l'association des idées conduit d'elle-même à ces négligences, et la négligence est peut-être le défaut qui ôte le plus décidément sa physionomie littéraire au style.

Si l'esprit répugne à la reproduction des mêmes mots, l'oreille n'est pas moins sensible en ce qui concerne le retour des mêmes sons. Il est même assez étrange que la poésie et la prose suivent, à cet égard, de si contraires lois. Tandis que la rime, c'est-à-dire le retour de la même assonance dans des conditions inévitablement prévues, constitue à la fois l'essence et la beauté de nos vers, la prose se révolte contre ce genre d'ornement, à tel point que tout écho dans les chutes finales a quelque chose de choquant et passe inexorablement pour une faute contre le goût. Il faut éliminer avec le plus grand soin ces pseudo-rimes, et s'il arrive que certains sons se répètent plusieurs fois à la suite les uns des autres, il faut que l'intention de l'auteur soit absolument évidente, que la répétition du même son à la fin de plusieurs mots, par exemple dans une série d'épithètes, marque un dessein sur lequel personne ne puisse se méprendre.

Il n'y a peut-être qu'une seule espèce de répétition qui soit toujours permise et qui commande de passer par-dessus les susceptibilités du lecteur. Lorsque la phrase s'embrouille, lorsque les rapports des sujets et des régimes, des incidents et des relatifs, de la phrase principale et des propositions subordonnées, vont en se compliquant outre mesure, la plus sûre ressource est encore d'employer carrément, au lieu du relatif ou du pronom, le substantif qui vient cependant de paraître et qui figure ainsi deux fois de suite sans aucune précaution pour se déguiser. Le lecteur prend alors bravement son parti. Il a, peut-être plus encore que l'écrivain, le sentiment de ces obscurités qui gagnent peu à peu la pensée : cette apparition si opportune d'un mot déjà employé et sur lequel on ne saurait se méprendre, coupe court à toutes les indécisions et donne à la phrase son sens définitif.

On peut dire d'une façon générale, en ce qui concerne les répétitions, qu'il ne faut pas seulement chercher à s'en guérir par une révision et un remaniement de son style. Il faut faire plus encore et tâcher de réparer dans son éducation littéraire les lacunes que cette révision accuse d'une façon si marquée. Il faut avoir le courage de se le dire à soi-même : cette fréquence et ce ressassement des mêmes termes sont le symptôme le plus incontestable de la pauvreté de la langue et de l'insuffisance d'éducation et d'esprit chez l'écrivain. Lorsque l'esprit est assez vigoureux et assez actif pour renouveler sans cesse le courant de ses idées ou pour embrasser une idée isolée dans l'infinie variété de ses détails et de ses aspects, il est visible que toute répétition se trouve en quelque sorte écartée et prévenue *à priori*. On n'en vient à redire une seconde fois la même chose dans les mêmes termes, que pour n'avoir rien su découvrir de nouveau ; comme aussi il peut se faire, dans une certaine mesure, que, faute de connaître suffisamment une langue et d'avoir assez de mots à sa disposition, l'écrivain soit entravé et ne se trouve pas en mesure de tirer de cette langue des expressions adéquates aux nuances qu'il discerne.

Dans un cas comme dans l'autre, la révision, qui suffit à améliorer un texte, ne parvient en aucune façon à remédier au défaut de l'esprit ou de l'instruction. Il faut, en pareil cas, en prendre vaillamment son parti ; il faut se remettre à la lecture et à l'étude des bons auteurs et ajouter à un bagage de connaissances trop hâtif et trop léger.

Le public qui n'est point capable de se livrer à ces analyses et de se donner à lui-même la raison de ses instincts n'en a pas moins ici, comme sur beaucoup d'autres points, des impressions justes et logiques. Il est peu de qualités qu'il goûte avec plus d'empressement qu'une diction agréable, abondante, variée, que l'art avec lequel l'écrivain revient, autant de fois qu'il est nécessaire sur la même idée pour la faire parfaitement saisir, tandis que la richesse de la langue et la merveilleuse multiplicité des synonymes déguisent au lecteur ces complaisances que l'on a pour lui. Alors même qu'il lui est nécessaire d'être retenu sur une même pensée afin d'en avoir la pleine intelligence, il ne laisse pas de se figurer qu'il poursuit en avant la rapidité de sa course, et que, pour avoir sous les yeux de nouveaux mots, il est en effet mis en possession de nouvelles idées.

CHAPITRE VIII.

SUITE DES CORRECTIONS QUI PORTENT SUR LA FORME, ET EN PARTICULIER DES AMBIGUÏTÉS ET DES OBSCURITÉS DU STYLE.

Les répétitions comptent au premier rang des imperfections faciles à connaître et possibles à corriger. Il y a là un fait matériel qui ne permet aucune méprise, aucune équivoque, aucune complaisance envers soi-même. On ne saurait ici avoir recours à ces compositions de conscience, aussi fréquentes en littérature que dans tout le reste de la vie. Il n'est pas même besoin de posséder le sens critique pour constater, comme pourrait le faire le plus petit enfant, que le même mot a été deux fois écrit ou deux fois entendu.

Il est, au contraire, une autre espèce de défaut auquel il est bien autrement nécessaire de porter remède, bien que, la plupart du temps, il demeure d'autant plus inaperçu pour l'écrivain qu'il est plus sensible et plus onéreux pour le lecteur. Je veux parler des obscurités et des ambiguïtés du style.

Le philosophe Jouffroy avait coutume de répéter à ses élèves : « On n'est jamais trop clair. » Cette maxime n'est pas suffisante. Il faut dire, pour être dans le vrai : « On n'est jamais assez clair. »

Il ne faut pas confondre ces trois choses :
— l'embarras ;
— l'équivoque ;
— l'obscurité du style.

De ces trois défauts qui demandent à être examinés à part, l'embarras est assurément le moindre. Un style ou un passage est dit embarrassé, lorsqu'il se présente cette condition particulière d'être irréprochablement conforme aux règles de la langue, d'employer les mots dans leur rigoureuse et véritable acception, et cependant de demander au lecteur plus d'efforts que n'en comporterait une expression plus simple, plus logique, plus naturelle de la pensée. Cette défectuosité tient à l'impuissance où s'est trouvé l'écrivain de dominer, ou l'idée qu'il poursuit, ou la langue qu'il emploie. Il a ajouté, au courant de l'expression, telle explication ou tel détail à ce qu'il s'était d'abord proposé de faire voir. Sans doute il a pris, autant qu'il l'a pu, la précaution de donner à ses parenthèses et à ses incidentes une place correcte et des attaches grammaticales; il n'en est pas moins certain que toute cette charpente est mal dégrossie, qu'on en aperçoit les joints et les clous, et que le lecteur est mal édifié sur la valeur et la solidité de la construction.

Cette première espèce de défaut se laisse encore apercevoir assez volontiers à un auteur de bonne foi qui relit son œuvre. Pour peu que celui-ci ait évité le galimatias et qu'il n'ait pas achevé de se perdre, il a dû nécessairement arriver que cette première élaboration, si pénible et relativement si insuffisante, s'est, dans la suite du travail, éclaircie et améliorée : l'écrivain s'est rendu maître de son propre esprit, et le reste de la composition n'a peut-être pas été autre chose que l'éclosion et l'épanouissement de ce premier germe.

On comprend dès lors qu'à moins d'y apporter un robuste aveuglement, l'auteur ne peut pas retrouver, sans quelque surprise, des expressions aussi tendues pour rendre une pensée qui lui est devenue depuis beaucoup plus accessible et plus familière. Il est le premier à sentir cette complication et cette raideur. Il est donc bien et dûment averti; il ne peut pas en prétendre cause d'ignorance. Il ne tient qu'à lui de remanier cette phrase malencontreuse pour y introduire la clarté et l'aisance de son propre esprit. Le seul obstacle qu'on puisse prévoir à une correction aussi aisée et aussi nécessaire, est une suggestion assez naturelle de notre paresse, toujours infatigable à se créer des illusions. Il est trop facile de se dire à soi-même que la suite va tout éclaircir et tout simplifier, que le lecteur sera bien récompensé d'avoir fait cette avance de complaisance et d'attention. Ce dédommagement futur peut en effet être accepté comme une compensation; il ne saurait être présenté comme une excuse. En supposant même que le lecteur soit dédommagé par la suite, ce n'est pas une raison suffisante pour lui faire subir d'aussi rudes épreuves en commençant. Que dirait-on d'un amphitryon qui, pour mieux faire goûter les splendeurs du souper à ses convives, imaginerait de les laisser à jeûn jusqu'à la chute du jour? D'ailleurs n'est-ce pas jouer gros jeu que de compter sur la longanimité des lecteurs et d'escompter imprudemment leur indulgence? Au lieu de redoubler d'attention pour ne point s'embourber dans ce passage inconsistant et indécis, il arrive en plus d'une occasion qu'on abandonne son esprit à la dérive; on ne laisse pas précisément tomber le livre, mais on est parfois bien tenté de le fermer ou de passer quelques pages pour reprendre pied sur un terrain plus ferme et plus satisfaisant. En pareil cas, le passage qu'on interrompt ainsi ne fait plus l'effet d'être embarrassé et de manquer de lucidité ou d'aisance; c'est vous-même qui le plongez dans des ténèbres profondes et qui transformez cette coupure amenée par le découragement en un abîme que vous laissez derrière vous; dès lors tout le reste de votre lecture demeurera mêlé d'anxiété et de regret, sans même parler des difficultés nouvelles qui doivent en résulter pour l'intelligence des pages qui vont suivre.

L'équivoque est un phénomène du style tout-à-fait particulier et vraiment curieux à étudier.

L'équivoque ne doit point être confondue avec l'obscurité dont nous allons nous entretenir dans un instant. Un auteur est obscur, lorsqu'il ne se comprend pas lui-même et s'exprime d'un style qui rend la pensée inabordable. L'équivoque se traduit par un autre fait. L'écrivain, tout rempli de son idée, se laisse aller à une singulière illusion : précisément parce que cette idée lui apparaît avec une précision et une clarté qui ne laisse rien à désirer, il ne s'imagine pas qu'on puisse un instant se méprendre sur ce qu'il veut dire et sur ce qu'il veut prouver. Il oublie tout-à-fait que, même avec un lecteur impartial, même avec un lecteur bienveillant, on a toujours à soulever une espèce de poids mort, à vaincre une sorte de résistance latente. Ne perdez point de vue que, si vous prenez vous-même la parole, c'est bien parce que vous avez quelque chose à apprendre à des gens qui ignorent : au fond toute publication est un enseignement. Or, est-il que vous vous adressez forcément à des esprits déjà pourvus d'un certain nombre d'idées, investis et prévenus, la plupart du temps, par des préjugés singulièrement tenaces et volontiers sourds aux raisonnements qu'on peut leur tenir. Il se passe donc ici ce phénomène singulier que, dans le désaccord préalable des esprits, l'auteur suit sa ligne, sans trop se préoccuper de savoir si l'on emboîte le pas derrière lui, tandis que, de son côté, le lecteur, prévenu de considérations toutes différentes, les prête volontiers à l'écrivain et trouve moyen de les lire dans un texte qui lui dit précisément le contraire. Ces sortes de méprises, quelque étranges et quelque irrationnelles qu'elles paraissent, ne laissent pas de se reproduire, en plus d'une occasion, dans notre propre vie. Les auteurs dramatiques en ont tiré, surtout dans les genres inférieurs, d'excellents effets comiques. Tout le monde a présente à l'esprit la scène célèbre de *l'Avare* de Molière, où l'homme de loi fait confusion entre l'enlèvement de la fille et de la cassette d'Harpagon, imbroglio qui se termine, comme on sait, par l'exclamation célèbre, *les beaux yeux de ma cassette !* Il se passe quelque chose de pareil à propos de beaucoup de tirades de nos jeunes auteurs. Tandis que leur présomption ne met pas en doute la clarté de leur sens, l'entêtement du lecteur s'obstine à ne pas sortir de lui-même : il y a ainsi, entre le public et l'écrivain, un mur impitoyable, à travers lequel ils s'imaginent bonnement s'apercevoir : la vérité est que chacun demeure la face impitoyablement appliquée contre le côté qui le regarde, et ce qu'ils prennent si mal à propos pour une communication n'est pas autre chose qu'un isolement.

On ne saurait se figurer jusqu'à quel point il est difficile pour un auteur, quelles que puissent être sa bonne volonté et son intelligence, de discerner dans sa prose ce genre d'imperfection. Il a beau faire, il prête presque toujours à ses développements insuffisants et écourtés le complètement de pensées qui lui est resté dans l'esprit; il précise le texte dans le sens exact qu'il a eu l'intention de rendre; il retrouve justement dans son intelligence, sous la forme de commentaires, les pensées qu'il agitait déjà sous la forme de plan. Le malheur est que, pour suivre cette pente, il n'a pas besoin d'y mettre de complaisance ni de préméditation : son propre esprit devient son complice, ses souvenirs le préviennent, et il lui faudrait, pour reconquérir toute sa liberté de jugement, s'armer d'un parti pris de mauvaise volonté contre ses propres créations. Il en est tellement loin et sa composition lui paraît tellement limpide qu'il est tout prêt à accuser les autres de mauvaise foi, dès qu'on lui prête un sens qui n'est pas le sien. C'est peut-être le seul point où la méthode littéraire doit s'avouer impuissante à donner des règles précises et pratiques. Il n'est pas à espérer que beaucoup d'hommes se détachent de leur propre personne, au point de se traiter avec un parti pris de malveillance et de mauvaise humeur, ni qu'ils aient assez de vigueur d'esprit pour se jeter résolûment en dehors de leur propre pensée, au point de faire absolument abstraction de tout ce qui n'est pas rigoureusement transcrit sur le papier.

Il nous est difficile de prendre l'initiative, lorsqu'il s'agit de discerner une équivoque ; mais, en revanche, nous ne la contestons et ne la défendons guère lorsqu'elle nous est signalée. C'est une des fautes auxquelles il est le plus aisé à notre amour-propre de se rendre. Nous en sommes quittes pour imputer cette ambiguïté à l'inintelligence de nos lecteurs, à l'imperfection de la langue, à la profondeur même de notre pensée, à tout enfin, excepté à l'inexpérience de notre style, et nous ne savons pas nous dire, avec une justice plus ferme, que toutes ces circonstances sont les mêmes pour d'autres auteurs, sur la pensée desquels on ne saurait ni se méprendre, ni hésiter.

L'équivoque est donc, si l'on peut s'exprimer ainsi, une véritable surabondance de sens. Il y a, dans ce texte malencontreux, la version du lecteur et celle de l'écrivain, comme dans un manuscrit mal distinct, chaque nouveau scoliaste découvre une leçon différente. L'obscurité, que l'on confond si volontiers et si mal à propos avec l'équivoque, présente, au contraire, ce caractère bien marqué de laisser la phrase sans un sens déterminé. Elle ne se prête ni à deux ni à trois interprétations contradictoires, mais elle laisse l'esprit absolument flottant et dépaysé, à ce point que de tous ces mots dont chacun a son emploi défini par le dictionnaire, il ne ressort qu'une confusion et qu'un chaos.

Bien que l'obscurité s'accuse, dans une composition écrite, par l'insuffisance des termes et l'enchevêtrement des phrases, il ne faut pas en faire seulement un défaut de l'expression, comme si cette insuffisance du style était le seul obstacle qui empêchât le lecteur de parvenir jusqu'à la pensée. On peut affirmer, sans aller trop loin, que l'obscurité de la rédaction tient toujours à une faiblesse ou à une indigence d'esprit chez l'écrivain. Lorsqu'il ne se fait pas bien entendre, c'est toujours parce qu'il ne s'entend pas bien lui-même. On ne se figure pas assez, sous ce rapport, jusqu'où un homme peut pousser la lâcheté, lorsqu'il est mis en demeure de rendre sa pensée. Il faut être un héros de bon sens et de bonne foi, pour poser la plume et s'arrêter franchement, lorsque la résistance de l'expression nous avertit elle-même de la défaillance de notre pensée. Il faut avoir le courage, quelque dur que cela paraisse, de reconnaître qu'on est ensablé et qu'on a de plus perdu la voie. Il ne s'agit donc plus de reprendre au hasard sa marche en avant ; il faut, toute affaire cessant, relever le point et savoir sur quelle direction on s'orientera. Cette précaution, qui semble si simple et aussi nécessaire en littérature que partout ailleurs, n'y est cependant pas toujours observée : l'auteur ne s'interrompt pas pour si peu ; il se confie à je ne sais quelle lueur vague et se dirige à tout hasard de ce côté-là. Il fait comme ces orateurs hasardeux qui s'embarquent dans une phrase, sans prévoir comment ils en sortiront. Encore ont-ils pour excuse en pareil cas la nécessité de ne point rester court et l'espérance de recevoir quelque inspiration de leur auditoire ; mais il ne faut songer à rien de tout cela, lorsqu'on se trouve dans la solitude en face de son papier. La pensée ne saurait se débrouiller ailleurs que dans l'âme de l'écrivain. Il faut qu'il ait achevé sa conversation avec lui-même, avant de prendre la plume pour entamer l'entretien avec le public. Autrement, il est bien sûr que celui-ci ne s'associera pas à son travail, qu'on le laissera seul à sa tâche et que les esprits s'en iront d'un autre côté.

Le lecteur a en effet deux partis à prendre, lorsqu'il se trouve en face d'un pareil nuage. Il a d'abord la ressource extrême, mais plus usitée qu'on ne le croit, de fermer le livre sans rémission, ou tout au moins de passer outre en effleurant seulement les têtes de chapitre.

Je saute vingt feuillets pour en trouver la fin...

Ou bien, s'armant de bonne volonté, il se décide à y mettre du sien et à travailler de concert avec son auteur. C'est ici que les choses s'embrouillent et qu'il se produit un résultat bien inattendu.

Il faudrait, pour bien faire, que l'esprit du lecteur s'exerçât dans le même sens que l'esprit de l'écrivain. En associant leurs efforts dans la même direction et suivant la même méthode, ils aboutiraient infailliblement au même résultat; mais cet heureux concert exige, comme on le pense bien, une entente préalable. Il faudrait, à tout le moins, donner un même sens aux questions et ne point partir, dès la première minute, dans deux directions opposées. C'est là précisément l'inconvénient irrémissible de l'obscurité. Comme elle rompt tout lien entre l'écrivain et le lecteur, comme elle les rend étrangers l'un à l'autre, absolument comme s'ils parlaient des idiomes différents, il en résulte que, si le lecteur de bonne volonté travaille au sujet entrepris et au problème proposé, il y travaille de son côté, isolément, sans recevoir aucune direction de l'écrivain. Il donne donc en plein dans son sens propre, il reprend en sous-œuvre les termes de la question, et il s'en fait une traduction spéciale à son usage. Cette interprétation individuelle est d'autant plus accusée qu'elle part d'un esprit plus puissant et plus original. Quelle qu'elle puisse être, et à quelque distance qu'elle se trouve de la pensée latente de l'écrivain, il faut bien avouer qu'elle la remplace avantageusement : elle a pour elle toutes les supériorités de la lumière et de la décision.

Il n'est pas besoin d'expliquer la conséquence de cet

état de choses. Ce commentaire tout personnel que le lecteur s'est donné à lui-même, devient un véritable obstacle pour l'intelligence de ce qui va suivre; l'esprit de celui qui écoute n'est plus disposé à la docilité; il ne conserve même pas cette neutralité bienveillante qui le laisserait à tout le moins accessible aux suggestions de l'écrivain. Tout au contraire, à mesure qu'il voit se dessiner la pensée de l'auteur dans un sens que lui-même n'a point prévu, il s'arme de résistance, et, au lieu de revenir sur sa propre supposition, il fait de toute opinion contraire une erreur. Volontiers dirait-il que l'auteur ne réussit pas à se comprendre lui-même et qu'il aboutit à se contredire. En pareil cas, un ouvrage obscur obtient cet étrange résultat, d'inspirer à l'auditoire des vues, ou de lui persuader des thèses absolument en contradiction avec les visées de l'auteur.

Ces deux partis violents qui consistent, ou à fermer le livre par dépit de ne pas le comprendre, ou à le combattre par rancune de l'avoir mal commenté, ne sont pas, malgré tout, les deux hypothèses qui se réalisent le plus fréquemment : il y faut une certaine vigueur de décision, une certaine originalité et une certaine initiative d'esprit, lesquelles ne sont point l'apanage de tous les hommes. Les effets habituels de l'obscurité sont beaucoup plus vulgaires. Comme elle demande au lecteur des efforts hors de proportion avec sa bonne volonté et un redoublement de l'attention lorsque rien dans le texte n'est fait pour l'obtenir, en voit se produire alors dans les âmes cet engourdissement progressif qui devient rapidement l'oubli de soi-même et va se perdre dans le repos du sommeil. Il n'est pas besoin que le corps soit déjà endormi, pour laisser tomber le fil des idées et pour en perdre toute conscience. Le sommeil du corps ne fait ici rien autre chose qu'achever et que traduire le sommeil de l'esprit.

L'envahissement de cette torpeur intellectuelle est bien curieux à étudier, et pour le connaître dans toutes ses phases, nous n'avons besoin que de nous souvenir.

Lorsque nous n'avons pas affaire à un auteur qui nous domine et qui s'impose à nous, lorsque la lumière fait défaut, et lorsqu'il nous faudrait prêter notre propre clarté au texte, au lieu d'en recevoir le rayonnement, nous laissons fléchir notre pensée; nous ne prenons plus la peine d'attribuer à chaque expression un sens exact et de faire coïncider le tout dans un ensemble où tout s'enchaîne et se répond. L'esprit du lecteur se détend : il renonce d'abord à apercevoir les harmonies lointaines; il ne suit plus les raisonnements jusqu'au bout, ou, s'il persévère jusqu'à la conclusion, il aura depuis longtemps perdu de vue les prémisses. Bientôt ce ne sont plus seulement les périodes qui lui paraissent trop longues pour être ainsi retenues et embrassées; il défaille seulement pour construire, dans l'intérieur d'une même proposition, le sujet avec le verbe et le verbe avec l'attribut ou le régime. A mesure que cette indifférence et cette indolence augmentent, la pensée s'efface dans une même proportion; elle devient flottante et incertaine : ce sont des linéaments à peine visibles, comme d'une écriture noyée dans les ombres de la nuit. L'intelligence tombe alors dans une atonie et une langueur telles que les mots les plus familiers finissent par perdre, sous ce regard errant et éteint, leur valeur et leur signification la plus familière. L'œil continue à suivre les contours graphiques des mots, il saisit les formes et les groupements des caractères; mais c'est à peine s'il reste encore à l'esprit assez de ressort pour mettre en jeu l'association des idées et rattacher à chacun de ces vocables une signification ou même une prononciation quelconques. C'est ainsi que le mot lui-même s'évanouit. Dès que l'oreille cesse de se représenter la parole, nous n'avons plus guère sous les yeux que des signes de l'alphabet papillottant au hasard devant nous; les paupières s'abaissent, la tête se penche et le rêve de la pensée se perd dans l'inconscience du sommeil.

Tous les écrivains ne réussissent pas également à endormir le lecteur; mais beaucoup d'entre eux font pour cela tout ce qu'ils peuvent. Rien ne nous détache plus d'un texte que la nécessité de traverser ces défilés obscurs et de surmonter notre légitime horreur des ténèbres.

Contrairement à ce qui a été dit ailleurs, je ne conseillerai ici à notre auteur ni modération ni mesure dans la critique qu'il pourra faire de lui-même. La clarté ne peut jamais surabonder, et l'éblouissement en littérature, bien loin d'être un défaut du style, procure au contraire au lecteur la satisfaction la plus vive et la plus exquise qu'il puisse éprouver. Lorsqu'un style est tellement limpide que notre regard y pénètre sans y rencontrer d'obstacle, nous éprouvons une sensation pareille à celle que nous donne la transparence cristalline des mers profondes où le regard discerne une perle au fond de l'eau.

Cette translucidité du style est l'apanage naturel des grands génies. Leur supériorité intellectuelle ressemble à la grandeur morale, et comme les anges ils portent sur le front leur auréole. Il ne faut pas que le premier venu compte sur le rayonnement d'une telle flamme ; mais l'avantage du travail, en ce qui concerne la clarté, c'est qu'elle est incontestablement au premier rang des qualités littéraires qui peuvent être conquises. Alors même que le plan primitif de l'œuvre serait défectueux et laisserait certains espaces dans l'ombre, il n'est pas douteux qu'avec les combinaisons de la patience, on n'y puisse pratiquer des jours et y faire arriver la lumière. Au lieu de se montrer complaisant envers soi-même et de prendre ses propres expressions par leur bon côté, l'auteur se fera revêche, récalcitrant, injuste même. Je veux dire injuste en ce sens que, de deux traductions ou de deux interprétations inégalement possibles de sa propre pensée, il s'acharnera avec une obstination hostile à supposer toujours le commentaire inintelligent et extravagant, alors même que ce commentaire serait dénué de tout fondement plausible et de toute probabilité raisonnable. L'écrivain luttera alors pied à pied, afin d'introduire dans le détail de ses phrases des termes d'une précision victorieuse et d'une signification éclatante, afin d'écarter les expressions qui, par un côté quelconque, peuvent se prêter à l'ombre même d'une ambiguïté, afin de rectifier les constructions qui permettraient à la sottise ou à la malveillance de s'égarer. Plus la pensée est délicate ou compliquée à l'endroit où vous êtes parvenu, plus vous devez mettre de soins à prévenir l'indécision du lecteur ou à triompher de sa résistance. Le style doit ressembler à ces fins savantes de parties d'échecs, où, à compter d'un certain moment, tous les coups sont prévus et forcés. De même il faut que la mauvaise volonté la plus robuste ne trouve pas de difficultés à élever et que la mauvaise foi elle-même se sente impuissante à défigurer la pensée de l'écrivain.

La clarté est une qualité si prépondérante dans le style qu'elle suffit à elle seule pour lui donner une grâce et un charme indicibles. Elle procure à l'esprit un véritable contentement. Peu importe le paysage sur lequel rayonne cette pleine lumière, la lumière par elle seule est belle : elle épanouit l'âme, elle lui donne la sensation de la vie et l'élan de l'activité. Au contraire, c'est en vain qu'un auteur a mis en œuvre toutes les ressources de sa rhétorique, c'est en vain qu'il a médité ou qu'il s'est ému, si, faute de se traduire, cette émotion et cette idée expirent dans le fond de son cœur. Le grand spectacle auquel on aurait pu assister se trouve ainsi noyé et comme anéanti dans l'ombre, et, n'en déplaise à la susceptibilité des auteurs, il faut en revenir à la charmante fable de Florian, au singe qui *avait oublié d'allumer sa lanterne.*

CHAPITRE IX.

SUITE ET FIN DES CORRECTIONS QUI PORTENT SUR LA FORME, ET EN PARTICULIER DES TRIVIALITÉS A ÉVITER ET DES PERFECTIONNEMENTS A INTRODUIRE.

Nous aurons achevé l'énumération présentée plus haut et traité successivement de toutes les corrections de détail relatives à la forme d'un écrit, lorsque nous aurons parlé de certaines trivialités contre lesquelles il faut se mettre en garde, et aussi de l'achèvement et du poli que la dernière révision doit apporter à l'œuvre.

Il ne faut pas confondre une expression triviale avec un néologisme. Nous nous sommes expliqués plus haut, de façon à n'avoir point à y revenir, sur l'apparition de l'argot dans notre langue contemporaine. Un mot trivial, banal, mal sonnant, déplacé, ne laisse pas d'avoir droit de cité dans un dictionnaire et de faire partie intégrante de notre idiome. Aussi ne viens-je point dresser des listes de proscription, ni provoquer de bannissement. Il n'y a aucun mot dans la langue qui ne puisse trouver son emploi et même produire un heureux effet, lorsqu'il se trouve en rappor avec la pensée de l'auteur et avec tout l'ensemble du style. Il en est des œuvres littéraires comme des hommes : chacun a sa physionomie propre. Tel ajustement sied aux grâces innocentes de l'enfance, et nous ne prenons aucun ombrage de ces épaules et de ces jambes nues : la modestie de la jeune fille demande une toilette moins oublieuse, mais ne se refuse ni l'éclat ni la fraîcheur, tandis qu'il ne faudrait pas voir s'égarer ce ruban rose ou scintiller cette parure de fantaisie sur les vêtements sombres de la vénérable grand'mère.

Voilà précisément l'histoire de notre langue. Elle ne comporte pas sans doute des âges divers, séparés par l'intervalle des temps, ni même des dialectes techniques parlés par des classes distinctes. Le style est soumis cependant à la loi des genres, et le propre de cette loi, c'est précisément un choix discret et plein de goût qui nous permet de nous créer pour un instant un idiome à part dans la langue universelle. Nous donnons ainsi à chacun des termes que nous employons une empreinte toute personnelle : c'est un ton dans lequel nous avons établi notre discours; c'est une couleur générale que nous avons imposée à notre tableau.

Un terme paraît trivial dans sa bassesse, ou ampoulé dans son exagération, lorsqu'il ne répond plus au reste des mots dans un même écrit et ne rentre pas dans le mouvement général d'idées qui commande ces mots. Ce phénomène est surtout fréquent dans les esprits jeunes, impétueux et mal gouvernés. Ils ont beau vouloir être graves et se composer avec art une physionomie de sénateurs, il n'est pas besoin de beaucoup les chatouiller pour les faire rire, et comme il leur passe soudainement par la tête des idées baroques, il n'est pas bien étonnant que leur discours s'émaille de quelques lazzis. Ils en viennent même plus d'une fois à prendre leurs défaillances pour des saillies, et parce qu'une négligence fait sourire dans la conversation, où il est facile de lui donner un certain air d'abandon prémédité, on s'imagine trop volontiers que l'effet sera le même dans une composition écrite. C'est ce qui n'arrive en aucune façon. Le lecteur n'a plus, pour le soutenir, pour le flatter, pour l'adoucir, le regard, le ton, le sourire de son interlocuteur. Il n'a pas surtout ce fin commentaire de l'accent et du geste, qui sauve les mots les plus risqués et les expressions les plus compromettantes. Le lecteur n'y met aucune indulgence ; bien plus, il a, sans s'en douter, sinon un fond de révolte et de mauvaise humeur contre l'écrivain, au moins un parti pris de ne lui rien passer et comme un désir secret de prendre sa revanche, à la façon de l'écolier qui écoute son maître.

L'auteur fera donc bien de ne s'attendre à aucune complaisance et de se tenir sur ses gardes, comme on est obligé de le faire dans un salon, en face d'oreilles malveillantes et vis-à-vis de langues promptes à la riposte. Il n'est pas besoin, pour pratiquer ce conseil de la critique, d'augmenter beaucoup ses connaissances littéraires ni d'avoir recours à de bien profondes études : le bon goût suffit amplement ici pour nous éclairer. Nous ne sommes pas assez parfaits pour ne pas nous être montrés ou tout au moins sentis revêches et grincheux à l'égard d'autrui : nous savons très-bien, à ces moments-là, comme nous devenons pointilleux et récalcitrants, comme nous nous prêtons peu aux condescendances les plus naturelles et aux complaisances les plus dictées. Voilà la disposition d'esprit qu'il faut pratiquer vis-à-vis de nous-mêmes; et tout de même que nous savons parfaitement tenir notre langue en présence d'un supérieur mal disposé ou bourru, ou en face d'une jeune fille innocente et inquiète, rien ne nous empêche d'avoir devant les yeux ce lecteur idéal dont tour-à-tour la bonhomie se choquera de notre affectation, ou la dignité de notre négligence.

Les auteurs, et principalement les auteurs de notre temps, ne se laissent pas toujours aller à la trivialité par mépris de la langue et par ignorance de ses ressources. Leur maladresse vient d'une erreur encore plus que d'une impuissance. Ils s'imaginent volontiers, faute d'avoir des notions assez exactes sur les lois et les conditions du langage, qu'on parvient, en effet, à augmenter singulièrement l'énergie d'une pensée par le seul fait d'emprunter, pour la rendre, quelque locution même choquante au langage populaire. Cette crudité des termes peut ajouter sans doute à la violence des expressions, mais non pas du tout à l'effet de l'œuvre. Les injures basses détournent la colère en facilitant le mépris; c'est une pointe trop grossière et qui ne saurait trouver son chemin jusqu'au cœur. Une trivialité de langage, par cela seul qu'elle choque la délicatesse de l'esprit, éteint du même coup le sentiment. Il y a là un malaise contre lequel on proteste, et non point du tout une impression à laquelle on se livre.

Il en va tout-à-fait de même pour un terme poétique, héroïque, oratoire, qui éclate et qui détonne au milieu d'un style moyen et familier. Rien ne paraîtrait plus naturel que cette façon de parler, si elle était amenée par une série continue de pensées et de termes analogues. Encore bien que ce style soit absolument au-dessus de nos réflexions et de notre langage quotidien, le lecteur qui s'est habitué à ce diapason n'y trouve rien que de naturel : il ne lui semble pas que l'écrivain puisse s'exprimer autrement. Que si, au contraire, un style beaucoup plus familier et plus voisin de la conversation se trouve tout d'un coup émaillé d'un terme ou d'une locution appartenant à un genre décidément plus élevé, le lecteur se trouve choqué, et il se développe dans son esprit une sorte de raisonnement intérieur. Autant il paraît naturel et conforme à la faiblesse humaine que le style puisse tomber en passant dans quelque négligence qui le dépare, autant on se refuse à admettre que l'écrivain ait rencontré fortuitement ces expressions plus éclatantes et plus relevées. Le lecteur est persuadé *à priori*, et il n'est guère facile de le faire revenir sur ce jugement, le lecteur est persuadé qu'on a voulu le surprendre et l'éblouir. La langue elle-même a consacré cette manière de voir, puisqu'elle appelle de telles expressions des expressions *recherchées*. On ne peut pas exprimer d'une façon plus correcte et plus précise cette opinion que tout terme trop relevé et trop sublime, introduit sans préparation dans un style tempéré, atteste, de la part de celui qui s'en sert, un besoin de paraître, un souci d'éblouir, un désir de surprendre et d'humilier le lecteur, dont celui-ci refuse d'être la dupe.

Par là s'explique un sentiment qui paraît à plus d'un puéril et même ridicule. Il n'est pas rare de voir un lecteur mécontent professer, à l'égard d'un écrivain qui lui paraît insuffisant, non pas seulement l'indifférence qui s'en détache, mais, tout au contraire, une mauvaise humeur et un courroux qui s'y acharnent. Il ne lui suffit pas de fermer le livre et de l'abandonner à la rapidité de son oubli :

> Ce *livre* l'importune, et sa *malignité*
> Voudrait anéantir *l'auteur* qu'il a quitté.

C'est ainsi que, dans une conversation, nous ne nous contentons pas toujours de laisser tomber l'entretien pour nous délivrer d'un interlocuteur trop nul; nous nous sentons trop assommés pour ne pas prendre notre revanche et ne pas rendre à ce partenaire malencontreux la monnaie de sa pièce. De même nous continuons à suivre les lignes et à tourner les pages dans une intention hostile à l'écrivain. Nous avons été blessé des prétentions qu'il a trahies et des supériorités qu'il a affichées, et nous tournons dorénavant notre attention non point à l'effort de le comprendre, mais à la satisfaction de le critiquer.

Le défaut dont nous parlons n'est pas difficile à apercevoir dans ses propres écrits : en pareil cas, la maladresse et le ridicule sont trop flagrants pour n'être pas aisément aperçus. Il suffit de s'appliquer à soi-même un essai de parodie, et personne n'ignore combien est facile, même à la plus détestable médiocrité, ce genre odieux. Nous sommes donc fort capables de nous avertir nous-mêmes et de discerner dans notre prose ces enflures, ces ampoules, ces ornements de pacotille où la vulgarité le dispute au grotesque.

Il semble donc que la réforme devrait ici se faire d'elle-même. Il suffirait, à ce qu'on peut croire, de remplacer une expression prétentieuse et étrangère au ton par quelque chose de plus simple et de mieux assorti. Hélas! la nature humaine ne se défait pas si aisément de son amour-propre, même dans ce qu'il a de plus vain et de plus déplacé. Rien de plus fréquent que de voir les jeunes auteurs, non pas seulement avertis par leur propre goût, mais, ce qui est bien plus décisif, repris par les maîtres de l'autorité la plus haute, il n'est pas rare de les voir résister à leurs plus sages impressions en même temps qu'aux plus puissants conseils, sous ce prétexte que la phrase, pour être médiocrement à sa place, ou que l'expression, pour apparaître de la façon la plus inattendue, n'en conserve pas moins en elle-même une certaine beauté intrinsèque qui en rend le sacrifice amer. Il est certain, en effet, que si cette phrase était autrement précédée et autrement suivie, bien loin de choquer et d'étonner, elle donnerait pleine satisfaction à l'esprit et présenterait aussi son genre de beauté. C'est par là que le jeune auteur s'y rattache et qu'il plaide contre lui-même pour la sauver à tout prix. Il oublie complètement ce qu'on ne devrait jamais perdre de vue, à savoir que, dans l'ordre littéraire comme ailleurs, il faut tenir compte d'un certain mérite comparatif et ne point se complaire dans des jugements abstraits. Je veux bien que ce trait soit une perle et que cette perle soit capable de toute espèce d'effet si elle était enchâssée ailleurs; mais elle donne à une tenue simple et familière un air de fausse et prétentieuse élégance qui tourne franchement au comique.

Nous ne mettrons pas les expressions banales tout-à-fait au même rang que les expressions triviales ou prétentieuses. Tandis que le lecteur le plus facile se révolte contre une inconvenance qui le choque ou une outrecuidance qui l'humilie, il prend assez bien son parti de la banalité. Il ne faudrait pas vivre, comme nous le faisons, dans le monde, ou nous trouver chaque jour en contact avec le premier venu, pour n'en n'avoir pris depuis longtemps l'habitude. C'est à cette vulgarité universelle qu'il faut attribuer en grande partie l'insuffisance normale de notre attention : nous ne nous prêtons guère qu'à demi aux discours qui nous sont tenus, peut-être en raison de cette pensée secrète qu'ils ne méritent pas davantage. A quoi bon, en effet, leur accorder plus de sens que l'auteur n'en a mis ?

Nous parlons ici des écrivains, c'est-à-dire de ceux qui prennent la plume pour porter à la connaissance du public une idée dont ils sont pénétrés et dont ils se font les champions et les apôtres. Le lecteur les prend pour tels, et il est prêt à les écouter, pourvu qu'ils lui fassent entendre quelque chose qui vaille la peine d'être dit. Une expression banale atteste l'absence de toute originalité dans la pensée. En supposant même que l'écrivain ait rencontré quelque vue nouvelle, il ne s'est point donné la peine de la serrer d'assez près pour lui trouver une expression propre, et il s'est contenté, pour nous la transmettre, des premiers mots qui lui sont venus, de termes insignifiants et sans couleur, de locutions sans contour et sans forme. Un pareil langage ne donne pas de prise ; il est fait pour décourager les intentions les plus bienveillantes et pour lasser la patience la plus robuste. Le lecteur sent qu'on le néglige, et il est tout porté à en conclure qu'on le méprise. Ce sont là, il faut l'avouer, de singulières avances. C'est ainsi que les négligences du style aboutissent non pas seulement à lasser par des déceptions de justes exigences intellectuelles, mais encore à créer par des froissements d'implacables susceptibilités. Cette dernière réflexion nous conduit à examiner le seul conseil positif qu'on puisse donner en matière de critique.

Jusqu'ici, en effet, suivant le plan que nous avions tracé, nous n'avons donné que des conseils négatifs. Nous avons proscrit tour-à-tour les néologismes, les répétitions, les équivoques, les trivialités. Rien de plus conforme à l'idée qu'on peut se faire de la critique; il s'agit, en effet, de revoir ce qu'on a produit et d'en ôter les imperfections.

Il y a toutefois une sorte d'amélioration qui peut être surajoutée et dont on ne s'avise pas toujours assez lorsqu'on écrit. Il faut s'expliquer avec une grande clarté sur ce point délicat, où il serait aussi facile que dangereux de se méprendre.

Il y a, pourrions-nous dire, comme un fond d'idéal et de convenu dans toute espèce de style écrit. A quelque genre qu'appartienne une composition, qu'elle ressorte du familier ou du sublime, il n'en est pas moins absolument certain que personne jamais, dans la conversation véritable, ne s'est exprimé ainsi et n'a cherché ou réussi à atteindre ce degré exact de précision et de sobriété. On n'écrit pas comme on parle, pas plus qu'on ne doit parler comme on écrit. Il y a là des mérites qui s'excluent, et c'est à l'ignorance de cette loi élémentaire qu'il faut attribuer l'insuffisance des écrivains comme la faiblesse des orateurs. Quoi qu'il en soit, et pour nous en tenir à notre sujet actuel, il n'est point douteux que le lecteur s'attend, ne fût-ce que par déférence à sa dignité, à un certain souci et à de certaines attentions de la part de l'écrivain. S'il ne demande pas qu'on mette sur la table le surtout d'argenterie et le service du Japon, il s'attend au moins à trouver la nappe propre et les enfants débarbouillés. Le style écrit, pour familier qu'on l'accepte et pour bas qu'on l'imagine, ne laisse pas d'être une expression trouvée la plume à la main, dont on reçoit la communication par l'intermédiaire d'un livre et non point par l'impression fugace d'un entretien.

Il résulte de ces remarques, lesquelles ne souffrent absolument pas d'exception, que la composition écrite comporte une certaine densité de pensées, une sobriété nerveuse d'expressions, une façon de juger et de rendre qui dépasse en valeur le tissu ordinaire et un peu lâche de la vie.

Donnons un ou deux exemples de ce genre d'amélioration. Aussi bien y a-t-il là une source féconde de beautés dont les jeunes écrivains ne tireront pas un médiocre avantage.

Soit à exprimer cette pensée, que l'homme peut toujours retirer un certain profit des épreuves auxquelles il est soumis. Les obstacles qui nous sont opposés fortifient notre volonté, et dans cette lutte que nous soutenons contre l'adversité, nous pouvons devenir pour nous-mêmes un exemple et comme un enseignement salutaires, de façon à en tirer des idées plus justes sur le devoir.

Assurément tout cela est fort raisonnable et rien n'est plus digne d'être pratiqué ; mais je me demande si cela vaut la peine d'être redit sous cette forme languissante qui effleure à peine l'esprit. C'est peut-être la morale de M. de la Palisse ou, si l'on veut, des quatrains de Pibrac ; mais il n'y a pas là ce travail de concentration qui transforme le parfum de la fleur en une essence. On y entrevoit une idée principale, l'action salutaire du malheur, et deux effets qui se produisent, l'un sur l'esprit, l'autre sur la volonté. Cherchez à dégager de cette pensée un peu complexe et un peu touffue le fond essentiel qui la résume, de façon à ce que chaque mot puisse jouer à lui seul le rôle d'une synthèse, et vous obtiendrez cet effet particulier du style, qu'on appelle la profondeur et l'éclat, en formulant la maxime suivante : « Le malheur ne grandit » pas seulement le caractère qui y résiste par la lutte, » mais l'intelligence qui en profite par la contempla- » tion. »

Donnons un second exemple.

Soit à exprimer cette pensée un peu banale, que les hommes remettent toujours au lendemain. C'est assurément de leur part une bien grande erreur. S'ils se trouvent dans une situation heureuse, ils feront bien d'en profiter sur-le-champ car il est sage de ne pas compter sur une prospérité de trop longue durée. Si, au contraire, leur situation est précaire et leur avenir incertain, la plus vulgaire sagesse est de se mettre en marche dès l'heure présente pour l'améliorer, sans attendre je ne sais quels hasards favorables qui ne se présenteront peut-être jamais.

Voilà, on peut le dire, des idées raisonnables, encore bien qu'un peu banales. Sous cette forme, elles n'ont assurément rien qui saisisse, et ce sont là de simples propos comme on en entend chaque jour dans la conversation. Sans doute ils passent et sont même accueillis suivant la fortune de la parole; mais on ne saurait admettre sur le papier cette forme délayée et languissante. Il faudrait resserrer la pensée, mettre en présence les deux alternatives qu'elle implique en les subordonnant au conseil qu'elle renferme, chercher deux ou trois expressions complexes et caractéristiques qui renferment, sous une forme concise et frappante, autant et plus que la paraphrase précédente. On arrivera alors à quelque chose d'analogue à cette maxime : « Le vrai malheur d'un grand nombre » d'hommes, c'est qu'ils remettent toujours au lende- » main ou la jouissance de vivre, ou la possibilité de » travailler. »

Il ne manquera pas de gens pour dire qu'avec de pareils soins le style manque de naturel, qu'il y a là une recherche difficilement supportable, et que des expressions aussi fortement concentrées et aussi savamment équilibrées ne sauraient venir d'elles-mêmes à la plume; qu'il y a par suite un effort visible, et conséquemment pénible tout à la fois pour l'écrivain et pour le lecteur.

Si la paresse ne prêtait pas la main à de pareils raisonnements, ils ne paraîtraient pas un seul instant soutenables. La médiocrité qui est l'incontestable partage de la moyenne des hommes, n'est pas rigoureusement exigée lorsqu'on se mêle d'écrire; et si l'on n'a point par-devers soi quelque faculté ou quelque travail de plus, ce n'est guère la peine de livrer à l'impression exactement ce que chacun peut avoir dit dans les mêmes termes ou le matin ou la veille.

Ces formules, que vous trouvez trop réussies pour être naturelles, sont en définitive des façons de parler et d'écrire qui se présentent d'elles-mêmes aux esprits supérieurs. Ceux-là ont la faculté éminente de concentrer leurs réflexions et de les faire tenir dans quelque formule vive et brève. Il n'est pas même besoin d'appartenir à cette famille d'esprits hors ligne, pour rencontrer soi-même, à l'occasion, ces petits bonheurs de style; ils nous viennent parfois, même dans le dialogue le plus abandonné, et à plus forte raison lorsque, la plume à la main, nous tendons fortement tous les ressorts de notre esprit. L'art d'écrire consiste précisément à introduire dans ses compositions une sorte de bonheur continu. On dit bien qu'à certains jours on est en verve : on se lance avec plus de hardiesse, on se soutient avec plus d'aplomb, on réussit avec plus de chance. Ce sont ces moments-là que les auteurs fantaisistes s'empressent de saisir et de mettre à profit pour noircir plus heureusement leur papier : en effet, ils ont parfois à ces heures fortunées, un nerf, un éclat, une vigueur qu'à tout autre moment il ne faudrait point leur demander.

On le voit : le travail qu'on recommande ici se réduit à obtenir, par un procédé de réflexion artificielle et de retouche intelligente, ce qu'un esprit mieux doué, ou même accidentellement inspiré, rencontre tout d'abord sans effort et sans recherche.

D'ailleurs il ne faut pas s'y tromper : le lecteur ne se choque pas aussi aisément du travail, alors même qu'il en apercevrait quelque trace. On sait bien, lorsqu'on vient s'asseoir à la table d'un convive, que le service de tous les jours ne comporte pas dans la famille la même correction ni le même apprêt : on n'en est pas à s'apercevoir qu'il y a là un peu de cérémonie et que l'amitié elle-même fait quelque chose pour la décoration. La plus robuste modestie ne laisse pas de voir de bon œil tous ces petits dérangements, et il n'est pas trop désagréable de se dire que tout cela s'est fait en notre honneur. De même, le lecteur n'est point assez naïf pour estimer que les phrases s'arrangent d'elles-mêmes en périodes correspondantes, que les sons prennent garde de ne point se heurter, et qu'un parallélisme harmonieux oppose dans des arrangements symétriques des séries parfaitement pondérées de substantifs, d'épithètes ou d'incidentes. Soyez persuadé d'avance qu'on ne vous demandera point si cet effet littéraire a été, oui ou non, trouvé du premier coup. Il suffit que le résultat de ce travail, spontané ou réfléchi, soit la vraie expression de la pensée et lui prête un nouveau mérite de clarté et d'agrément.

Cette dernière espèce de correction demande beaucoup de goût et d'initiative. Il ne s'agit plus, comme on le voit, de fautes à ôter, et il n'y a plus lieu de se demander, comme auparavant, si l'on ne trouve rien qui vous arrête et qui vous choque. Tout ce qu'on laisserait peut être maintenu à la rigueur, et ce que l'on recherche ce n'est pas seulement le bien mais le mieux.

L'auteur prendra garde ici de tomber dans un inconvénient : celui de donner à son style une tension partout égale et une valeur uniforme. Il est absolument nécessaire, dans une œuvre de longue haleine, qu'il y ait des parties moins en relief et peut-être même moins éclairées. Tout ne se prononce pas du même ton dans un discours, et il y aurait du mauvais goût à donner aux transitions l'énergie d'une thèse, ou à l'exorde la confiance d'une péroraison. Il ne faudrait donc pas venir accrocher à une transition conçue d'abord comme légère et rapide, des ornements de superfétation, capables d'encombrer la marche de l'esprit. Au contraire, lorsqu'on arrive au plein développement, lorsqu'on aboutit à la conclusion, on ne saurait donner trop de grâce à son allure, trop de fermeté et d'éclat à sa phrase, à la condition, bien entendu, de ne point sortir des limites du genre où l'on écrit.

Ici se termine l'énumération des corrections de détail auxquelles doit s'attacher la critique, et par là s'achève l'exposition de la méthode dont nous avions entrepris l'étude.

CONCLUSION.

Le livre qu'on vient de lire a été écrit pour donner aux jeunes hommes le moyen de s'instruire eux-mêmes. C'est un triste spectacle de les voir se débattre comme ils le font dans les hasards de la pensée et de la plume. Tandis que tout s'apprend, on s'est demandé pourquoi l'art de la composition ne s'apprendrait pas comme tout le reste.

Au moment de terminer son travail et de se séparer du lecteur bénévole, l'auteur se doit à lui-même de faire ici une déclaration solennelle, pour qu'il n'y ait ni erreur ni méprise dans le résultat qu'on peut se promettre de la méthode recommandée.

Nous pensons, et nous le disons bien haut, que tout ce travail, tous ces conseils, tous ces efforts sont à peu près incapables d'aboutir, si l'on ne soumet ces essais, avec une docilité véritable, à un maître, à un professeur, ou tout au moins à quelqu'un qui en accepte les fonctions et qui en prenne le rôle sérieux.

L'esprit auquel on adresse une observation, une critique, un conseil, a le choix entre deux attitudes qu'il lui arrive presque toujours de confondre et de prendre l'une pour l'autre, alors qu'elles représentent les deux pôles opposés de la pensée humaine.

Il faut choisir entre l'amour-propre qui se débat et la soumission qui s'incline.

Il est tout simple et tout naturel que notre susceptibilité se cabre et que nous soyons tentés de nous réfugier dans ce que nous avons voulu dire. Volontiers nous semblerait-il que notre critique se montre peu intelligent de ne pas nous saisir avec plus de justesse. Dans tous les cas, nous croyons être pleinement dans notre droit, en lui faisant voir qu'il se méprend et en lui donnant les explications dont il paraît qu'il a besoin.

Ce raisonnement, plausible en apparence, est complètement faux et de plus dangereux. Il est bien oiseux de la part de l'auteur de venir prouver qu'au fond il avait le sens commun, qu'il n'a jamais eu l'intention de déraisonner, et qu'il poursuivait après tout une pensée sortable et même élevée. Qui le nie, et qui lui fera l'injure de supposer qu'il n'avait rien à dire? Personne assurément, et ce n'est point là la question. Il s'agit de savoir, étant donné le texte, si ce texte porte en lui-même le commentaire dont on le gratifie. C'est au texte à prendre lui-même la parole, et on ne saurait admettre qu'il se présente ainsi accompagné d'un truchement. Il y a donc quelque chose de tout-à-fait injuste et de tout-à-fait déplacé, de la part de l'écrivain, à instituer ainsi en sa faveur une argumentation et un plaidoyer. En pareil cas, cette apologie rétrospective nous instruit bien de ce qu'il aurait pu dire, mais elle ne fait pas qu'il l'ait dit.

Du temps où j'avais pour professeur de littérature M. Désiré Nisard, de l'Académie française, il m'arri-

vait aussi, comme l'amour-propre le suggère si aisément à la jeunesse, d'entreprendre la justification des passages qui m'étaient signalés comme insuffisants ou défectueux dans mes dissertations. M. Nisard nous disait alors avec un grand bon sens et une grande autorité : « Du moment où moi, qui m'intéresse à vous
» et qui prends d'avance vos écrits en bonne part,
» je trouve que la phrase n'est pas suffisante, c'est
» qu'en effet elle ne vaut rien. C'est déjà un fait considérable qu'elle m'ait paru telle, à moi qui l'ai lue
» avec attention et avec bienveillance. Tout ce que
» vous pourrez dire ensuite n'empêchera pas qu'elle
» m'ait produit cet effet. Il y a donc quelque chose à
» reprendre en elle. »

Voilà précisément l'avantage que l'on trouve en s'adressant à un professeur, c'est que sa compétence n'est pas discutable, et, comme le disait si finement M. Nisard, « ce qu'il trouve mauvais ne peut pas être bon. » Lorsqu'on a ainsi affaire à un homme qui a véritablement mission pour les travaux de l'esprit, il ne reste plus à l'auteur dont on examine le travail qu'à prendre une attitude tout autre. Au lieu de débattre et de plaider, il tournera toute son attention et tous ses efforts contre lui-même ; il ne perdra pas son temps à chercher des arguments et des exemples en faveur de ce qu'il a pu mettre, ni à se faire accorder des circonstances atténuantes. Il emploiera, au contraire, toute cette bonne volonté et toute cette intelligence à entrer dans l'esprit des critiques qui lui sont faites, à en bien saisir la portée pour leur ménager une satisfaction.

C'est une chose bien bizarre que la conduite des hommes, en ce qui concerne la formation de l'esprit et l'achèvement du style : cette conduite mérite d'être signalée à l'attention des penseurs.

Passé le jour du baccalauréat ès lettres, quoi que l'on ait à écrire, quelques difficultés que l'on rencontre et à quelque inexpérience qu'on en soit réduit, on n'a pas même l'idée de prendre un professeur.

Cependant, rien n'est plus fréquent dans le monde que de rencontrer des hommes et des femmes d'un âge déjà mûr et appartenant aux plus hautes conditions de la vie, qui ne font nulle difficulté d'avoir recours à un maître de musique ou à un professeur de chant. L'idée ne leur vient point, à moins de connaissances exceptionnelles, de se débattre tout seuls contre les difficultés d'une partition, ou de chercher eux-mêmes les intentions d'un morceau un peu difficile. Ils s'en rapportent pleinement pour cet office, à quelque virtuose ou à quelque professeur renommé dont ils se procurent à grands frais les enseignements : ils ne croient pas déroger à leur dignité en recevant ses leçons, ni payer trop cher ce remarquable contingent de connaissances musicales qu'on met ainsi à leur disposition.

Est-il besoin d'ajouter que ce même acte de bon sens se pratique pour d'autres arts encore? A tout âge on va à la salle d'armes et l'on prend sa leçon d'escrime; on se rend au manége à vingt-cinq et même à trente ans, et si l'on s'avise, entre gens du monde, de jouer une comédie de salon, on trouve tout simple de faire venir du Conservatoire un professeur de déclamation, qui vous montre le ton, la tenue et la diction.

N'est-il pas bien extraordinaire qu'on ne s'avise de rien de pareil, lorsqu'il s'agit de l'art bien autrement délicat et bien autrement apprécié de rendre sa pensée sous une forme irréprochable et saisissante? Il y a là, comme partout, ce qu'on peut et ce qu'on doit appeler les secrets du métier, c'est-à-dire tout un ensemble de procédés et de remarques dont des études particulières peuvent seules donner la pratique efficace. Combien de fois n'arrive-t-il pas à l'homme du monde de reconnaître d'instinct que son style n'est point fait pour contenter, qu'il reste dans ses expressions une teinte d'obscurité et que son idéal demeure encore engagé dans la matière! Lorsqu'un homme veut peindre, même sans faire de la pratique de cet art une profession et un métier, il ne s'en tient jamais aux notions élémentaires qu'il a pu recevoir au collège; il ne manque pas d'entrer dans un atelier, pour se mettre à même de recevoir jour par jour les directions et les conseils dont il sent qu'il a besoin. C'est ainsi que, même à titre de simple amateur, il se met en situation de créer à son tour des œuvres originales. Il profite de tout ce que peut lui apprendre un maître éprouvé, et il n'en est pas réduit à cette extrémité de se créer à lui-même, tant bien que mal, une méthode.

On le voit : rien ne serait plus facile que de multiplier, pour ainsi dire à l'infini, les preuves de notre légèreté et de notre présomption, alors que, contrairement à ce qui se pratique dans tout autre ordre d'arts et de connaissances, nous coupons bravement le câble pour ne nous laisser traîner à la remorque de personne, sans prendre garde que nous partons pour une mer inconnue, sans pilote et sans boussole. On se met communément à quarante ou à cinquante ans à écrire un rapport, comme élu de quelque assemblée politique ou comme membre de quelque jury, sans avoir la moindre notion de l'art de composer, et l'on commet de sang-froid une action aussi outrecuidante et aussi grotesque que l'essai de peindre une cathédrale à la fresque, après avoir eu un prix de dessin à l'école primaire. Les bons jeunes gens qui veulent travailler se cherchent une place dans les revues de troisième ordre et perpétrent tout seuls leurs petits articles, avec autant de chance de réussir que s'ils se préparaient clandestinement, dans le désert de leurs mansardes, à disputer le premier prix de violon au Conservatoire.

Il y a quelque chose peut-être de plus curieux encore et de plus inouï que cet affranchissement absolu de tout professeur, que cette négligence et ce mépris avoué de tout enseignement; c'est la façon vraiment comique dont ces écrivains de rencontre vous consultent, lorsqu'ils se mettent en tête d'avoir votre avis.

J'ai connu un fort galant homme dont la seule infirmité était de vouloir écrire. Il ne manquait jamais dans les assemblées dont il faisait partie, de se faire imposer la tâche d'un rapport ou d'une enquête. Je n'ai pas besoin de dire, hélas! ce que représentaient ces morceaux de style : on n'en aurait pas voulu dans la plus obscure des Revues ou dans le plus fantaisiste des journaux : au contraire, le document officiel a une publicité forcée; il faut que cela tienne dans quelque recueil d'actes administratifs. Le personnage en question ne manquait jamais de m'apporter son œuvre, alors que l'impression avait définitivement consacré ses obscurités, ses incorrections, ses ignorances. L'idée ne lui est jamais venue, pendant toute sa vie, de communiquer, non pas l'œuvre imprimée à l'égard de laquelle l'impossibilité d'un retour doit écarter toute velléité de critique, mais le manuscrit qui représente le métal à l'état malléable et sur lequel toute remarque se traduit si aisément par une amélioration.

Les Grecs, ici comme en beaucoup d'autres choses, nous ont donné un exemple qui mériterait d'être suivi, un exemple que les Romains, gens essentiellement pratiques, ont su mettre à profit jusqu'aux derniers temps de l'Empire. Je veux parler de l'habitude où étaient les jeunes hommes de fréquenter une école de rhétorique ou de philosophie, alors même qu'ils avaient commencé leur carrière d'hommes d'Etat et qu'ils étaient déjà parvenus à une situation politique. Sans doute ils ne faisaient pas pour cela des écoliers bien assidus et bien disposés à s'assujétir aux enseignements techniques du maître : c'étaient un peu des amateurs et des dilettantes, comme on en trouve de tous les âges dans les salles d'armes où ceux qui ont le goût de l'escrime viennent s'entretenir la main. Franchement l'ancienne école grecque avait quelque chose de supérieur à ce rendez-vous moderne de la gymnastique, de la savate et du chausson.

Ce qui fera l'éternel avantage du professeur et mettra toujours son action au-dessus de tout autre moyen de se connaître et de se perfectionner soi-même, c'est l'appropriation du conseil à la personne même à laquelle ce conseil est adressé. Il n'y a plus, comme dans un enseignement général ou comme dans une application qu'on ferait soi-même de principes abstraits, cette ressource de détourner la sentence et de la faire tomber sur la tête de son voisin. Lorsqu'on nous présentera un arrêt de condamnation, libellé en blanc, nous aurons toujours toutes les peines du monde à nous décider, lorsqu'il faudra nous-mêmes y mettre notre propre nom.

Il n'y a plus de subterfuge possible, lorsqu'un homme autorisé par sa science, impartial par sa situation, éclairé par une longue expérience, accepte la mission de soumettre votre œuvre à un examen que j'appellerai médical. Il ne suffit plus de voir passer une belle personne, dans sa fraîche toilette de printemps, et de se laisser prendre, dans cette vision rapide, à ces semblants de force et de santé. Il s'agit précisément d'examiner de près le sujet et de savoir quel fonds on peut faire sur cette apparence tout extérieure.

Qu'on ne s'y trompe pas, et qu'on ne vienne pas alléguer contre l'efficacité d'un professeur, l'impossibilité évidente où il se trouve de donner à un esprit les qualités qui lui feraient radicalement défaut. Les auteurs inexpérimentés, sans méthode, sans direction, sans conseils, ont beaucoup plus à souffrir de leurs qualités que de leurs défauts. C'est surtout par leurs qualités qu'ils périssent : ils les tournent contre eux-mêmes par l'abus qu'ils en font ; et tandis qu'il leur aurait suffi de gouverner en toute sécurité cette puissance intellectuelle prête à les servir, ils se laissent emporter à travers champs, sans savoir par où ils passent ni dans quel lieu ils aboutiront.

C'est ici que triomphe l'influence toute-puissante du professeur. Sa grande habitude d'analyser la pensée lui permet d'apercevoir, dans l'âme même de l'écrivain, le point exact où s'est prononcée la déviation dans la suite normale des idées. Il va sans dire qu'à ce moment-là, le jeune écrivain n'avait pas bien conscience de ce qui se passait en lui. Il s'est laissé entraîner ou distraire, et c'est ainsi qu'il s'est égaré, tout en croyant continuer son chemin. L'avertissement qu'il reçoit n'a donc pas seulement pour effet de lui faire saisir l'insuffisance d'un chapitre ou d'un paragraphe, mais surtout de lui rendre visibles et réparables les défaillances de son propre esprit. Le profit que peut en retirer l'œuvre doit être regardé comme secondaire, au prix de cette discipline littéraire avec laquelle se familiarise de plus en plus l'intelligence.

Voilà l'enseignement personnel, supérieur à tous les préceptes et à tous les livres. Si tous les hommes qui s'ingèrent d'écrire comprenaient leur intérêt et pratiquaient leur devoir, s'ils avaient l'humilité et la sagesse de se procurer à tout prix les leçons qui leur font si cruellement défaut, on n'aurait point eu la pensée ni entrepris l'exécution de l'ouvrage que nous venons d'offrir à nos lecteurs. A défaut du maître dont on ne veut pas, de la première instruction qui ne va point jusque-là, des conseils que la flatterie moderne transforme en compliments, nous avons proposé aux jeunes auteurs ces règles suggérées par une longue pratique de l'enseignement. Malheureusement, les préceptes littéraires ressemblent aux conseils de la morale : ils rendent meilleurs ceux-là seulement qui ont la ferme volonté de le devenir, et qui n'apportent pas moins de bonne volonté à pratiquer que d'intelligence à saisir les maximes.

Cette étude sur le style et sur l'art d'écrire conduit d'elle-même à un travail analogue sur l'improvisation et sur l'art de parler. Il fallait, contrairement à ce que l'on entend plus d'une fois avancer et soutenir, commencer par l'œuvre réfléchie, c'est-à-dire par l'expression écrite de la pensée. Le discours ne peut venir qu'après; et il demande d'autres règles. Si Dieu nous prête vie, nous espérons, avec sa grâce, présenter à leur tour ces règles si peu connues et si peu soupçonnées, dans un second ouvrage intitulé : *l'Art de parler.* Je ne sais pas si beaucoup de gens y auront recours, mais ce que je sais, à n'en pouvoir douter, c'est que beaucoup de gens en ont grand besoin.

FIN.

TABLE DES MATIÈRES.

Avertissement. V
Introduction VII

LIVRE PREMIER.
Des règles à suivre pour créer et pour découvrir ses idées.

Chapitre Ier. — Que la plupart de ceux qui écrivent ignorent l'art de composer. 1
Chapitre II. — La raison des difficultés inhérentes à l'art de composer et la méthode pour les vaincre. 9
Chapitre III. — La méthode de l'invention improvisée. . 13
Chapitre IV. — La méthode de l'invention réfléchie. . . 23

LIVRE II.
Des règles à suivre pour ordonner ses idées.

Chapitre Ier. — De la nécessité de prendre d'abord un parti pour faire un plan. 44
Chapitre II. — De la méthode à suivre pour prendre un parti, en vue d'un plan. 47
Chapitre III. — Des deux méthodes entre lesquelles on doit nécessairement choisir pour faire un plan. . . 56
Chapitre IV. — Étude de la méthode d'analyse et de la méthode de synthèse, appliquées à l'ordonnance d'un plan. 63
Chapitre V. — Exemple de la méthode d'analyse, appliquée à l'ordonnance d'un plan. 76

CHAPITRE VI. — Exemple de la méthode de synthèse ou de raisonnement, appliquée à l'ordonnance d'un plan. . 96

CHAPITRE VII. — Application des règles qui précèdent à l'ordonnance d'un plan et au détail de ses parties. . . 111

CHAPITRE VIII. — De la forme qu'il convient de donner au plan et à chacune des parties que ce plan renferme. 130

LIVRE III.

Des règles à suivre pour exprimer convenablement ses idées.

CHAPITRE Ier. — La facilité de l'expression est subordonnée à la richesse de la langue dont on dispose. 152

CHAPITRE II. — Des moyens d'enrichir sa langue propre par l'exercice technique ou par l'emploi indirect de la mémoire. 159

CHAPITRE III. — De l'exercice de l'amplification, considéré comme moyen d'enrichir sa langue propre. 171

CHAPITRE IV. — De l'exercice de l'invention, considéré comme moyen d'enrichir sa langue propre. 184

CHAPITRE V. — De l'exercice de la traduction, considéré comme moyen d'enrichir sa langue propre. 194

CHAPITRE VI. — Des moyens d'avoir à sa disposition les mots dont on s'est pourvu. 222

CHAPITRE VII. — Des deux procédés de réflexion intermittente et d'inspiration continue, dans le travail de la rédaction 254

CHAPITRE VIII. — Du vrai procédé de rédaction, qui repose sur la possession de soi-même. 266

CHAPITRE IX. — De la rédaction par le procédé de la dictée. 281

LIVRE IV.

La critique, ou les règles à suivre pour se corriger soi-même.

CHAPITRE Ier. — Qu'il est tout à la fois très-difficile et très-nécessaire de se critiquer soi-même. 311

CHAPITRE II. — De la critique qu'on peut faire de ses propres écrits, en les reprenant après un certain intervalle. . . 316

CHAPITRE III. — De la critique instantanée en général. . 320

CHAPITRE IV. — Des corrections qui portent sur le fond, et en particulier du remaniement qu'on peut faire subir à un travail écrit. 333

CHAPITRE V. — Des autres corrections qui portent sur le fond : les digressions, les lacunes, les coupures. . . . 345

CHAPITRE VI. — Des corrections qui portent sur la forme, et, en particulier, des néologismes. 369

CHAPITRE VII. — Suite des corrections qui portent sur la forme, et en particulier des répétitions. 379

CHAPITRE VIII. — Suite des corrections qui portent sur la forme, et en particulier des ambiguïtés et des obscurités du style. . . . .

CHAPITRE IX. — Suite et fin des corrections qui portent sur la forme, et en particulier des trivialités à éviter et des perfectionnements à introduire. 404

CONCLUSION 419

FIN DE LA TABLE.

Paris. — Imp. Vve P. Larousse et Cie, rue du Montparnasse, 19.

www.ingramcontent.com/pod-product-compliance
Lightning Source LLC
Chambersburg PA
CBHW071101230426
43666CB00009B/1784